江苏省技工院校一体化系列教材

现代汽车涂装技术

XIANDAI QICHE TUZHUANG JISHU

江苏省技工院校教材编写委员会组织编写

苏州大学出版社
Soochow University Press

图书在版编目(CIP)数据

现代汽车涂装技术/蒋志伟主编;江苏省技工院校教材编写委员会组织编写. —苏州:苏州大学出版社,2014.6

江苏省技工院校一体化系列教材

ISBN 978-7-5672-0861-2

Ⅰ. ①现… Ⅱ. ①蒋…②江… Ⅲ. ①汽车—涂漆—技工学校—教材 Ⅳ. ①U472.44

中国版本图书馆 CIP 数据核字(2014)第 116993 号

现代汽车涂装技术

江苏省技工院校教材编写委员会组织编写

责任编辑 徐 来

苏州大学出版社出版发行

(地址:苏州市十梓街 1 号 邮编:215006)

常州市武进第三印刷有限公司印装

(地址:常州市武进区湟里镇村前街 邮编:213154)

开本 787 mm×1 092 mm 1/16 印张 13.75 插页 2 字数 327 千

2014 年 6 月第 1 版 2014 年 6 月第 1 次印刷

ISBN 978-7-5672-0861-2 定价:28.00 元

苏州大学版图书若有印装错误,本社负责调换

苏州大学出版社营销部 电话:0512-65225020

苏州大学出版社网址 http://www.sudapress.com

江苏省技工院校教材编写委员会

主　任： 王立平

副主任： 杨志霞　张建初

委　员： 吕成鹰　王国海　徐祥华　孙秀华　雍自成
缪正宏　王生宁　巫伟钢　甘志雄　冷耀明
谷少平　张兵营　王　伟　王建军　厉章彪
何宝林　杨庆国　郑大庆　孙志忠　虞伟良
郑海松　朱坤泉

秘书处： 袁石英　张云泉

本书编审人员

主　编： 蒋志伟

参　编： 徐　磊　周桂梅　王　剑　车　磊

主　审： 王骁勇

总 序
General Preface

近年来，我省加快经济发展方式转变和产业结构优化升级，为技工教育创造了广阔的发展空间，也对技能人才的培养提出了更高要求。为提高技能人才培养契合产业需求的有效性、针对性，从2009年起，人力资源和社会保障部启动了以课程为中心的一体化课程教学改革，给技能人才培养带来了全新的教学理念，是技能人才培养模式的一场教学革命，推动了我国技工教育与国际先进教学方式的接轨。

教材是体现技工院校教学课程目标和内容的重要载体，高质量的教学培训需要高质量的教材，加快研究开发理论与实践一体化的教材，是提高技工教育、技能人才培养质量的重要基础。为此，江苏省人力资源和社会保障厅于2013年初，组建了江苏省技工院校教材编写委员会，启动了全省技工院校新设专业课程标准和省版教材的开发。

省版教材的开发坚持两条原则：一是坚持贯彻急需紧缺并与部编教材相辅相成的原则，即开发目前尚无部编计划的教材，以及结合沿海地区经济发达、科技先进、教育领先的实际情况，经专家论证，重点开发高新技术专业教材和落后陈旧不适用的教材。二是坚持理论知识和实践操作融通合一的原则，教材编写借鉴先进的一体化课程教学改革的理念，采用项目引领、任务驱动、活动载体的格式体例，以学生为中心、以职业活动为导向、以综合职业能力培养为核心，充分调动学生的主观能动性和参与意识，实现理论教学与实践教学融通合一、能力培养与工作岗位对接合一，努力开发一批具有地方特色、理论与实践一体化的精品教材。

本教材可作为技工院校相关专业的教学用书及产业现场的职工技能培训用书。由于教材结构采用了理论知识和实践操作紧密结合、融通合一的方式，教学内容反映了国际先进的职业教育理念，因此本教材也可作为专家、学者的参考资料。

教材编写工作得到了全省各技工院校的大力支持，在此，我们表示诚挚的感谢。由于一体化课程教学改革目前仍处于探索、试点阶段，可供借鉴的资料和经验还不多，另外，由于受时间和编者水平的限制，不当甚至错误之处在所难免，恳切希望广大师生和专家学者提出宝贵意见与建议。

江苏省技工院校教材编写委员会

2014年5月

前言

Preface

《现代汽车涂装技术》是汽车钣金与涂装专业的一门专业核心课程，是汽车维修与检测专业的骨干课程。

本书根据一体化课程改革的理念和要求，贯彻以学生为中心，以职业活动为导向，以综合职业能力为核心的原则，打破传统学科知识体系，注重项目引领、任务驱动，以实践活动为载体，调动学生的主观能动性和参与意识，实现理论教学和实践教学融通合一、能力培养与岗位技能对接合一的要求。

《现代汽车涂装技术》在江苏省人力资源和社会保障厅组织领导下，由省内多位知名专家反复研讨，多位资深教师共同合作完成。本书根据省颁《现代汽车涂装技术课程标准》的要求，主要包含4个项目、12个任务、42个活动。本书在编写过程中力图体现：以一体化教学模式为基础，以工作项目为中心，组织课程内容，让学生在完成具体项目的过程中学会完成相应的活动任务，提升学生的综合职业能力。通过本门课程的学习，学生应该能够认识工作环境，根据工作环节要求及车辆的型号，对车身漆面进行修补作业。考核方式主要以反思性问题、拓展性问题、操作能力考核表的形式体现。

本教材主要有以下特点：

1. 每个项目前面都安排了“项目学习目标”，让学生在学习中有明确的目标引导。

2. 每个任务中都安排了“学习目标”、“学习地点”、“学习准备”，为教师上好本堂课提供了较好的参考。每个活动中都有“活动描述”和“活动实施”，真正实现了任务驱动。

3. 每个活动后面都有“巩固与评价”，便于教师检验教学效果，方便学生检验自己的学习效果。

本书项目一、项目三分别由南京交通技师学院的周桂梅、王剑编写，项目二中的任务一至任务四由常州交通技师学院的车磊编写，项目二中的任务五、项目四分别由江苏汽车技师学院的徐磊、蒋志伟编写。全书由江苏汽车技师学院的蒋志伟副院长任主编，南京交通技师学院的王骁勇副院长、教授级高级讲师任主审。在编写过程中，参编人员参阅了大量的与汽车维修特别是汽车钣金与喷涂方面相关的教材和操作手册，在此，谨向这些教材和文献资料的著者、编者表示衷心的感谢。

由于编者水平有限和时间仓促，书中疏漏之处在所难免，恳请同行专家和广大读者批评指正。

编　者

2014年5月

Contents

目 录

项目一　安全与环保

项目学习目标

- 能安全使用汽车涂装的工具和设备，正确处理所发生的灾害。
- 能掌握个人安全防护知识。
- 在涂装施工过程中能够随时采取合理的安全防护措施。
- 能对厂区可能存在的安全隐患和环境污染提出整改意见或建议。

任务一　个人防护

活动一　人体保护

活动描述

首先学习个人劳动保护用品的相关知识，观察教师的穿戴示范，然后讲述劳动保护用品的作用、使用方法，并到实训场地亲身体会，掌握个人防护的知识。

学习目标

◇ 能认识劳动保护用品。
◇ 能正确使用劳动保护用品。

学习地点

喷涂前处理项目区。

学习准备

教具：多媒体设备、白板等。
劳动保护用品：安全鞋、防护服、工作帽、护目镜、橡胶手套、活性炭口罩等。

知识准备

我们在家或工作场所做事时，都要注意对眼睛、呼吸系统和皮肤的保护。涂装车间应有规范的个人安全防护措施，并对操作人员进行安全教育和防护培训，使操作人员具有必要的安全防护知识，这也是涂装质量得到保证的必要措施。

一、呼吸系统的保护

磨料的尘末、腐蚀性溶剂和溶剂蒸发的气体、底面涂层和表面涂层的漆雾，都会对人的呼吸系统尤其是肺产生危害，因此，长期在污染环境中工作的工人在车间里需佩戴面罩。通常采用如图 1-1-1 所示的面罩。

(a) 防尘口罩　　(b) 可更换防毒面罩　　(c) 供气式防毒面罩

图 1-1-1　面罩

二、头发的保护

从事涂装作业的操作人员建议留短发。若为长发，在开始工作之前一定要将长发扎起，戴上防护帽，做好头发的安全防护。

三、眼睛的保护

工厂车间各处均有大量飞扬的灰尘和碎屑等，可能会伤及眼睛，故需要对眼睛进行保护。在特定的喷涂过程中，如在防锈、抛除旧漆面、调漆、喷涂、清洁等时都需养成戴安全工作眼镜的习惯。操作磨轮、气凿和在车底下工作时都要戴防尘眼镜或护目镜等。喷漆时，有些细小的漆雾有可能会刺激眼睛，所以最好戴上专业的防漆雾眼镜。常用的防尘镜、防护面具如图 1-1-2 所示。

图 1-1-2　眼部防护用品

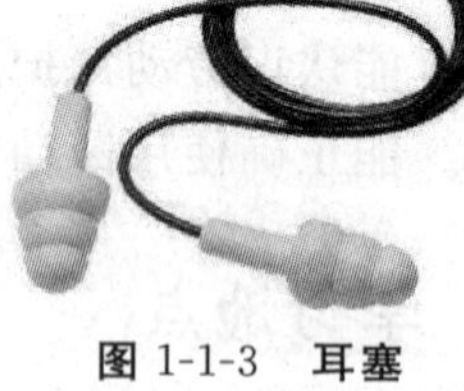

图 1-1-3　耳塞

四、耳部的保护

工作中有许多噪声，如风枪吹风和榔头敲打的声音。长期处于噪声中工作，人的听力会衰退。因此，必要的时候作业者应佩戴耳塞(图 1-1-3)。

五、身体的保护

肥大的衣服、未扣上的衬衣袖子、悬摆的领带、佩戴的首饰等，这些在车身修理车间都是非常危险的，工人们需要穿上规定的维修工作服。在配漆场地应穿清洁的维修工作服或不起毛的工作服，如图 1-1-4 所示。

六、手部的保护

在喷涂作业中，双手常会接触到有机溶剂、稀释剂及涂料。因此，在作业中只要有机会和涂料接触，都需佩戴手套(图 1-1-5)。

七、脚部的保护

在喷涂作业中，安全鞋(图 1-1-6)可防止脚部因重物落下而被压伤或金属刺伤，并有止滑的作用。另外，喷漆时还应穿上方便鞋套或鞋罩。

图 1-1-4　维修工作服

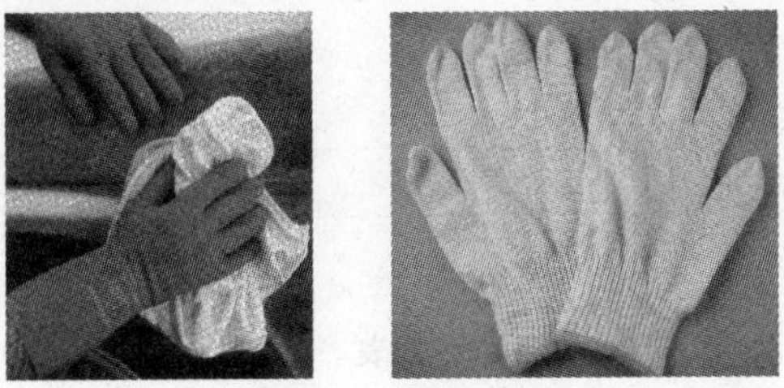

图 1-1-5　手套

图 1-1-6　安全鞋

活动实施

在不同的作业项目中所穿戴的劳动保护用品也是不同的。

一、打磨作业中的防护

如图 1-1-7 所示，在表面处理、打磨原子灰和底漆、抛光等打磨作业中，需要穿戴的劳动保护用品有工作帽、护目镜、防尘口罩、防护服、防尘手套和安全鞋等。

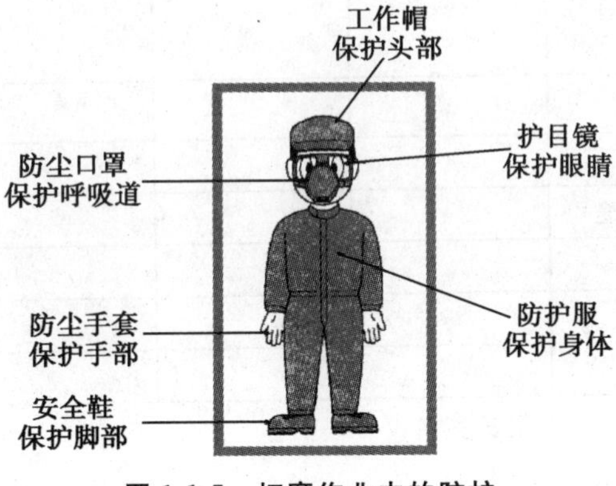

图 1-1-7　打磨作业中的防护

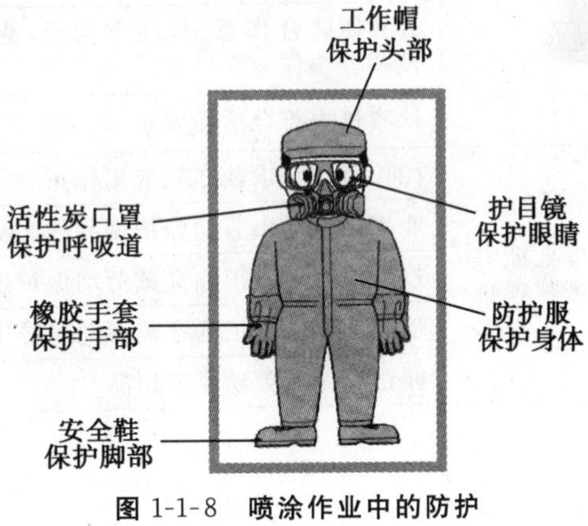

图 1-1-8　喷涂作业中的防护

二、喷涂作业中的防护

如图 1-1-8 所示，在喷涂作业中，需要穿戴的劳动保护用品有工作帽、护目镜、活性炭口罩、防护服、橡胶手套和安全鞋等。除油、调漆等作业中的防护与此相似。

巩固与评价

一、反思性问题

涂装作业会对人体产生哪些危害？如何防护？

答：____

____

____

二、拓展性问题

在涂装遮蔽作业中，如何进行个人防护？

答：____

____

____

三、操作能力考核表

表 1-1-1 **活动评价表**

班级： 组别： 姓名：

项 目	评 价 内 容	评价等级(学生自评)		
		A	B	C
关键能力考核项目	遵守纪律，遵守学习场所的管理规定，服从安排			
	具有安全意识、责任意识、5S管理意识，注重节约与环保			
	学习态度积极主动，能参加实习安排的活动			
	具有团队合作意识，注重沟通，能自主学习及相互协作			
	仪容仪表符合活动要求			
专业能力考核项目	能按时按要求独立完成工作页			
	能准确地写出劳动保护用品的名称及用途			
	打磨作业中能正确穿戴劳动保护用品			
	喷涂作业中能正确穿戴劳动保护用品			
	能正确保养劳动保护用品			
小组评语及建议		组长签名： 年 月 日		

续表

项目	评价内容	评价等级（学生自评）		
		A	B	C
教师评语 及建议		教师签名： 年　月　日		

活动二　急救处理

活动描述

学习汽车涂装作业中急救处理的相关知识，利用课堂所学知识进行操作并描述，掌握急救处理的知识和能力。

学习目标

◇ 能掌握急救处理的相关知识。

◇ 能正确进行急救处理。

学习地点

喷涂前处理项目区。

学习准备

教具：多媒体设备、白板等。

劳动保护用品：安全鞋、防护服、工作帽、护目镜、橡胶手套、活性炭口罩、急救药箱等。

知识准备

涂装生产车间应备有药棉、酒精、红药水、紫药水、碘酒、6%硼酸以及其他急救药物，并指定1～2名责任心强、又有一定医药卫生知识的专人保管。对从事有毒作业的操作人员应定期进行体检，如发现中毒，必须及时采取措施。

一、正常人体的特征

(1) 正常人神志清晰、语言流利、行为活动自如。如果人呼吸、心跳存在，但按压或针刺“人中”穴无反应，有可能是昏迷了。昏迷时间越长，病情相对越重。

(2) 正常成人的体温是36℃～37℃。

(3) 正常成人的脉搏为60～100次/分，均匀有力。

(4) 正常成人的呼吸为16～20次/分，一呼一吸时间均等。

(5) 正常成人的血压为90/60mmHg(12/8kPa)～140/90mmHg(18.6/12kPa)。

(6) 正常成人的瞳孔直径为2～4mm，等大正圆。

(7) 正常成人体内血液总量约占体重的7%～8%。

二、现场急救的目的与原则

(1) 抢救生命，降低死亡率。

(2) 防止病情继续恶化。

(3) 减轻病痛，减少意外伤害，降低伤残率。

活动实施

一、小处理

工作、生活中的小伤口一般有以下几种情况：

(1) 锐器切割伤：伤口一般比较整齐，深度比较深，相对来说比较干净。对于这种伤口只要认真消毒，加以按压就可以止血。若伤口较长，出血较多，不易止住，应该到医院去缝合。

(2) 锐器穿刺伤：伤口小，但深度深，容易有异物存留(如果是大伤口，如胸腹壁伤等，就容易造成内脏、神经、血管损伤)。对这一类伤口要仔细清理，以免异物残留。

(3) 皮肤擦伤：多伤及表皮，重要的是要进行创面处理、消毒，以预防感染。

(4) 软组织挫伤：属于钝器损伤，除软组织挫伤外，可能还有皮肤伤口。处理这一类损伤时主要注意力要放在软组织损伤上，皮肤伤口如果深、长，则需要缝合。

(5) 开放性骨折的伤口：对于小伤口，如鼻骨开放性骨折，则应进行伤口部位的处理。创口小出血，如果沁有碎骨需要处理，则按普通伤口处理后进行缝合，再处理鼻骨骨折。所有比较深的小伤口，原则上一律要注射破伤风抗生素毒素，以预防破伤风。

二、急救处理和呼叫“120”

平常“健康”的人或者病情基本稳定的人，突然出现心跳、呼吸骤停，叫作猝死。猝死的病人，神志丧失，颈动脉波动消失，自主呼吸停止，双侧瞳孔散大。猝死的病人是可以通过抢救复苏的。对于猝死的病人应立即就地进行徒手心肺复苏术。在4～6min内进行有效的心肺复苏，抢救成功率为50%。

进行徒手复苏术的方法如下：

首先应开通气道，如图1-1-9所示。先清除口中异物(呕吐物、血块等)，去掉假牙；然后采用仰头举颏法，即一手食指、中指置于下颏处，抬起下颏，使头后仰，另一手扶住额头，头后仰的程度以下颏和耳垂的连线与地面垂直为宜，后仰不要过度。

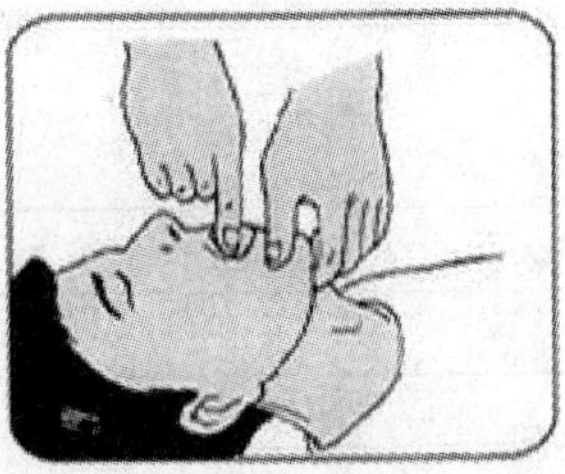

清除口中异物

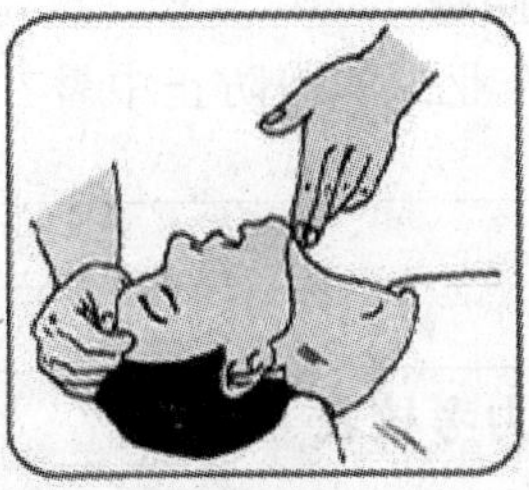

仰头举颏法

图 1-1-9 开通气道

然后判断呼吸：一看、二听、三感觉。看：胸部或腹部有无起伏。听：口、鼻有无呼吸声音。感觉：口、鼻有无气流溢出。

如病人呼吸、心跳停止，则要进行口对口人工呼吸和心外按压。口对口人工呼吸：一手放在病人前额，并用拇指和食指掐紧其鼻孔，将口包住病人的口，先深吸一口气，然后吹两口气，吹气时不要用力过猛。吹气后，病人胸部有起伏说明人工呼吸有效。如颈动脉搏动消失，即可以认定心跳停止(颈动脉位置在喉结旁 2～3cm 处)。心外按压：按压部位在前胸正中、胸骨下 1/2 处；按压频率为每分钟 60～100 次；按压深度为 3～5cm。按压时，一手掌放于胸骨下 1/2 处，手掌与胸骨平行，另一手重叠在手背上，两手指交叉抬起，脱离胸壁，双肩绷直，双肩垂直在胸骨上方正中，以肩、臂力量向下按压。单人抢救的做法[图 1-1-10(a)]：按 15∶2 的比例进行，即先吹两口气，然后心外按压 15 次，周而复始，直至有人接替为止。双人抢救的做法[图 1-1-10(b)]：按 5∶1 的比例进行，即一人吹一口气，一人心外按压 5 次，直至专业急救人员赶到为止。心外按压和吹气不可同时进行，可轮换进行。自救互救的同时应急呼“120”。

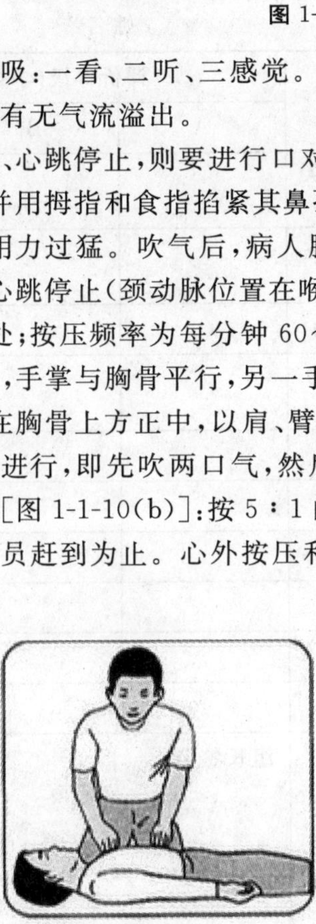

(a) 单人抢救

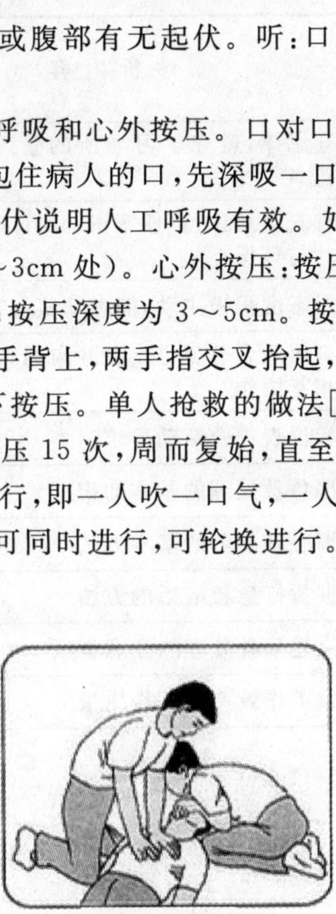

(b) 双人抢救

图 1-1-10 抢救

巩固与评价

一、反思性问题

在涂装作业中若发生意外伤害，如何进行急救处理？需要具备哪些知识和能力？

答：____

____

____

二、拓展性问题

夏天，涂装作业中如何防止中暑？

答：____

____

____

三、操作能力考核表

表 1-1-2　　　　　　　　　　活动评价表

班级：　　　　　　　　组别：　　　　　　　　姓名：

项 目	评 价 内 容	评价等级(学生自评)		
		A	B	C
关键能力考核项目	遵守纪律，遵守学习场所的管理规定，服从安排			
	具有安全意识、责任意识、5S 管理意识，注重节约与环保			
	学习态度积极主动，能参加实习安排的活动			
	具有团队合作意识，注重沟通，能自主学习及相互协作			
	仪容仪表符合活动要求			
专业能力考核项目	掌握急救处理的基本知识			
	掌握心肺复苏的基本方法			
	掌握拨打急救电话的方法			
	能讲述急救处理的注意事项			
	注重工作效率与工作质量			
小组评语及建议		组长签名： 年　月　日		
教师评语及建议		教师签名： 年　月　日		

任务二 安全施工

活动一 防火安全处理

活动描述

首先学习汽车涂装作业中防火安全处理的相关知识，然后到实训场地，听取教师讲述现场防火处理方法，并观察教师的操作示范，真正掌握安全施工方法，避免火灾。

学习目标

◇ 能掌握防火安全处理的相关知识。
◇ 能进行防火安全处理。

学习地点

喷涂前处理项目区。

学习准备

教具：多媒体设备、白板等。

设备：车间消火栓箱、车间灭火器、应急照明、自动喷水灭火系统、火灾自动报警系统等。

劳动保护用品：安全鞋、防护服、工作帽、护目镜、橡胶手套、活性炭口罩、急救药箱等。

知识准备

汽车车身修复涂装作业的火灾危险性大小与所使用的涂料种类、用量、涂装场所的条件有关。

一、火灾产生的原因

(1) 气体爆炸。由于喷涂车间或喷气烤漆房太小，换气不良，充满溶剂蒸气，在达到爆炸极限时遇明火(火星或火花)就会引起爆炸。

(2) 电气设备选用不当或损坏后未及时维修。照明器具、电动机、开关及配线等在危险场合使用，在结构上防爆考虑不充分，就有火花产生的危险。

(3) 残余溶剂、废漆、漆雾末、废弃遮盖物、残留溶剂或涂料的废抹布等若保管不善，随意堆积在一起易产生自燃。

(4) 不遵守防火规程，防火意识淡薄，在车间内涂装现场使用明火或抽烟易引起火灾。

二、防火安全知识

(1) 由于在汽车涂装中使用的涂料大部分属于有机溶剂型，挥发性较大、易燃易爆，因此在使用过程中严禁接触明火或高温热源，以防止火灾发生。

(2) 在开启铁制涂料桶时，严禁用金属硬物猛烈敲击或碰撞，以防产生火花而引起火灾。

(3) 涂装车间属于火灾危险区，一般要使用防火墙与其他车间隔离，车间内外还应设立各类醒目的防火警示标牌。定期对车间内的涂装从业人员进行安全知识教育，不准任何携带火种的人员进入车间或施工现场。

(4) 对丢弃的废物废料及被污染的废弃遮盖物、废抹布等，安排专人集中回收，妥善放置处理，不能随意丢弃，且应远离高温，以防其自燃而引起火灾。

(5) 车间及施工现场内的电线、电缆等必须按照防爆等级规定进行安装，通风设备及电器设备应为防爆式，电源应设置在防火区以外。

(6) 对于静电喷涂设备，为避免静电积聚，喷漆室和各种固定容器必须有接地装置，以防止放电。

(7) 车间内的所有构件都应采用防火性能好的材料。

(8) 存储涂料应远离作业施工区，施工区内最多保留一天的使用量。

(9) 在涂装过程中应尽量避免敲打、碰撞、冲击、摩擦等动作，以免发生火花或静电放电而引起火灾、爆炸。

三、防火处理

物体的燃烧离不开三要素，即可燃物、着火点(与温度有关)、氧气。防火的原理就是避免同时具备以上三要素。遵守下面的安全做法将有助于防止火灾的发生：

(1) 不要在喷漆车间点燃火柴和吸烟。

(2) 输送桶装溶剂时要用专用的泵通过桶上的孔抽送。

(3) 运送溶剂时应避免溢出。

(4) 用于车身的喷漆料、稀释剂、溶剂和其他易燃液体，必须存放在经过批准的金属柜中，储存室需要充分通风。单独使用易燃材料时，不要把超过一天用量的漆料放在储存区以外。

(5) 所有盛装易燃和易爆液体的桶和管道的连接器必须气液封严，不能泄漏。

(6) 切勿在油漆等易燃物品附近进行焊接和切割。

(7) 切勿在蓄电池旁焊接和打磨。

四、灭火方法

(1) 隔离或转移火源，并使之熄灭。

(2) 隔绝空气，使之缺氧而不能继续燃烧。

(3) 用冷却法使被燃烧物体的温度降低到着火点以下。

另外，在涂装车间的施工场所，必须配备足够数量的各类灭火器等消防器材。每位在场内施工的人员都必须懂得消防灭火知识，并能熟练掌握各类灭火工具的使用方法。施工场所万一发生火灾，切勿惊慌失措，应及时报警，并组织人力进行扑救。扑救时应注意首先切断车间内的总电源，关闭邻近其他车间的门窗，防止火势蔓延。

活动实施

一、认识涂料罐上的安全标签

涂料罐上的安全标签如图 1-2-1 所示。

(a) 高度易燃品

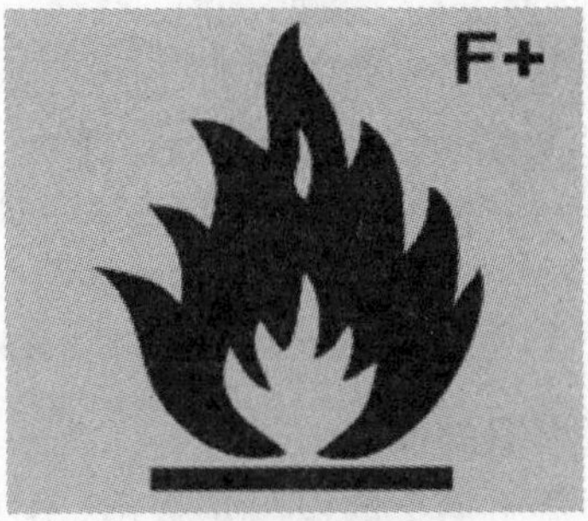

(b) 极端高度易燃品

(c) 氧化性物质

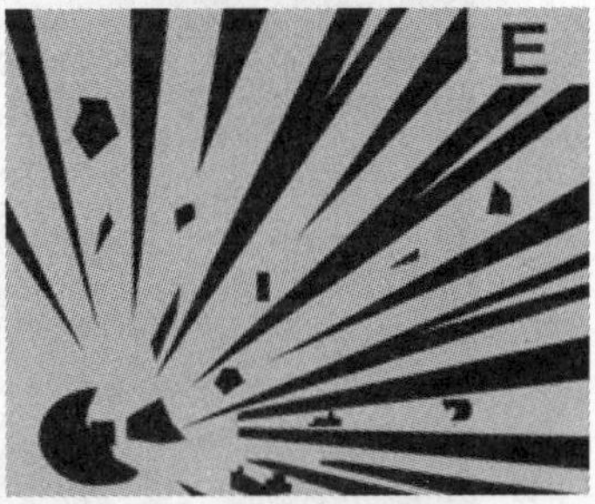

(d) 易爆物

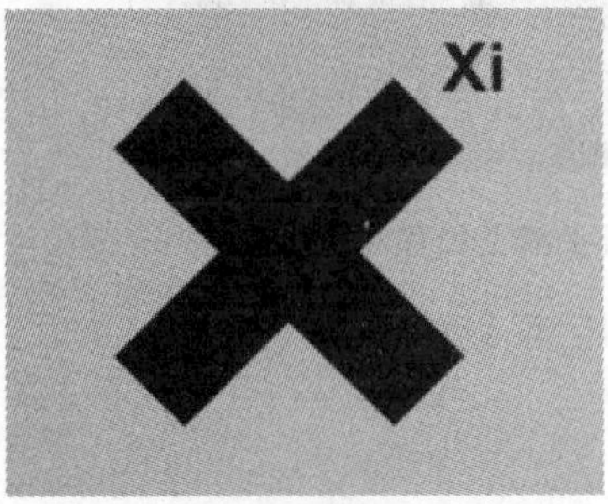

(e) 刺激物

(f) 有害物

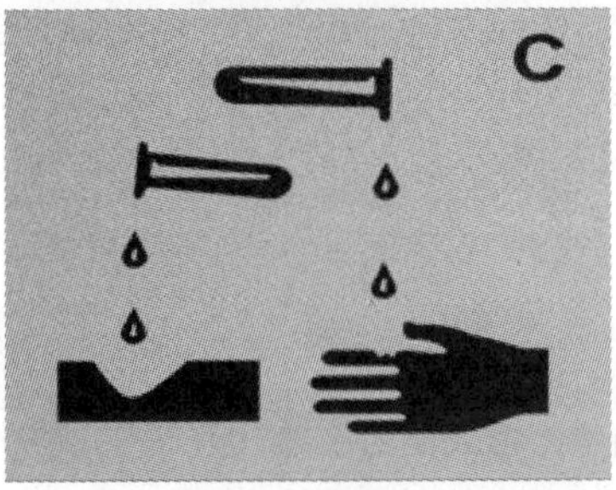

(g) 腐蚀物

(h) 污染环境

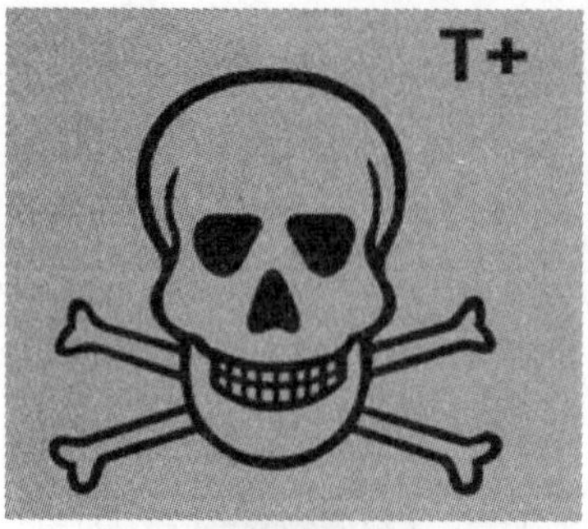

(i) 极毒物

(j) 有毒物

图 1-2-1　涂料罐上的安全标签

二、掌握灭火器的使用方法

(1) 把灭火器手柄上的保险销拔出(图 1-2-2)。

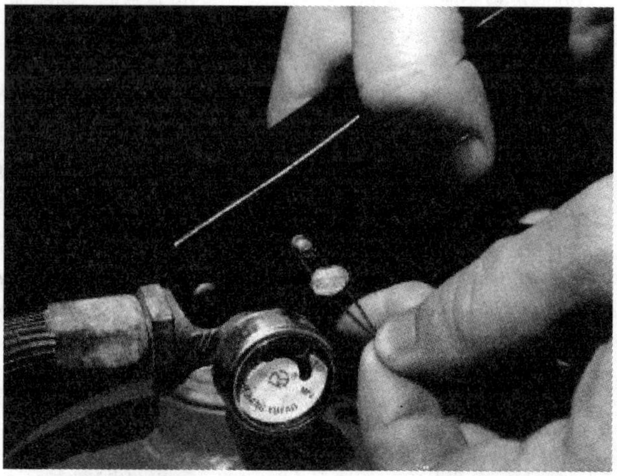

图 1-2-2　拔出灭火器手柄上的保险销

(2) 将灭火器的喷嘴对准火焰的底部,喷嘴距离火焰约 2m(图 1-2-3)。

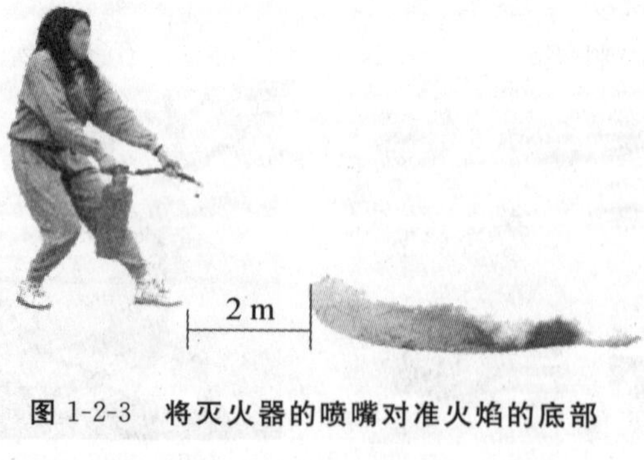

图 1-2-3　将灭火器的喷嘴对准火焰的底部

(3) 用力压下灭火器的手柄,喷射出灭火剂(图 1-2-4)。如果松开手柄,灭火器就停止喷射。

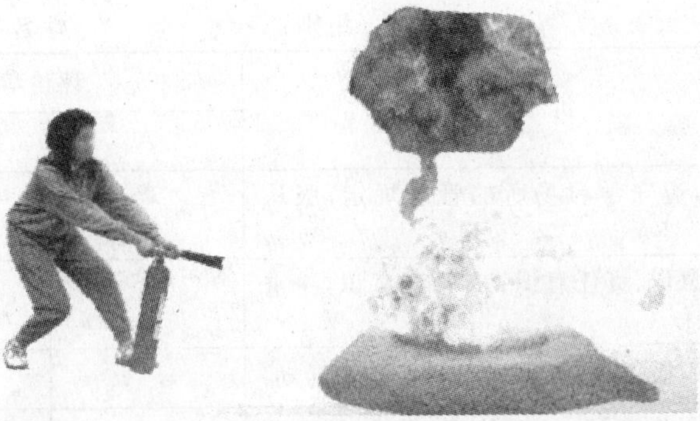

图 1-2-4　压下灭火器的手柄并喷射出灭火剂

(4) 移动喷嘴,前后吹扫火焰的底部。火焰扑灭后,要仔细观察,因为火焰有可能复燃(图 1-2-5)。

图 1-2-5　前后吹扫火焰底部并观察

巩固与评价

一、反思性问题

在涂装作业中,哪些地方易发生火灾?如何预防?

答:____

____

____

二、拓展性问题

涂装作业中为了防止火灾发生,你应遵守哪些行为习惯?

答:____

____

____

三、操作能力考核表

表 1-2-1 **活动评价表**

班级： 组别： 姓名：

项 目	评 价 内 容	评价等级（学生自评）		
		A	B	C
关键能力考核项目	遵守纪律，遵守学习场所的管理规定，服从安排			
	具有安全意识、责任意识、5S管理意识，注重节约与环保			
	学习态度积极主动，能参加实习安排的活动			
	具有团队合作意识，注重沟通，能自主学习及相互协作			
	仪容仪表符合活动要求			
专业能力考核项目	掌握防火安全知识			
	掌握常用的防火处理方法			
	掌握灭火方法			
	学习准备充分、齐全			
	注重工作效率与工作质量			
小组评语及建议		组长签名： 年 月 日		
教师评语及建议		教师签名： 年 月 日		

活动二 防毒安全处理

活动描述

首先学习汽车涂装作业中防毒安全处理的相关知识，然后到实训场地，听取教师讲述现场防毒安全处理方法，并观察教师的操作示范，真正掌握安全施工方法，避免中毒。

学习目标

◇ 能掌握防毒安全处理的相关知识。

◇ 能进行防毒安全处理。

学习地点

喷涂前处理项目区。

学习准备

教具：多媒体设备、白板等。

劳动保护用品：安全鞋、防护服、工作帽、护目镜、橡胶手套、活性炭口罩、急救药箱等。

知识准备

一、有毒物质

在进行修复涂装时使用的涂料绝大多数都是有毒的。有机溶剂一般都具有脂溶性，所以当溶剂进入人体后能迅速与含脂肪类物质发生化学反应，不仅对皮肤产生侵蚀作用，而且会对人体的中枢神经系统产生麻醉作用，对造血器官和呼吸系统等也有刺激和破坏作用，引起失神、头痛、胸闷、恶心等反应。另外，涂料用合成树脂残留单体及一些重金属颜料也会对涂装施工人员的健康造成极大的伤害。

二、预防中毒

在涂装施工过程中，各种有毒物质对人体的毒害作用主要是通过呼吸道吸入引起的。为了有效地防止中毒，首先必须严格限制有机化合物蒸气在空气中的浓度。因此，涂装车间内必须安装强力通风装置，以保证有毒物质的蒸气在最高允许值以下。

在涂装施工中，施工人员必须佩戴防毒口罩、防毒面具、橡胶手套等个人防护用具，穿着工作服（图 1-2-6），并且连续工作时间不能过长。若不小心接触到有毒物质，应立即使用大量清水冲洗，并及时送医院治疗。另外，还应组织涂装从业人员定期进行职业性身体检查，以便及时发现问题并治疗。

图 1-2-6 个人防护

活动实施

一、涂装前处理时的防毒处理

1. 除油过程中的防毒处理

采用碱液等强腐蚀性介质或溶剂进行处理时，必须戴多层口罩或防毒口罩，并穿戴好工作服、工作帽及手套，以防止因除油介质飞溅而烧伤皮肤或吸入挥发性介质而影响身体健康。

2. 除锈及除旧漆膜过程中的防毒处理

采用手工和机械法除锈及除旧漆膜时，吸入飞散的锈尘及漆尘会造成肺部的损伤。因此，无论采用何种方法除锈和清除旧漆膜，都必须穿戴好胶皮围裙、手套、口罩、工作服、工作帽及耐酸胶皮靴等。

二、涂料喷涂过程中的防毒处理

涂料喷涂过程中要穿戴好工作服、工作帽、口罩及手套。外露的皮肤最好涂一层医用凡士林油膏。喷涂后要用肥皂和温水清洗皮肤(尽量不要用稀释剂擦洗)。喷涂时应注意操作方法，如使空气喷枪从接近身体处向前喷，让飞散的涂料和溶剂一直向前飞去。这些方法可以在最大程度上限制有害物质对人体的侵害。

此外，还应注意喷涂过程中的饮食卫生，严禁在喷涂现场饮水及进食。喷涂结束后应及时淋浴，以保持身体清洁，也可迅速解除疲劳。

巩固与评价

一、反思性问题

在涂装作业中，什么物质会引起中毒？如何预防？

答：______

二、拓展性问题

在生活、工作中，还有哪些有毒物质？如何处理？

答：______

三、操作能力考核表

表 1-2-2　　**活动评价表**

班级：　　　　组别：　　　　姓名：

项目	评价内容	评价等级(学生自评)		
		A	B	C
关键能力考核项目	遵守纪律,遵守学习场所的管理规定,服从安排			
	具有安全意识、责任意识、5S管理意识,注重节约与环保			
	学习态度积极主动,能参加实习安排的活动			
	具有团队合作意识,注重沟通,能自主学习及相互协作			
	仪容仪表符合活动要求			
专业能力考核项目	了解涂装中有毒物质的危害性			
	能在涂装中预防中毒			
	能讲述中毒的症状			
	学习准备充分、齐全			
	注重工作效率与工作质量			
小组评语及建议		组长签名： 年　月　日		
教师评语及建议		教师签名： 年　月　日		

任务三 环境保护

活动一 废气处理

活动描述

首先学习环境保护的意义及汽车涂装作业中废气处理的相关知识，然后到实训场地，听取教师讲述现场废气处理方法，并观察教师的操作示范，真正掌握废气处理方法。

学习目标

◇ 能掌握废气处理方法。
◇ 能进行废气处理。

学习地点

喷涂前处理项目区。

学习准备

教具：多媒体设备、白板等。
设备：尾气排放设备、通风系统。
劳动保护用品：安全鞋、防护服、工作帽、护目镜、橡胶手套、活性炭口罩等。

知识准备

一、废气种类

在汽车涂装作业中所排出的废气主要有以下三类物质：

(1) 能成为光化学烟雾的有机溶剂，如二甲苯、甲基异丁基酮等。

(2) 放出恶臭的涂料挥发成分，如三乙基胺、丙烯醛、甲醛等。

(3) 涂装喷雾粉尘。

由此可见，在汽车车身涂装作业中造成大气环境污染的主要物质是有害气体和粉尘，散发到空气中的有害气体主要是溶剂蒸气和漆雾。

二、废气处理方法

在涂装作业中，溶剂蒸气是一种有臭味的有害气体。一般液体涂料中含溶剂 50%～60%(硝基漆中含 70%以上)，这些溶剂蒸气在涂装过程中几乎全部挥发并排入大气中。在烘干时，除挥发出的涂料中的全部溶剂外，还有分解气体排入大气中。另外，在喷砂、干打磨原子灰时所产生的粉尘同样会污染空气，都必须及时处理。

废气的处理方法通常有活性炭或油吸附法、触媒氧化分解法、直接燃烧法和气体洗净法等。考虑到汽车车身修复涂装的特点，比较适合的处理方法有活性炭或油吸附法、触媒氧化分解法（在200℃～400℃的条件下靠触媒催化氧化来消除废气）两种，见表1-3-1。不管采用何种方法，最终排出的废气都必须符合有关规定才能被认为合格。

表1-3-1　　修复涂装的废气处理方法

处理方法	原理及主要控制条件	优　点	缺　点
触媒氧化分解法	在200℃～400℃的条件下靠触媒催化氧化，停留时间为0.14～0.24s	装置小，产生的气体有害物质相对较少	催化剂及设备相对较贵，需要良好的预处理，表面异物附着易失效
吸附法	用活性炭吸附处理，气体流速为0.3～0.6m/s，炭层厚度为0.8～1.5m	可回收溶剂，可净化低温低浓度废气，无须加热	需要预处理除去漆雾、粉尘、油等杂质，高温废气需经过冷却，仅限于低浓度

活动实施

一、工艺流程的选择

针对废气排放中所含的某些有害物质，考虑采用填料喷淋塔对废气进行处理。喷淋塔是利用吸收的原理来达到处理废气的目的的。

吸收法处理是利用液态吸收剂处理气体混合物以除去其中某一种或几种气体的过程。吸收法的特点是既能吸收有害气体，又能除掉废气中的粉尘。吸收法分为物理吸收和化学吸收两种。物理吸收是用液体吸收有害气体的纯物理溶解过程，它适用于吸收在水中溶解度比较大的有害气体，一般吸收效率较低。化学吸收在吸收过程中伴有明显的化学反应，不是纯溶解过程。化学吸收效率较高，是目前应用较多的有害气体处理方法。本工艺采用的方法就是利用物理吸收与化学吸收相结合的方法处理废气，化学吸收过程采用NaOH溶液作吸收剂。

应用碱液吸收有害气体时，碱液浓度的高低对化学吸收的速度有很大的影响。当碱液的浓度较低时，化学传质的速度较低；当提高碱液浓度时，传质速度也随之增大；当碱液浓度提高到某一值时，传质速度达到最大值，此时碱液的浓度称为临界浓度；当碱液浓度高于临界浓度时传质速度并不再继续增大。

二、工艺流程的说明

在真空泵房上设密闭罩，密闭罩上部设排风口将房内产生的废气排出，保持房内一定的负压，废气排出后进入填料喷淋吸收塔。

废气进入吸收塔后，塔体上部喷淋碱性吸收液，下部进入塔体的有害气体与喷淋液呈逆流流动，废气由风机压入净化塔内的匀压室，经过不等速迂回式的二道喷雾处理，进入净化塔内筒处理器，废气穿过由填料组成的填料层，再经过二道喷雾处理，使气液两相充分接触发生吸收反应，达到高效净化的目的。

吸收废气后的吸收液流入塔底循环碱液槽中，用耐腐蚀的碱液泵抽出重新送进吸收塔，这样循环往复，不断地对废气中的有害气体进行吸收。若处理后的废气经脱液器脱液处理后符合排放标准的要求，就可排入大气。本工艺净化效率可以达到 90%左右。

三、工艺流程的系统组成

本工艺主要由废气收集系统、吸风系统、喷淋吸收系统、排气系统构成。

1. 废气收集系统

废气收集系统主要由集气罩和风管组成。集气罩是用来捕集污染空气的，其性能对净化系统的技术经济指标有直接的影响。由于污染源设备结构和生产操作工艺的不同，集气罩的形式是多种多样的。本工程采用外部集气罩，这种集气罩是通过罩的抽吸作用，在污染源附近把污染物全部吸收起来的集气罩。外部集气罩的特点：结构简单，制造方便；排风量较大，且不易受室内横向气流的干扰，捕集效率较高。外部集气罩的常见形式：顶吸罩、侧面吸罩、底吸罩、槽边吸气罩。在净化系统中用以输送气流的管道称为风管，通过风管使系统的设备和部件连成一个整体。

2. 吸风系统

吸风系统为整个系统气体流动提供动力。风机是依靠输入的机械能，提高气体压力并排送气体的机械，它是一种从动的流体机械。风机广泛用于工厂、矿井、隧道、冷却塔、车辆、船舶和建筑物的通风、排尘和冷却，锅炉和工业炉窑的通风和引风，空气调节设备和家用电器设备中的冷却和通风，谷物的烘干和选送，风洞风源和气垫船的充气和推进等。风机的工作原理与透平压缩机基本相同，只是由于气体流速较低，压力变化不大，一般不需要考虑气体比容的变化，即把气体作为不可压缩流体处理。

根据气流进入叶轮后的流动方向，可将风机分为轴流式风机、离心式风机和斜流（混流）式风机。风机的性能参数主要有流量、压力、功率、效率和转速。另外，噪声和振动的大小也是主要的风机设计指标。流量也称风量，以单位时间内流经风机的气体体积表示；压力也称风压，是指气体在风机内压力升高值，有静压、动压和全压之分；功率是指风机的输入功率，即轴功率；风机的有效功率与轴功率之比称为效率。

3. 喷淋吸收系统

喷淋吸收系统主要由填料、喷淋装置、除雾装置、喷淋液循环泵、喷淋吸收塔组成。

（1）填料。填料主要作为布风装置，布置于吸收塔喷淋区下部。烟气通过托盘后，被均匀分布到整个吸收塔截面。这种布风装置对于提高吸收效率是必要的，除了使主喷淋区烟气分布均匀外，吸收塔托盘还使得烟气与吸收液或洗涤液在托盘上的液膜区域得到充分接触。托盘结构为带分隔围堰的多孔板，托盘被分割成便于从吸收塔人孔进出的板片，水平搁置在托盘支撑的结构上。

（2）喷淋装置。吸收塔内部喷淋系统是由分配母管和喷嘴组成的网状系统。每台吸收塔再循环泵均对应一个喷淋层，喷淋层上安装空心锥喷嘴，其作用是将喷淋液雾化。喷淋液由吸收塔再循环泵输送到喷嘴，喷入废气中。喷淋系统能使浆液在吸收塔内均匀分布，流经每个喷淋层的流量相等。

（3）除雾装置。除雾装置用于分离烟气携带的液滴。吸收塔除雾器布置于吸收塔顶部最后一个喷淋组件的上部。烟气穿过循环浆液喷淋层后，再连续流经除雾器时，液滴由于惯性作用，留在挡板上。由于被滞留的液滴也含有固态物，因此存在在挡板结垢的危险，需定期进行清洗，除去所含浆液雾滴。

(4) 喷淋液循环泵。喷淋液循环泵安装在吸收塔旁，用于吸收塔内喷淋液的再循环。其采用单流和单级卧式离心泵，包括泵壳、叶轮、轴、导轴承、出口弯头、底板、进口、密封盒、轴封、基础框架、地脚螺栓、机械密封和所有的管道、阀门及就地仪表和电机。工作原理是：叶轮高速旋转时产生的离心力使流体获得能量，即流体通过叶轮后，压能和动能都得到提高，从而能够被输送到高处或远处。同时在泵的入口形成负压，使流体能够被不断吸入。泵头采用耐腐蚀材料。浆液再循环系统采用单元制，喷淋层配一台洗涤液循环泵。循环系统使用一段时间后，循环液废水最终排入废水处理池。

(5) 喷淋吸收塔。塔体采用玻璃钢结构。在玻璃钢壳体的设计方面，考虑到其工作环境是相当恶劣的，长期在酸性腐蚀条件下工作，并且要承受塔体自身压力及溶液压力，还要承受工作时的风压，因此要求其既要有良好的耐腐蚀性能，又要保持较高的抗拉、抗压强度。玻璃钢塔体采用机械缠绕工艺生产制作，强度高，质量可信，性能良好。

4. 排气系统

排气系统主要是烟囱。由于净化后的烟气中仍含有一定量的污染物，这些污染物按环保的相关要求通过烟囱高排。

巩固与评价

一、反思性问题

在涂装作业中，打磨的粉尘都收集到哪儿？如何处理？

答：______________________________

二、拓展性问题

试举例说明涂装作业中废气处理的方法。

答：______________________________

三、操作能力考核表

表 1-3-2　　　　活动评价表

班级：　　　　组别：　　　　姓名：

<table>
<tr><th rowspan="2">项 目</th><th rowspan="2">评 价 内 容</th><th colspan="3">评价等级(学生自评)</th></tr>
<tr><th>A</th><th>B</th><th>C</th></tr>
<tr><td rowspan="5">关键能力
考核项目</td><td>遵守纪律,遵守学习场所的管理规定,服从安排</td><td></td><td></td><td></td></tr>
<tr><td>具有安全意识、责任意识、5S管理意识,注重节约与环保</td><td></td><td></td><td></td></tr>
<tr><td>学习态度积极主动,能参加实习安排的活动</td><td></td><td></td><td></td></tr>
<tr><td>具有团队合作意识,注重沟通,能自主学习及相互协作</td><td></td><td></td><td></td></tr>
<tr><td>仪容仪表符合活动要求</td><td></td><td></td><td></td></tr>
<tr><td rowspan="5">专业能力
考核项目</td><td>掌握车身修复涂装中废气的种类</td><td></td><td></td><td></td></tr>
<tr><td>能讲述废气处理的方法</td><td></td><td></td><td></td></tr>
<tr><td>能比较不同废气处理的优缺点</td><td></td><td></td><td></td></tr>
<tr><td>学习准备充分、齐全</td><td></td><td></td><td></td></tr>
<tr><td>注重工作效率与工作质量</td><td></td><td></td><td></td></tr>
<tr><td>小组评语
及建议</td><td></td><td colspan="3">组长签名：

年　　月　　日</td></tr>
<tr><td>教师评语
及建议</td><td></td><td colspan="3">教师签名：

年　　月　　日</td></tr>
</table>

活动二 废水处理

活动描述

首先学习废水处理的意义及汽车涂装作业中废水处理的相关知识，然后到实训场地，听取教师讲述现场废水处理方法，并观察教师的操作示范，真正掌握废水处理方法。

学习目标

◇ 能掌握废水处理方法。

◇ 能进行废水处理。

学习地点

喷涂前处理项目区。

学习准备

教具：多媒体设备、白板等。

设备：尾气排放设备、通风系统。

工量具：废液桶、垃圾桶、纸篓。

材料：砂纸、固化的原子灰、废弃色漆及辅料。

劳动保护用品：安全鞋、防护服、工作帽、护目镜、橡胶手套、活性炭口罩等。

知识准备

一、废水种类

废水按来源可分为工业废水、生活废水等。

汽车表面修复涂装施工过程中的废水，主要是指喷涂过程中产生的废水，属于工业废水。

涂装作业中的废水含有酸、碱、溶剂、树脂、颜料等污染物，这些物质的排放会造成水质的污染，因此必须经过净化处理，使之符合工业废水的最高允许排放浓度和地面水水质卫生要求。

二、废水处理的级别和方法

1. 废水处理级别

工业废水处理一般分为三个级别：

(1) 一级处理。用机械方法或简单化学方法进行的预处理，可使废水中的悬浮物或胶状物沉淀下来，并能初步中和酸碱度。

(2) 二级处理。其主要目的是解决可分解或氧化的有机溶解物或部分悬浮固体的污染问题，常采用生化处理或添加凝聚剂使固体悬浮物凝聚分离。二级处理能极大地改善水质，大部分可以达到排放标准。

(3) 三级处理。也称深度处理，主要是处理难以分解的有机物和溶液中的无机物，处理方法有活性炭吸附法、离子交换法、电渗析法、反渗透法和化学氧化法等。三级处理可以使废水水质达到地面水、工业用水甚至是生活用水的水质标准。

2. 废水处理方法

废水处理方法主要有以下几种：

(1) 凝集沉淀法：靠自然沉淀使固体杂质从水中分离出来的方法。

(2) 上浮分离处理法：适用于凝集物质的密度比水的密度小的情况。其中，单靠与水的重差分离的方法称为重力或上浮分离法。在凝集浮游物上附着细小的气泡，使其密度减小，浮在废水表面上而分离的方法称为加压上浮分离法。

(3) 离子交换法：利用离子交换树脂基体上的离子交换基和水中同符号的离子相互交换的方法。

(4) 膜分离法：利用一张有选择透过性的薄膜，在外力推动下使物质分离的方法。

(5) 生化处理法：靠自然界中存在的细菌等微生物作用，分解出以有机物为主的物质的废水处理方法。

涂装施工中的废水处理多采用生化处理法和添加凝聚剂的方法。

活动实施

汽车涂装废水处理工艺的关键是合理地进行清浊分质。对部分难处理或影响后续处理的废水，根据其性质和排放规律，先进行间歇预处理，再和其他废水集中进行连续处理，最后进行深度处理。

一、间歇预处理

(1) 脱脂废液：采用酸化法进行破乳预处理。

(2) 电泳废液：加入适当的阳离子型聚丙酰胺和聚合氯化铝作混凝剂能快速去除废水中的污染物。

(3) 喷漆废水：对喷漆废水先采用 Fenton 试剂进行预处理，再加入 PAC 和 PAM 对其进行混凝沉淀。

二、连续处理

经预处理的各类废水排入均和调节池中，与其他废水混合后进入连续处理流程。

三、深度处理

采用砂滤和活性炭过滤。运行时，经砂滤后的出水即能达到排放标准，活性炭过滤仅是应急保证措施。

巩固与评价

一、反思性问题

在涂装作业中，剩余的涂料溶液是如何处理的？

答：

二、拓展性问题

对于废水的处理标准，是不是越高越好？为什么？

答：

三、操作能力考核表

表 1-3-3　　活动评价表

班级：　　组别：　　姓名：

<table>
<tr><th rowspan="2">项目</th><th rowspan="2">评价内容</th><th colspan="3">评价等级（学生自评）</th></tr>
<tr><th>A</th><th>B</th><th>C</th></tr>
<tr><td rowspan="5">关键能力考核项目</td><td>遵守纪律，遵守学习场所的管理规定，服从安排</td><td></td><td></td><td></td></tr>
<tr><td>具有安全意识、责任意识、5S 管理意识，注重节约与环保</td><td></td><td></td><td></td></tr>
<tr><td>学习态度积极主动，能参加实习安排的活动</td><td></td><td></td><td></td></tr>
<tr><td>具有团队合作意识，注重沟通，能自主学习及相互协作</td><td></td><td></td><td></td></tr>
<tr><td>仪容仪表符合活动要求</td><td></td><td></td><td></td></tr>
<tr><td rowspan="5">专业能力考核项目</td><td>能讲述废水处理的方法</td><td></td><td></td><td></td></tr>
<tr><td>能讲述工业废水处理的等级</td><td></td><td></td><td></td></tr>
<tr><td>掌握涂装作业中废水处理的方法</td><td></td><td></td><td></td></tr>
<tr><td>学习准备充分、齐全</td><td></td><td></td><td></td></tr>
<tr><td>注重工作效率与工作质量</td><td></td><td></td><td></td></tr>
<tr><td>小组评语及建议</td><td></td><td colspan="3">组长签名：
年　月　日</td></tr>
<tr><td>教师评语及建议</td><td></td><td colspan="3">教师签名：
年　月　日</td></tr>
</table>

活动三　废渣处理

活动描述

首先了解废渣的种类，学习汽车涂装作业中废渣处理的方法，然后到实训场地，听取教师讲述现场废渣处理方法，并观察教师的操作示范，真正掌握废渣处理方法。

学习目标

◇ 能掌握废渣处理方法。

◇ 能进行废渣处理。

学习地点

喷涂前处理项目区。

学习准备

教具：多媒体设备、白板等。

设备：尾气排放设备、通风系统。

工量具：垃圾桶、纸篓。

材料：砂纸、固化的原子灰、废弃色漆及辅料。

劳动保护用品：安全鞋、防护服、工作帽、护目镜、橡胶手套、活性炭口罩等。

知识准备

一、废渣种类

汽车车身表面修复涂装产生的废渣主要有以下几种：

(1) 漆前处理过程中产生的各种沉积物，如锈蚀残渣等。

(2) 在清理涂料容器时产生的各种凝固层或凝块涂料。

(3) 清理喷涂室、烘干室及涂装设备时所产生的各种凝固层或凝块涂料。

(4) 水性树脂涂料所产生的各种残渣。

(5) 在涂装水处理过程中产生的各种残渣。

二、废渣处理方法

汽车车身表面修复涂装产生的废渣的成分大多呈固态或半固态，如原子灰、废漆渣、旧漆膜等。这些废渣如果不进行适当处理，随意丢弃，不控制排放，对我们所处的环境会造成一定的危害。对于汽车车身表面修复涂装所产生的废渣，能回收利用的则进行回收利用，不能回收利用的，根据我国的《工业企业设计卫生标准》及废渣处理规定等有关法律法规，在适当的场所进行深埋、焚烧、投入海洋或者无害化处理。

对于涂装中的一些废抹布、废纸等经循环使用后无法再使用的，一般采用直接燃烧法，在专用焚烧炉中集中烧掉，效果好，方法简便。

活动实施

磷化处理是表面处理的一个重要工序，磷化膜的好与坏直接影响到产品的质量。而在磷化处理时，不可避免地会产生大量的磷化渣。工作时，磷化渣以悬浮颗粒在磷化液中存在，一些细小的颗粒在处理时还会附在工件表面或缝隙中，加大磷化后的水洗难度；在喷淋处理时也会附在喷嘴上或堵住喷嘴，严重影响喷淋效果；同时磷化渣容易固结在一起，不易清理。所以在磷化处理过程中将磷化渣除去十分重要。

磷化渣处理方法通常有以下几种：

一、静置沉淀法

静置沉淀法是比较常用的除渣方法，简单易行。通常情况下，在工作结束后，将工作槽中的磷化液用泵输送到一个锥底的储存槽来静置磷化液(储存槽体积稍大于磷化槽)。在使用时必须保证磷化液能够静置一段时间，一般需要 8h 以上。工作时将澄清的磷化液放回磷化槽，而将底部的磷化渣及混合的磷化液一同排掉。因此，每次不可避免地会造成磷化液浪费。由于储存槽体积受磷化液体积的限制，在一些浸式处理工艺中磷化液多达几十吨，储存槽体积将会很大，对于连续工作时进行静置处理不太现实。

二、斜板沉淀法

斜板沉淀法是指把与水平成一定角度的众多斜板放置于沉淀槽内，通过增大沉淀面积来提高沉淀效率的方法。磷化液一般从下向上流动，磷化渣沉于斜板底部，而后自动滑落。斜板可以采用不锈钢板、聚氯乙烯板和塑料斜管。三者各有特点：不锈钢板清洗方便，阻力系数小，磷化渣全部沉淀到槽底部；聚氯乙烯板比较轻，价格便宜；塑料斜管在同等截面和数量下，沉淀面积大，可以制成整块安装，但是磷化渣下滑不畅。对于连续工作，同时槽液容积较大的磷化处理工艺，采用斜板沉淀法相对来说比较方便。但是由于斜板沉淀法采用循环除渣，若长时间不清洗，沉淀器底部会有积渣，磷化渣固结以后清洗极为不便。如果采用排口定期排放，同样会有磷化液损失。同时由于各厂家所用磷化液不同，磷化处理时的成渣量和渣粒的大小也各不相同，在设计时应了解以上参数，便于计算磷化液在斜板沉淀器中的沉淀时间和流动速度。其中，沉淀时间的计算最为重要，如果不能恰当地计算出沉淀时间，设计后的斜板沉淀器效果不佳，有时甚至没有效果。

三、过滤器处理

在一些小规模生产中，处理工件批量较小，生产时所产生的磷化渣比较少。静置沉淀法对于整套系统来说比较复杂，同时磷化液有一定的损失，因此可以采用袋式过滤器过滤磷化渣，不但可以避免磷化液的损失，同时占地面积小，维修方便，只需定期清洗、更换过滤器。在使用时应注意过滤袋的选用和过滤器的流量。在选用过滤袋时，要选择合适的过滤袋材料和过滤精度，一般选择过滤精度 50～100μm。

四、连续除渣机处理

连续除渣机的工作原理是：将磷化液输送到密闭的装有无纺布的容器内，加压将磷化液挤出，而磷化渣留在无纺布上，移动无纺布，将磷化渣刮掉。这种方法除渣效果比较好，除渣比较彻底，不会对磷化液造成损失，但是需要经常更换和清洗无纺布以保证除渣性能。对于连续处理并且要求严格的磷化处理工艺，使用连续除渣机进行磷化除渣是最佳选择。但是这种除渣设备一次性投入较大，同时需要配备压缩空气。

以上是常用的几种磷化除渣方法，使用时各有优缺点。对于一些要求较高的磷化处理工艺，采用单一一种方法往往不能达到磷化除渣效果，经常是将静置和过滤两种方法结合起来使用。比较常用的是采用斜板沉淀法和连续除渣机处理相结合的方法。使用时磷化液经过斜板沉淀器后，磷化渣沉淀到斜板沉淀器底部，保证连续除渣性；连续除渣机将斜板沉淀器底部的磷化渣进行渣液分离，这样既能保证磷化液不损失，同时又能保证磷化渣不会在沉淀器底部结渣，整体除渣效果很好。

巩固与评价

一、反思性问题

在涂装作业中，所产生的废渣该如何处理？

答：______________________________

____

____

二、拓展性问题

废渣固化处理有何好处？具体有哪些方法？

答：______________________________

____

____

三、操作能力考核表

表 1-3-4　　**活动评价表**

班级：　　组别：　　姓名：

<table>
<tr><th rowspan="2">项 目</th><th rowspan="2">评 价 内 容</th><th colspan="3">评价等级（学生自评）</th></tr>
<tr><th>A</th><th>B</th><th>C</th></tr>
<tr><td rowspan="5">关键能力考核项目</td><td>遵守纪律，遵守学习场所的管理规定，服从安排</td><td></td><td></td><td></td></tr>
<tr><td>具有安全意识、责任意识、5S 管理意识，注重节约与环保</td><td></td><td></td><td></td></tr>
<tr><td>学习态度积极主动，能参加实习安排的活动</td><td></td><td></td><td></td></tr>
<tr><td>具有团队合作意识，注重沟通，能自主学习及相互协作</td><td></td><td></td><td></td></tr>
<tr><td>仪容仪表符合活动要求</td><td></td><td></td><td></td></tr>
</table>

续表

项　目	评 价 内 容	评价等级(学生自评)		
		A	B	C
专业能力考核项目	能按时按要求独立完成工作页			
	能讲述涂装中产生的废渣			
	掌握废渣处理方法			
	学习准备充分、齐全			
	注重工作效率与工作质量			
小组评语及建议		组长签名： 年　月　日		
教师评语及建议		教师签名： 年　月　日		

项目二 汽车涂装施工

项目学习目标

- 能熟知如何区分不同基底材料及选用适合本流程的产品进行漆膜鉴别和评估。
- 能正确对板件进行预处理。
- 能正确进行底漆的施工。
- 能正确进行原子灰施工。
- 能正确进行中涂底漆的干燥和打磨。
- 能正确进行面漆的施工。

任务一 底材处理

活动一 漆膜的鉴别与评估

活动描述

在理解涂料的基础知识、车身损伤程度评估和漆膜类型鉴别方法的基础上，观察教师评估车身损伤程度和鉴别漆膜类型的操作示范，按照相关操作步骤，进行车身损伤程度评估和漆膜类型鉴别作业。

学习目标

◇ 能熟知漆膜鉴别的方法。
◇ 能正确进行损伤评估和漆膜鉴别作业。

学习地点

喷涂前处理项目区。

学习准备

教具：多媒体设备、白板等。

设备：车身板件。

工量具：吹尘枪。

材料：除油布、除油剂、粘尘布。

劳动保护用品：安全鞋、防护服、工作帽、护目镜、活性炭口罩、橡胶手套等。

知识准备

一、车身损伤程度评估方法

车身由于碰撞造成的损伤外观较明显，关于该损伤的分类和评估在车身钣金维修中会有详细的介绍，对于涂装维修来说不作过多要求。这里要掌握的是车身覆盖件的轻微变形(不需要钣金修复或者只要简单的敲打就可以恢复的变形)以及车身板件的腐蚀等损伤的评估方法。

1. 观察法

观察法评估车身损伤的内容主要有：观察车身有无锈蚀损伤、车身覆盖件有无凹坑和凸起变形等。

对于板件外表破损形成锈蚀的部位，一般都会有红色或黄色的锈渍，观察起来很简单。需要注意的是，有些锈蚀是从板材的底部开始的，尤其是经过车身修复的部位，从外表看不到锈渍，只是在板件表面有不规则的凸起，把凸起部分敲破就能看到板材的锈蚀情况。一般情况下已经在表面产生凸起的，基本板材都已经被锈蚀穿了。修复锈蚀损伤时，必须要处理到金属板材，并做恰当的防腐处理。

2. 触摸法

戴上手套(最好为棉质的)或者在手掌下垫一块棉质的抹布，从各个方向触摸受损的区域。操作时可以闭上眼睛，将注意力集中在手掌的感觉上，手掌不要用力过大，以准确触摸损伤的部分。

3. 辅助工具法

将一把直尺放在车身没有受损的区域(损坏区域的对称部位)，检查车身和直尺间的间隙，然后将直尺放在损坏的车身板件上，测量被损坏的部分变形的大小。如果有小的凸出点，用尖嘴锤和冲子轻轻敲平。

二、漆膜类型的鉴别方法

1. 不同结构漆膜的鉴别

(1) 观察法。因为单工序面漆是素色漆，涂料中没有金属颗粒，只有颜料，如红、白、黑等，所以漆膜外观看上去没有金属闪烁感。另外，由于面漆上面没有清漆层，所以漆膜立体感不强。多工序面漆多为金属漆，底色漆中含有金属氧化物颗粒，如铜、铝、氧化铜等，阳光反射后，色彩斑斓，加上透明的清漆层对光线的折射作用，使漆膜表面富有立体感。如果阳光照射角度合适，还会发生光的干涉现象，使漆膜表面更加耀眼夺目。

(2) 打磨法。在车身漆膜上选一块不显眼的位置，如车门、油箱盖、后备箱盖等处的内侧，用P2000抛光砂纸轻轻打磨。打磨时一定要加水湿磨，因为干磨下来的清漆也呈现灰白颜色，不容易分辨。加些水湿磨后，磨掉的清漆就不会显现颜色了。

2. 不同性质漆膜的鉴别

（1）溶剂擦拭法。用普通的硝基稀释剂在原漆膜上进行涂抹擦拭，通过观察有无溶解现象判别原漆膜是否为溶剂挥发干燥型涂料（热塑性涂料）。

（2）加热检查法。用来判别漆膜是热固性还是热塑性。如果原漆膜为热塑性涂料，则在修补喷涂时应选用同类型的涂料，或将旧漆膜完全打磨后再使用热固性涂料。用红外线烤灯对测试板进行加热即可判别，如果漆面有软化现象则证明原漆膜是热塑性涂料。也可先用P800～P1000砂纸对漆膜表面进行湿打磨，再用短波红外线烤灯进行加热，如果漆膜表面光泽变暗淡，则说明涂料是丙烯酸清漆型的。

（3）硬度测试法。各种面漆干燥后漆膜的硬度不同，一般情况下双组分漆和烘干漆硬度较高，而自干漆硬度较低。

（4）厚度测试法。各种面漆由于性质不同，其漆膜厚度是不一样的。一般来说，双工序的金属漆从金属底材到表面膜厚为95～135μm，而单工序的素色漆从底材到表面的总膜厚为90～115μm。所以可通过厚度计测定漆膜度来判定面漆的大致类型，但是这种方法测定的结果不是十分准确，它更多的是用来检测漆膜的损伤。

（5）电脑检测仪法。利用电脑调色系统可直接获得原车面漆的有关资料，这是目前涂装行业中普遍使用的检测方法。此方法方便快捷，只需将原车车身加油口外盖拿来，利用仪器很快就能准确无误地判别面漆的类型。

活动实施

一辆汽车的车门受到撞击，表面漆膜破损（图2-1-1），需要进行涂装修复。在涂装施工之前，涂装人员应怎样鉴别车身原漆膜材料的类型？

图2-1-1　汽车车门破损部位

一、修复表面漆膜结构类型的鉴别

（1）在漆膜破损的部位用单作用打磨机配合P60～P80砂纸进行干打磨，直到露出金属底材为止，如图2-1-2所示。

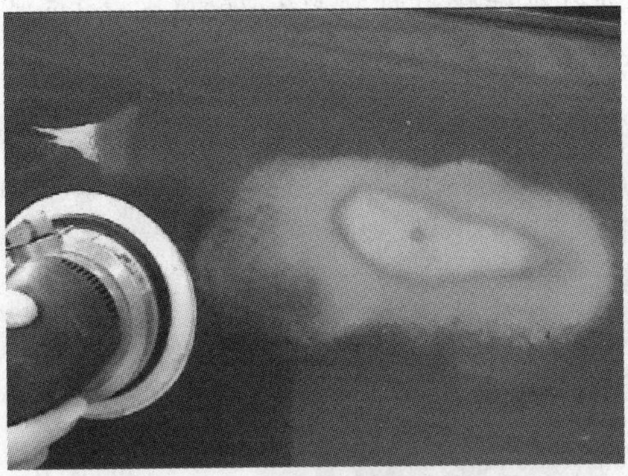

图 2-1-2　打磨漆膜破损部位

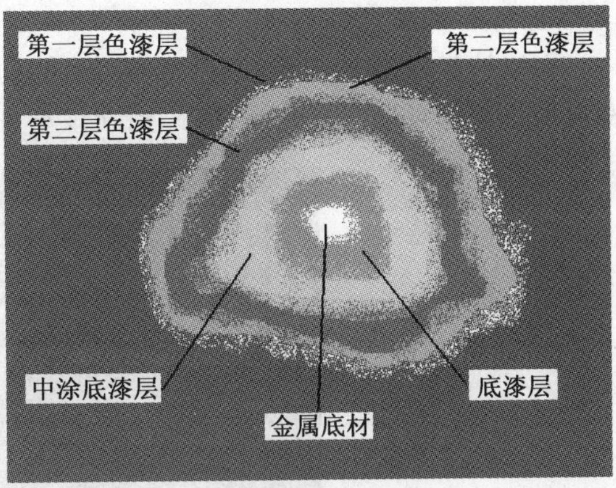

图 2-1-3　漆膜断面

（2）观察打磨后的漆膜断面，发现原漆膜有三个红色面漆层，一个中涂底漆层和一个底漆层（图 2-1-3），说明该车曾经重新喷涂过。

二、原漆膜材料的鉴别

1. 原漆膜修理工艺分析

由于车身原漆膜已经重新修补过，修理厂低温烤漆房的温度一般不超过 70℃，而烘烤型漆的固化温度在 100℃以上，因此可以推断车身原漆膜面漆不是烘烤型漆。

2. 观察打磨断面

观察打磨断面，最外层面漆为红色，没有透明层，说明车身最外层面漆不是清漆。

3. 用溶剂处理法判别

用一块在稀释剂中浸泡过的白色抹布摩擦旧漆膜，结果漆膜被溶解并在抹布上留下涂料痕迹（图 2-1-4），则表明上次喷涂所用的是挥发干燥型涂料。

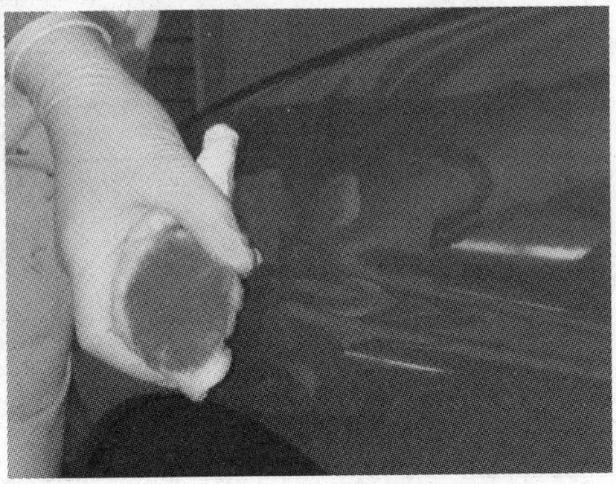

图 2-1-4　用抹布摩擦旧漆膜

4. 用硬度测试法判别

选取硬度为 H 的中华牌绘图铅笔，将铅笔笔芯削成长约 3mm 的扁平状，先将扁平面置于修补区的漆膜表面，然后倾斜约 45°角，用大约 980N 的力匀速向前推动铅笔，漆膜未被划穿，则判定原漆膜为烘烤型或双组分反应型涂料。

5. 用加热法判别

在修补区域用 P800 砂纸进行湿打磨，然后用短波红外线烤灯加热打磨部位（图 2-1-5），发现加热部位自动恢复光泽，因此判断该车身面漆为丙烯酸清漆型的。

图 2-1-5 加热打磨部位

综合上述各种鉴别操作的结果，可以确定该车原漆膜的面漆为双组分固化型树脂漆。

巩固与评价

一、反思性问题

汽车原厂漆膜一共有几个涂层？分别是什么涂层？

答：

二、拓展性问题

原厂漆膜的膜厚是多少？

答：

三、操作能力考核表

表 2-1-1 活动评价表

班级： 组别： 姓名：

项 目	评 价 内 容	评价等级(学生自评)		
		A	B	C
关键能力考核项目	遵守纪律，遵守学习场所的管理规定，服从安排			
	具有安全意识、责任意识、5S管理意识，注重节约与环保			
	学习态度积极主动，能参加实习安排的活动			
	具有团队合作意识，注重沟通，能自主学习及相互协作			
	仪容仪表符合活动要求			
专业能力考核项目	能按时按要求独立完成工作页			
	能正确进行溶剂测试			
	能正确制订修复计划			
	能正确叙述原厂漆的形成			
	能正确进行板件损伤评估			
小组评语及建议		组长签名： 年 月 日		
教师评语及建议		教师签名： 年 月 日		

活动二　涂装前的表面预处理

活动描述

在理解干磨设备的使用方法和注意事项的基础上，观察教师制作羽状边，按照干磨设备的使用步骤，进行涂装前的表面预处理作业。

学习目标

◇ 能正确使用干磨设备。
◇ 能正确进行涂装前的表面预处理作业。

学习地点

喷涂前处理项目区。

学习准备

教具：多媒体设备、白板等。
设备：车身板件。
工量具：费斯托单作用打磨机或者双作用 7 号磨头打磨机、吹尘枪。
材料：打磨砂纸、粘尘布、除油剂、除油布。
劳动保护用品：安全鞋、防护服、工作帽、护目镜、防尘口罩、棉纱手套等。

知识准备

一、涂装前表面预处理的目的

汽车涂装前的表面预处理是涂装施工前必须要进行的工作，因为它涉及漆膜的附着力和使用寿命，会直接影响涂装质量。涂装前对被涂物表面进行预处理，可以清除其表面的尘土、油污、鳞片状氧化层等影响漆膜与被涂物表面之间附着的杂质，显露出被涂物表面本色，使漆膜与基体金属表面很好地结合在一起。另外，还可以使被涂物表面平整，并且具有一定的表面粗糙度，来增大漆膜与被涂物表面的附着面积，从而进一步增大附着力，使整个漆膜平整光滑、附着力大、不易脱层、对基材隔离保护、装饰性强、美观大方。

二、涂装前表面预处理的方法

1. 清洗车身（主要针对全车车身表面的清洗）

将车辆开进喷涂车间之前的洗车台，用高压水枪将车身表面冲洗干净，彻底洗去车身上面的泥土、污垢等，再用蘸有中性肥皂水或其他洗涤剂的海绵擦洗，然后用水彻底地冲洗漂净，以清除水溶性污染物。清洗时应先清洗车顶及前后端，再清洗侧面，尤其应注意门边框、行李箱、发动机罩缝隙和轮罩处污垢的清除，如果不清洗干净，新涂装的漆膜上就可能会粘上很多污点。最后让其自然干燥。

2. 除油(主要针对油性污染物的清除)

在喷涂操作前必须保证旧漆膜表面没有油性污染物。不能用汽油除去油性污染物,因为汽油不但十分危险,而且溶解蜡的能力也不强,另外汽油本身也会在车身表面产生沉积污染。最好使用洁净的干抹布浸上表面清洁剂来清除表面漆膜上的油性污染物,如沥青、蜡、硅酮抛光剂、润滑油及其他油性污垢。

3. 清除旧漆膜

汽车清洗好后,要仔细检查车身表面,寻找旧漆膜破损迹象,如气泡、龟裂、脱落、锈蚀,以及在敲补、气焊等修补过程中引起的部分漆膜损坏。对于上述破损,必须将旧漆膜清除,清除程度可以根据旧漆膜损坏程度和重新涂装后的质量要求,进行全部或部分清除。对部分清除,可将损坏部位及四周损伤的旧漆膜用铲刀铲除,旧漆膜豁口四周应铲成坡口,以利于刮涂原子灰时的接口过渡。

4. 除锈

汽车在使用过程中,车身表面由于漆膜损坏、碰撞损坏和修补加工损坏,车身金属低碳钢薄钢板裸露在外,会与空气中的氧或水接触发生化学反应,生成金属化合物,即生锈。所以在重新涂装前必须进行除锈处理,以保证金属表面获得良好的附着力。

5. 制作羽状边

将打磨机轻轻压在板件上,沿漆膜边缘移动进行打磨。如果直线移动打磨机,将使漆膜边缘无法形成羽状边。为了形成一个精心打磨的原子灰过渡区域,羽状边宽度应为 30mm 左右。

6. 第二次除油

车身表面虽然经过了清洗、除油、清除旧漆膜、除锈、修补等工序,但钣金修复后留存的污物、工具上的油污以及旧漆膜没去掉的部分油污、用手触摸产生的油污,如果在涂底漆前不清除干净,必然要影响底漆的附着力,甚至会影响面漆的喷涂质重,所以在涂装前需进行第二次除油。

三、无尘干磨系统

无尘干磨系统采用动力打磨机打磨,如图 2-1-6 所示,多为干磨形式,并将打磨过程中产生的灰尘吸进回收装置中。

1. 无尘干磨系统的特点

相对于手工打磨和有尘干磨来说,无尘干磨系统具有如下特点:

(1) 大大缩短了打磨工序的时间。

(2) 减轻了漆工的劳动强度。

(3) 减少了清理车身表面的程序与时间。

(4) 省略了多次干燥的环节,简化了修补的工程,更容易保证喷漆的质量。

(5) 减少了因喷漆质量的不稳定而造成的返工次数。

(6) 不产生污水,节约了水源,保护了环境,可保证操作人员的身体健康。

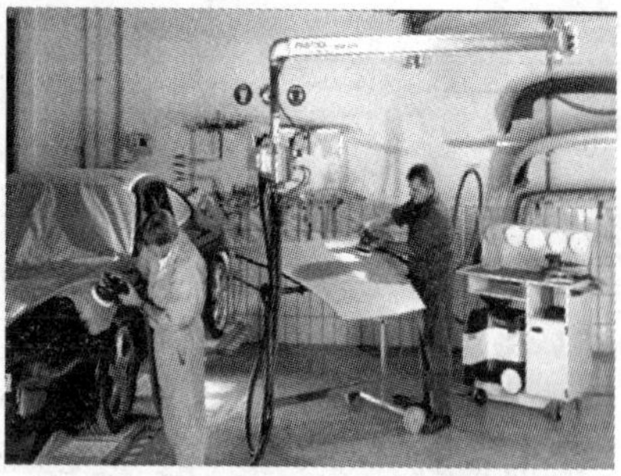
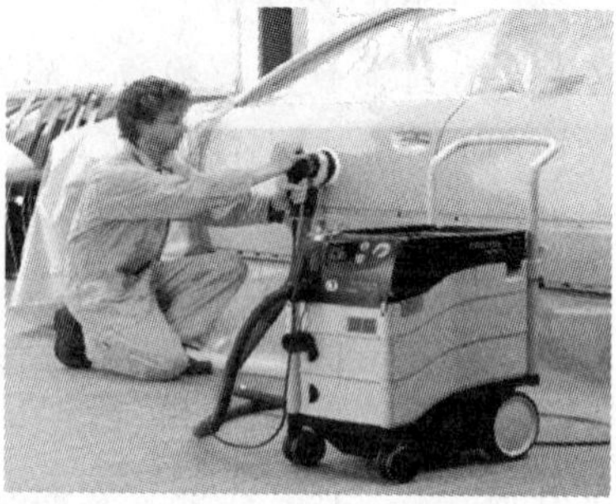

图 2-1-6 无尘干磨系统

2. 无尘干磨系统的组成

(1) 动力打磨工具：主要指气动或电动打磨机。

(2) 集尘系统：包括中央集尘系统、分离式集尘器和简易集尘袋，如图 2-1-7 与图 2-1-8 所示。

(3) 砂纸：用于打磨。

(4) 辅助系统：包括悬臂系统或可移动式工具车、压缩气的净化与自动润滑器、供电和供气系统等，如图 2-1-9 所示。

(5) 压缩气管、吸尘管和电源线。

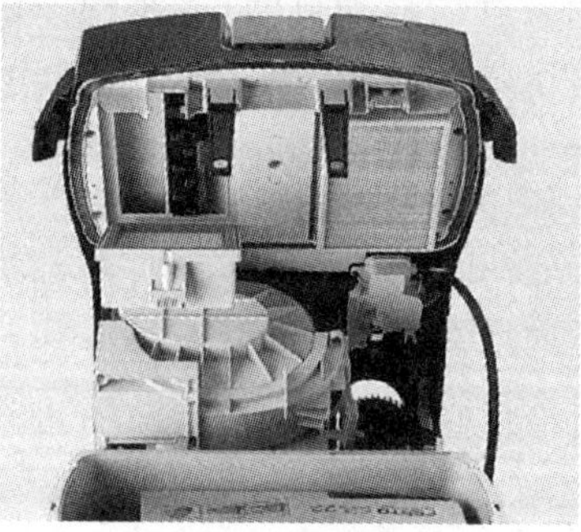

图 2-1-7 中央集尘系统

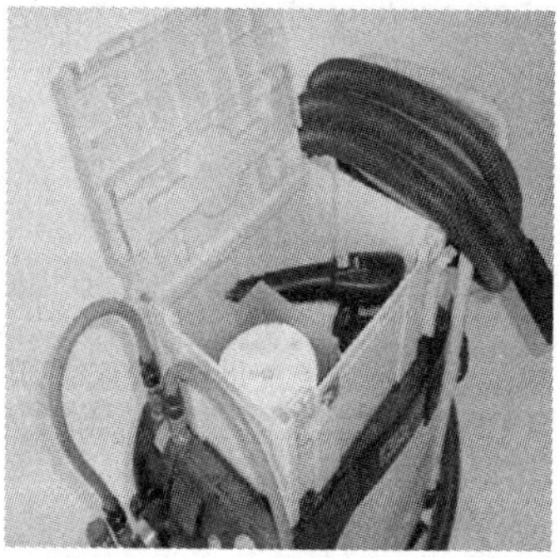

图 2-1-8 分离式集尘器

图 2-1-9 无尘干磨辅助系统

活动实施

一、车辆清洗

每一辆进入到涂装车间的汽车都必须要清洗干净，因为车身上的泥土会最终影响汽车涂装表面的品质，如图 2-1-10 所示。

二、检查全车车身损伤情况及维修部位的损伤情况

检查需要修补的部分，确定维修区域的底材以及相应的工作步骤、流程和材料，并选择正确的清洁剂，如图 2-1-11 所示。

图 2-1-10　车辆清洗

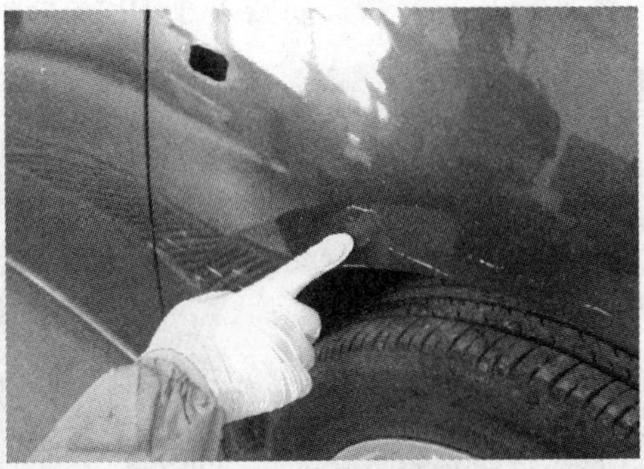

图 2-1-11　损伤评估

三、清洁板件

板件清洁一般可以分为两个步骤：第一步是清洗板件水溶性的污染物（如泥土等），第二步则是清洗板件非水溶性的污染物（如油脂、蜡等），如图 2-1-12 所示。

四、清除损伤区域的旧漆膜

受损的板件表面的漆膜可能没有破坏，但是漆膜内部因受到了力的作用可能已经开裂，如不打磨成裸金属，则日后新的漆膜存在开裂的隐患。在除漆膜的操作中选择单作用打磨机 P60 的打磨砂纸或者双作用打磨机 7 号磨头 P80 的打磨砂纸，如图 2-1-13 所示。对于微小凹陷内的漆膜无法通过打磨机进行打磨的，则可以使用刮刀等工具将其清除干净，如图 2-1-14所示。

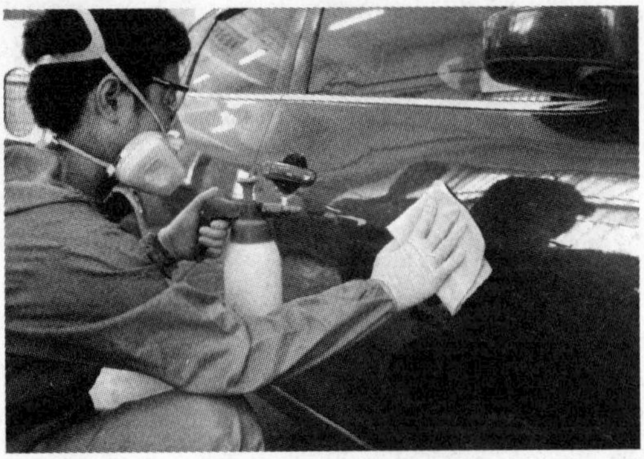

图 2-1-12　清洁板件

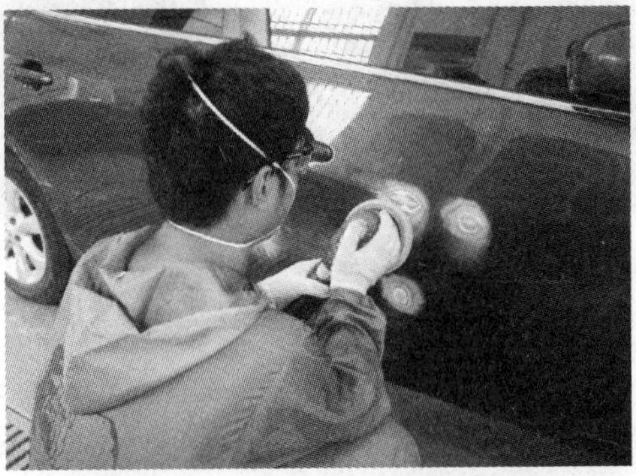

图 2-1-13　清除损伤区域的旧漆膜

五、打磨羽状边

1. 制作羽状边

选择偏心距为 7 号的打磨头配合 P150 打磨砂纸制作羽状边，其目的是保证从裸金属至原漆膜有平滑的过渡，如图 2-1-15 所示。

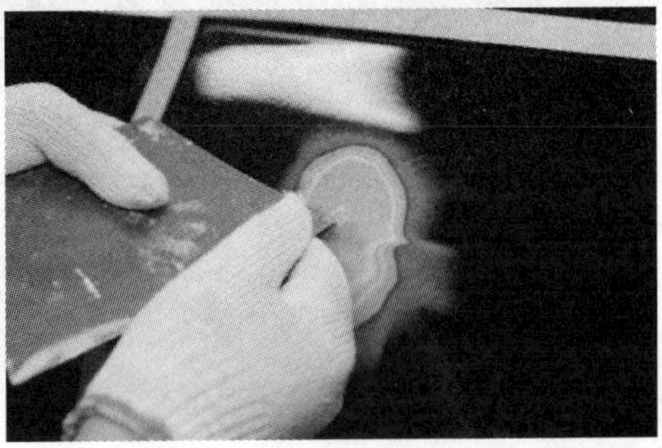

图 2-1-14　微小凹陷内的漆膜

提示：打磨的面积应大于P150砂纸的痕迹。

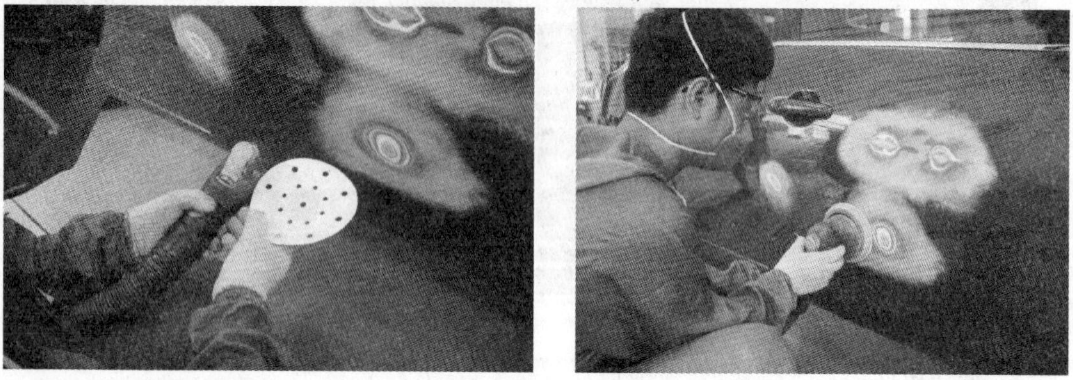

图 2-1-15　制作羽状边

2. 损伤面积磨哑光

选择偏心距为7号的打磨头配合P240打磨砂纸打磨哑光，如图2-1-16所示。

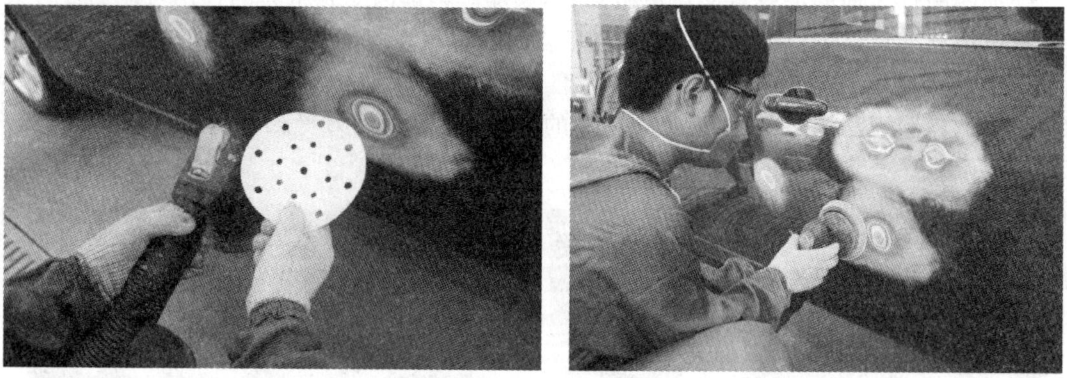

图 2-1-16　磨哑光

六、清洁和除油

打磨结束后，则可以使用吹尘枪对板件进行吹尘，并选择适合本板件的专业清洁剂对板件进行清洁和除油，收拾好工具盒设备，做好操作工位的5S，如图2-1-17所示。

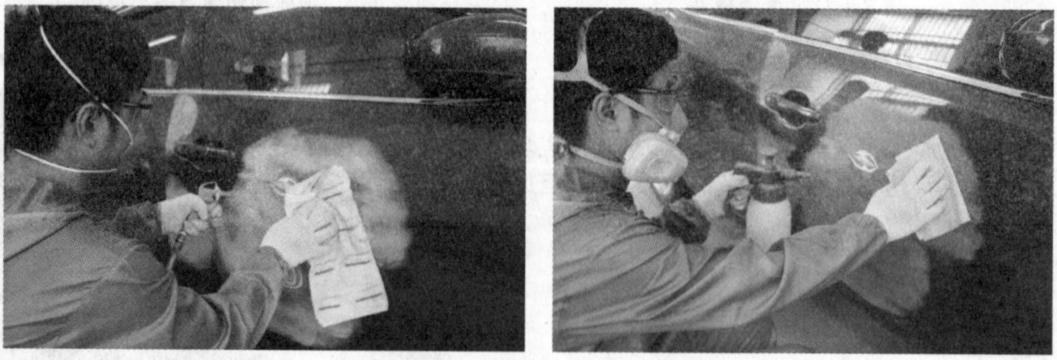

图 2-1-17　清洁和除油

巩固与评价

一、反思性问题

羽状边的作用是什么？

答：____

____

二、拓展性问题

除旧漆膜时为什么要打磨至裸金属？

答：____

____

三、操作能力考核表

表 2-1-2　　活动评价表

班级：　　组别：　　姓名：

项目	评价内容	评价等级（学生自评）		
		A	B	C
关键能力考核项目	遵守纪律，遵守学习场所的管理规定，服从安排			
	具有安全意识、责任意识、5S 管理意识，注重节约与环保			
	学习态度积极主动，能参加实习安排的活动			
	具有团队合作意识，注重沟通，能自主学习及相互协作			
	仪容仪表符合活动要求			
专业能力考核项目	能按时按要求独立完成工作页			
	能正确选择打磨砂纸			
	能正确选择打磨工具			
	能正确进行除旧漆膜作业			
	能正确制作羽状边			
小组评语及建议		组长签名： 年　月　日		

续表

项 目	评 价 内 容	评价等级(学生自评)		
		A	B	C
教师评语及建议		教师签名： 年 月 日		

活动三　金属表面的除锈与除油

活动描述

在理解金属腐蚀的原理和分类的基础上，观察教师使用金属除锈和除油材料的操作示范，按照车身金属除锈和除油步骤，进行金属除锈和除油作业。

学习目标

◇ 能熟知金属腐蚀的种类和原理。
◇ 能正确进行金属表面的除锈和除油作业。

学习地点

喷涂前处理项目区。

学习准备

教具：多媒体设备、白板等。
设备：车身板件。
工量具：费斯托打磨机、防溶剂喷壶。
材料：P60 砂纸、粘尘布、除油布、除油剂。
劳动保护用品：安全鞋、防护服、工作帽、护目镜、橡胶手套、活性炭口罩等。

知识准备

一、金属腐蚀的原理和分类

1. 金属腐蚀的原理

金属腐蚀是指金属在外界环境的作用下所引起的破坏或变质。所谓环境是指和金属接触的物质，如自然存在的大气、海水、淡水、土壤以及生产生活用的原材料和产品等。这些物质和金属发生化学作用或电化学作用而引起金属腐蚀，在许多功能情况下还同时存在机械力、射线、电流、生物等的作用。金属发生腐蚀的部分，由单质变为化合物，致使生锈、开裂、穿孔、变脆等。因此，在绝大多数情况下，金属腐蚀的过程是冶金的逆过程。

2. 金属腐蚀的分类

(1) 按腐蚀的过程分类，金属腐蚀主要可分为化学腐蚀和电化学腐蚀两种。

化学腐蚀是金属和环境介质直接发生化学作用而产生的损坏，在腐蚀过程中没有电流产生。电化学腐蚀是金属在电解质溶液中发生电化学作用而引起的损坏，在腐蚀过程中有电流产生。引起电化学腐蚀的介质都能导电。电化学腐蚀与化学腐蚀的主要区别在于电化学腐蚀可以分解为两个相互独立而又同时进行的阴极过程和阳极过程，而化学腐蚀没有这个特点。电化学腐蚀比化学腐蚀更为常见。

(2) 按金属腐蚀破坏的形态和腐蚀区的分布，可将金属腐蚀分为全面腐蚀和局部腐蚀。

全面腐蚀是指腐蚀分布于整个金属的表面。局部腐蚀是指腐蚀主要集中在金属表面的某些区域。尽管局部腐蚀的腐蚀量不大，但是由于其局部腐蚀速度很快，可造成设备的严重破坏，甚至爆炸，因此其危害更大。金属在不同的环境条件下可以发生不同的局部腐蚀，如孔蚀、缝隙腐蚀、应力腐蚀、晶间腐蚀、磨损腐蚀等。

(3) 按腐蚀的环境条件，可把腐蚀分为高温腐蚀和常温腐蚀，干腐蚀和湿腐蚀等。

二、金属防腐蚀的方法

1. 改善金属的本质

根据不同的用途选择不同的材料组成耐蚀合金，或在金属中添加合金元素，提高其耐蚀性，可以防止或减缓金属的腐蚀。例如，在钢中加入镍制成不锈钢可以增强其防腐蚀能力。

2. 形成保护层

在金属表面覆盖各种保护层，把被保护金属与腐蚀性介质隔开，是防止金属腐蚀的有效方法。工业上普遍使用的保护层有非金属保护层和金属保护层两大类，它们是用化学方法、物理方法和电化学方法实现的。例如：

(1) 金属的磷化处理。钢铁制品去油、除锈后，放入特定组成的磷酸盐溶液中浸泡，即可在金属表面形成一层不溶于水的磷酸盐薄膜，这种过程叫作磷化处理。如用作油漆底层，耐腐蚀性可进一步提高。

(2) 金属的氧化处理。将钢铁制品放入 $NaOH$ 和 $NaNO_2$ 的混合溶液中，进行加热处理，其表面即可形成一层厚度约为 0.5～1.5μm 的蓝色氧化膜，以达到钢铁防腐蚀的目的，此过程称为发蓝处理，简称发蓝。这种氧化膜具有较大的弹性和润滑性，不影响零件的精度。故精密仪器和光学仪器的部件(如弹簧钢、薄钢片、细钢丝等)常用发蓝处理。

(3) 非金属涂层。用非金属物质(如油漆、塑料、搪瓷、矿物性油脂等)涂覆在金属表面形成的保护层，称为非金属涂层，也可达到防腐蚀的目的。例如，船身、车厢、水桶等常涂油漆，汽车外壳常喷漆，枪炮、机器常涂矿物性油脂等。用塑料(如聚乙烯、聚氯乙烯、聚氨酯等)喷涂金属表面比喷漆效果更佳。这种塑料覆盖层致密光洁、色泽艳丽，兼具防蚀与装饰的双重功能。搪瓷是含 SiO_2 量较高的玻璃瓷釉，有极好的耐腐蚀性能，因此它作为耐腐蚀非金属涂层广泛用于石油化工、医药、仪器等工业部门和日常生活用品中。

(4) 金属保护层。它是以一种金属镀在被保护的另一种金属制品表面上所形成的保护镀层。这种金属常称为镀层金属。金属镀层的形成,除电镀、化学镀外,还有热浸镀、热喷镀、渗镀、真空镀等方法。

3. 改善腐蚀环境

改善环境对减少和防止腐蚀有重要意义。例如,减少腐蚀介质的浓度,除去介质中的氧,控制环境温度、湿度等都可以减少和防止金属腐蚀。也可以在腐蚀介质中添加能降低腐蚀速率的物质(称为缓蚀剂)来减轻和防止金属腐蚀。

4. 电化学保护法

电化学保护法是根据电化学原理在金属设备上采取措施,使之成为腐蚀电池中的阴极,从而防止或减轻金属腐蚀的方法。电化学防腐蚀的必要条件是必须具有阳极、阴极、电介质、电流回路。

电化学保护法主要是指阴极保护,使被保护的金属为阴极。例如,在海水中用镁块作为阳极与船壳钢板相连,钢板就转变为阴极,从而使船不受海水腐蚀,这就是阴极保护。对地下管道也可采用外加电源输入电流的方法进行阴极保护。

5. 暂时封存防锈

暂时封存防锈是指使用含有缓蚀剂的防锈油、防锈水、气相防蚀剂等防止金属生锈。此法简便,效果明显,应用广泛。此外,还可采用可剥性涂料(或塑料)把金属覆盖起来,必要时可剥离下来。将金属产品装入容器中进行充氮封存,减少腐蚀因素以保护金属的方法也属暂时封存防锈。

总之,防止金属腐蚀的方法很多,上面介绍的只是几种主要方法,究竟采用哪种方法保护金属,应根据具体情况确定。在实际工作中,为了更有效地防止金属腐蚀,往往将两种方法结合起来应用。

活动实施

一、清除车门损伤区域的旧漆膜和除锈

(1) 准备打磨工具(实际操作请参照活动二)。

(2) 清除车门损伤区域的旧漆膜和除锈(实际操作请参照活动二)。

二、清洁和除油

实际操作请参照活动二。

巩固与评价

一、反思性问题

金属除锈的作用是什么?

答:______________________________

____

____

二、拓展性问题

生活中我们如何防止板件生锈？

答：____

____

____

三、操作能力考核表

表 2-1-3　　　　活动评价表

班级：　　　　组别：　　　　姓名：

项目	评价内容	评价等级（学生自评）		
		A	B	C
关键能力考核项目	遵守纪律，遵守学习场所的管理规定，服从安排			
	具有安全意识、责任意识、5S 管理意识，注重节约与环保			
	学习态度积极主动，能参加实习安排的活动			
	具有团队合作意识，注重沟通，能自主学习及相互协作			
	仪容仪表符合活动要求			
专业能力考核项目	能按时按要求独立完成工作页			
	能正确选择打磨砂纸			
	能正确选择打磨工具			
	能正确制作羽状边			
	能正确进行板件除锈			
小组评语及建议		组长签名： 年　月　日		
教师评语及建议		教师签名： 年　月　日		

任务二 底漆的施工

活动一 底漆的认知

活动描述

在了解底漆的作用、种类、性能要求的基础上，到实训场地，听取教师介绍不同底漆的使用方法，从而达到熟知底漆的种类和性能要求的目的。

学习目标

◇ 能了解底漆的作用。
◇ 能熟知底漆的种类和性能要求。

学习地点

喷涂前处理项目区。

学习准备

教具：多媒体设备、白板等。
设备：整车。
工量具：油漆搅拌架。
材料：环氧底漆、稀释剂、固化剂。
劳动保护用品：安全鞋、防护服、工作帽、护目镜、橡胶手套、活性炭口罩等。

知识准备

一、底漆的作用

底漆涂层的作用，一是牢固地附着在物体表面，增强物体表面与面漆等之间的附着力；二是可以隔绝或阻止钢铁表面与空气、水分及其他腐蚀介质的直接接触，起到缓蚀保护作用，一旦面漆层被破坏，钢铁也不至于很快生锈。

二、底漆的种类

随着汽车工业的快速发展，对汽车底漆的要求也越来越高。20 世纪 50 年代，汽车上采用喷涂硝基底漆或环氧树脂底漆，然后逐步发展到溶剂型浸涂底漆、水性浸涂底漆、阳极电泳底漆。随着先进技术和工艺的引进，现在阴极电泳底漆已经能很好地满足底漆所要求的各项机械性能、与其他涂层的配套性及现代的流水线涂装工艺，目前轿车几乎已全部使用阴极电泳底漆。

车身修补涂装常用底漆根据其用途不同可分为普通底漆和特殊用途底漆两类。普通底漆又根据其使用目的的不同分为头道底漆、二道底漆、封闭底漆等。头道底漆含胶黏剂较多，上层涂料容易与之牢固地结合，一般情况下直接涂在裸露的底材上。二道底漆具有最高的颜料含量，它的功能是填充针孔、砂眼等，具有良好的打磨性能。二道底漆的附着力较差，在涂二道底漆后，必须把表面的二道底漆大部分磨去，否则会影响面层涂料的附着力，使面层涂料产生浮脆、气泡等缺陷。封闭底漆含颜料成分较低，主要用于填平打磨的痕迹，给面层涂料提供最大的光滑度，使面层涂料丰满，并可以防止产生失光、斑点等现象。常见的特殊用途底漆有磷化底漆、带锈底漆和塑料底漆等。

三、底漆的性能要求

底漆的性能要求如下：

（1）底漆与底材应有良好的附着性，并与中间涂层或面涂层有良好的结合力，所形成的涂层应具有极好的力学性能。

（2）底漆必须具有极好的耐腐蚀性、耐水性和耐化学品性，对金属无腐蚀作用，并能防止金属表面的电化学腐蚀。

（3）底漆应具有填平纹路、针眼和孔洞的作用，并具有良好的打磨性能。

（4）底漆与底材表面、中间涂层和面漆应有良好的配套性，以防止出现涂装缺陷。

（5）底漆应有良好的施工性能，应能适应汽车修补涂装工艺的要求。

活动实施

一、了解车身常用底漆

车身常用底漆有醇酸底漆、硝基底漆、环氧树脂底漆、聚氨酯底漆和丙烯酸树脂底漆等，其中环氧树脂底漆在现代汽车涂装中最为多见，如图 2-2-1 所示。

图 2-2-1　环氧树脂底漆

环氧树脂底漆简称环氧底漆，是物理隔绝防腐底漆的代表。环氧树脂是线型的高聚物，由环氧丙烷和二酚基丙烷缩聚而成。环氧底漆具有以下优点：

（1）附着力极强，对金属、木材、玻璃、塑料、陶瓷和纺织物等都有很好的附着力和黏结力。

（2）漆膜韧性好，耐挠曲，硬度比较高。

（3）耐化学品性优良，尤其是耐碱性突出。因为环氧树脂的分子结构内含有醚键，而醚键在化学上是最稳定的，所以对水、溶剂、酸、碱和其他化学品都有良好的抵抗力。

（4）良好的电绝缘性、耐久性和耐热性。

环氧树脂类涂料也存在一定的缺点，如表面粉化较快，这也是其主要用于底层涂料的原因之一。环氧底漆使用胺类作为固化剂，胺类对人体和皮肤有一定的刺激性，因此在使用时要加以注意。

二、了解特殊用途底漆

1. 磷化底漆

磷化底漆是以聚乙烯醇缩丁醛树脂为主要成膜物质，并加入防锈颜料四盐基锌铬黄制成的底漆，常与分开包装的磷化液调配使用。

磷化底漆的防锈原理：将调配好的磷化底漆涂于金属表面后，磷化液中的磷酸与四盐基锌铬黄发生反应，生成不溶性的磷酸盐覆盖膜，同时生成铬酸使金属表面钝化。另外，由于聚乙烯醇缩丁醛树脂具有很多极性基团，也参与了锌铬颜料与磷酸的反应，转变为不溶性的铬合物膜层，与磷酸盐覆盖膜共同起到防腐蚀和增强附着力的作用。

涂布磷化底漆可代替对金属表面的磷化处理工序，使用方便。漆膜的防腐蚀性、附着力和绝缘性高，使用寿命长。但因磷化底漆层很薄，一般仅有 10～15μm，故不能代替底涂层，因此，在涂布过磷化底漆后还应使用普通底漆打底，以增强防腐蚀性和涂装效果。

磷化底漆在使用时要注意的一点是，因其具有一定的侵蚀作用，所以不能用金属容器调配，使用的喷枪罐也应是塑料罐，在喷涂完毕后应马上清洗喷枪。磷化底漆涂布完毕后不要马上喷涂其他底漆，而应等待一定时间(20℃，2h)再进行下一步操作。

2. 带锈底漆

带锈底漆是一种新型的防锈涂料，将其直接刷涂在带锈的钢铁表面，既可抑制锈蚀，又可逐步使厚度在 80μm 以下的铁锈转变为具有保护功能的薄膜，干燥后呈蓝黑色。带锈底漆有转化型、稳定型和渗透型三种类型。

(1) 转化型(双组分)带锈底漆。转化型带锈底漆是黄血盐反应底漆，它由转化液和成膜物质分开包装构成。成膜物质为各种树脂，转化液为亚铁氰化钾和磷酸的混合物。其防锈原理是转化液将铁锈转化为亚铁氰化铁(蓝色颜料)而起到保护作用。

(2) 稳定型带锈底漆。稳定型带锈底漆是由防锈颜料(如磷酸锌、铬酸盐、氧化铁)及抑制剂二苯胍(含氮有机化合物)等与醇酸或酚醛树脂涂料组成的。其原理主要是防锈颜料能使钢铁表面生成钝化膜，提高钢铁表面的防锈能力，二苯胍能起到抑制生锈的作用。该漆的渗透性较好，能把疏松多孔的锈层密封，适合于在有薄锈的钢铁表面上使用。

(3) 渗透型带锈底漆。渗透型带锈底漆以二聚脂肪酸为主要基料，采用渗透能力极强的溶剂，通过溶剂的物理渗透作用进入锈蚀层，把多孔的铁锈团团围住，使铁锈与外界隔绝，从而达到使锈蚀不再继续发展的目的。

使用带锈底漆时，只需除去钢铁表面的浮锈和氧化皮后即可涂刷，减轻了劳动强度，提高了生产效率。

3. 塑料底漆

塑料制品的涂装是为了提高外表的装饰性(如车身外装饰件的外观要与车身漆膜相同)，消除表面缺陷和改善表面性能(提高耐候性和耐化学品腐蚀性等)，但因塑料的材质、性能、软硬等不同，除部分涂料品种外，一般不耐高温。另外，由于聚合系列塑料的表面能比较低，表面极性小，涂料的润湿性差，往往造成漆膜附着力达不到要求。

在品牌漆中都有独立的塑料底漆，它主要针对车上的聚丙烯类塑料制品和收缩、膨胀比较大的软质塑料件在涂装修复时与面涂层黏结能力差的现象，专为增强塑料底材和面涂层的黏合能力而制造的。

软质塑料件底材与汽车修补面层涂料的直接黏合能力并不是很强，经常会出现涂层脱落的现象。因为这些塑料制品在注塑成型的过程中要使用脱模剂，而脱模剂与涂料几乎没有任何附着能力，若在涂装修理时脱模剂没有完全清理干净，则会使表面涂层脱落。在长时间的外界因素影响下，涂层脱落加剧。对于PS（聚苯乙烯）等质地比较坚硬的塑料件，常用面漆与它们的黏结能力比较强，一般不使用塑料底漆也可以达到令人满意的附着力。

塑料底漆常为单组分，开罐即可使用，直接喷涂一薄层，等待10min左右（常温），待稍稍干燥后就能继续喷涂中涂层或面漆。

除专用的塑料底漆外，各品牌还有专门的塑料面漆，多为双组分聚氨酯类产品，性能优良，但颜色比较单一。为了达到良好的装饰效果，使车身外部塑料件与车身没有色差，通常在使用塑料底漆的基础上可以直接使用普通的中涂底漆或面漆。

巩固与评价

一、反思性问题

环氧底漆的功能是什么？

答：____

____

____

二、拓展性问题

环氧底漆的膜厚是多少？可以喷得厚一些吗？

答：____

____

____

三、操作能力考核表

表 2-2-1　　**活动评价表**

班级：　　组别：　　姓名：

项目	评价内容	评价等级（学生自评）		
		A	B	C
关键能力考核项目	遵守纪律，遵守学习场所的管理规定，服从安排			
	具有安全意识、责任意识、5S管理意识，注重节约与环保			
	学习态度积极主动，能参加实习安排的活动			
	具有团队合作意识，注重沟通，能自主学习及相互协作			
	仪容仪表符合活动要求			

续表

项目	评价内容	评价等级(学生自评)		
		A	B	C
专业能力考核项目	能按时按要求独立完成工作页			
	能正确选择环氧底漆			
	能正确叙述环氧底漆的性能			
	能正确叙述其他底漆的性能			
	能正确保存底漆			
小组评语及建议		组长签名： 年 月 日		
教师评语及建议		教师签名： 年 月 日		

活动二　底漆的调配

活动描述

在理解底漆的搅拌知识和使用过程中的注意事项的基础上，观察教师调配底漆的操作示范，按照底漆的调配步骤，进行底漆调配作业。

学习目标

◇ 能正确混合搅拌底漆。

◇ 能正确进行底漆调配作业。

学习地点

溶剂涂料电脑调色项目区。

学习准备

教具：多媒体设备、白板等。

设备：车身板件。

工量具：调漆尺、调漆杯。

材料：环氧底漆、固化剂、稀释剂、擦拭布等。

劳动保护用品：安全鞋、防静电工作服、护目镜、防溶剂口罩、防溶剂手套等。

知识准备

一、混合比例

底漆的调配是指将底漆、稀释剂及添加剂等按照一定比例进行混合。对于单组分底漆，一般只需要加入稀释剂；对于双组分底漆，则要加入稀释剂和固化剂。不同品牌的底漆，其混合比例的表示方法也有所不同，如100∶50和4∶1∶1等。100∶50的混合比例是百分数表示法，即该底漆为单组分底漆，100份底漆必须用50份稀释剂来稀释；4∶1∶1是比例数表示法，第一位数字一般指底漆的数量，第二位数字表示固化剂或其他添加剂的数量，第三位数字表示溶剂或稀释剂的数量，即用4份底漆、1份固化剂和1份稀释剂进行混合。

二、涂料黏度

涂料黏度是指涂料的稀稠程度。涂料黏度的高低直接影响施工质量。黏度过高会使表面粗糙、不匀，产生针孔和气孔等缺陷；黏度过低则会造成流挂、失光或漆膜形成不丰满。不同涂层对涂料的黏度要求也有所不同，车身涂装作业要根据技术要求调整黏度。

三、底漆的一般调配方法

底漆的一般调配方法和步骤如下：

(1) 将所需要调配的底漆进行充分搅拌。

(2) 按照底漆的混合比例依次加入各组分，用搅拌棒充分搅拌均匀。对于双组分和多组分涂料的混合调配，或对涂料黏度要求很高的情况下，应采用调漆尺进行调制。

(3) 检查混合后底漆的黏度是否符合要求。

(4) 选用合适的涂料滤网，对底漆进行过滤。将底漆滤网放在支架上，空气喷枪置于滤网下方，然后把底漆倒入滤网，直到所有底漆流入空气喷枪中。过滤底漆是为了减少其对空气喷枪的堵塞，提高喷涂施工质量和涂层表面光洁度。

四、磷化底漆的调配

(1) 磷化底漆一般采用双组分包装，使用时按规定的比例4∶1调配，即4份底漆加1份磷化液。注意：磷化液不是稀释剂，其用量不得随意增减。

(2) 调配前应将底漆充分搅拌均匀后放入非金属容器内，然后边搅拌边加入磷化液，调配好后放置30min再使用。注意：调配好的磷化底漆必须在12h内用完。

(3) 调配好的磷化底漆的黏度应为16～18Pa·s。若黏度过高，不得加入磷化液，应加入3份无水乙醇和1份丁醇的混合物进行稀释。

五、快干无铬环氧底漆的调配

(1) 快干无铬环氧底漆是双组分底漆。根据说明书，其调制比例为4∶1，稀释率为5%～20%。

(2) 涂料的加入顺序是：底漆→固化剂→稀释剂，加入过程中要不断搅拌，使各组分混合均匀。

(3) 逐次加入稀释剂，不断检查涂料的黏度，按照说明书的要求，将涂料的黏度调整到17～20Pa·s。注意：调配好的快干无铬环氧底漆必须在4h内用完。

活动实施

(1) 使用调漆尺，从保证各物质添加量的比例正确，如图2-2-2所示。

(2) 确定底漆用量，添加底漆，如图2-2-3所示。

图2-2-2 使用调漆尺

图2-2-3 添加底漆

(3) 确定固化剂用量，添加固化剂，如图2-2-4所示。

(4) 确定稀释剂用量，添加稀释剂，如图2-2-5所示。

(5) 添加完成后立即搅拌。底漆应快速搅拌均匀，不能出现单独固化剂的痕迹。

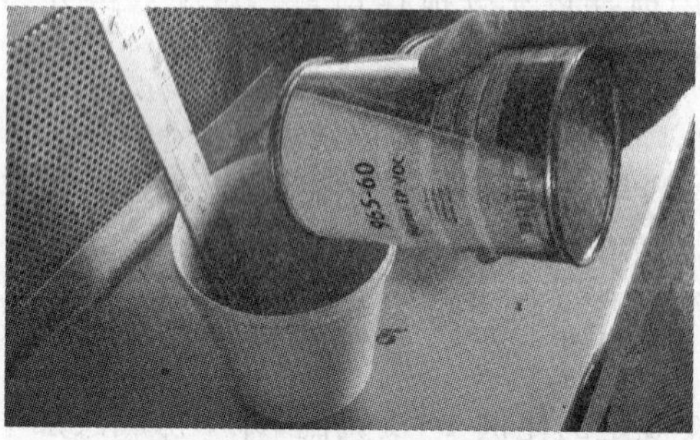

图2-2-4 添加固化剂

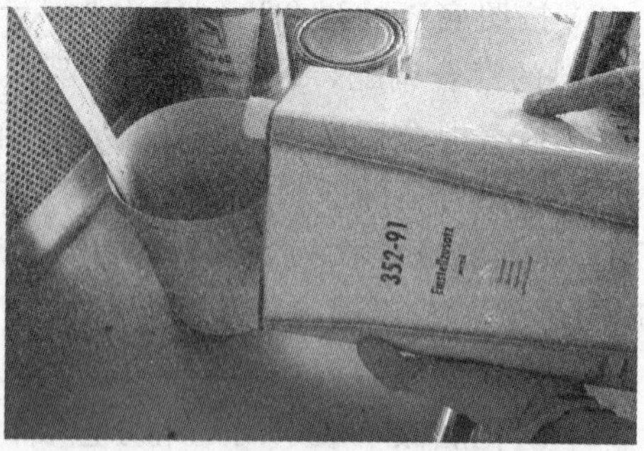

图2-2-5 添加稀释剂

巩固与评价

一、反思性问题

环氧底漆的活化时间是多少？

答：______________________________

____

二、拓展性问题

环氧底漆可以选择面漆枪喷涂吗？

答：______________________________

____

三、操作能力考核表

表 2-2-2　　**活动评价表**

班级：　　组别：　　姓名：

项目	评价内容	评价等级(学生自评)		
		A	B	C
关键能力考核项目	遵守纪律，遵守学习场所的管理规定，服从安排			
	具有安全意识、责任意识、5S 管理意识，注重节约与环保			
	学习态度积极主动，能参加实习安排的活动			
	具有团队合作意识，注重沟通，能自主学习及相互协作			
	仪容仪表符合活动要求			
专业能力考核项目	能按时按要求独立完成工作页			
	能正确使用调漆尺			
	能正确添加稀释剂			
	能正确添加固化剂			
	能正确进行底漆的调配			
小组评语及建议		组长签名： 年　月　日		

续表

项 目	评 价 内 容	评价等级(学生自评)		
		A	B	C
教师评语及建议		教师签名： 年 月 日		

活动三 遮 蔽

活动描述

在掌握遮蔽所需要的材料和工具的使用方法的基础上，观察教师遮蔽车身非喷涂区域的操作示范，按照车身遮蔽步骤，进行车身非喷涂区域的遮蔽作业。

学习目标

◇ 能熟悉遮蔽所需要的材料和工具。

◇ 能掌握车身非喷涂区域遮蔽的方法。

◇ 能熟练进行车身非喷涂区域的遮蔽操作。

学习地点

喷涂前处理项目区。

学习准备

教具：多媒体设备、白板等。

设备：遮蔽纸供应机。

工量具：美工刀。

材料：遮蔽纸、塑料遮蔽膜、遮蔽覆盖罩、遮蔽胶带、缝隙胶带。

劳动保护用品：安全鞋、工作帽、防静电工作服等。

知识准备

一、遮蔽所需要的材料和工具

遮蔽所用的材料主要有：遮蔽纸、遮蔽胶带、塑料膜、压贴磁条及各类防护罩等，各涂装设备生产厂家都有相应的产品可供选择，不可使用普通纸张、胶带等代替。

1. 遮蔽纸

遮蔽纸要求能够耐热、耐溶剂、纤维紧密不掉毛。汽车遮蔽专用遮蔽纸的一面为紧密的纸层，另一面涂有一层蜡质物质，这层物质与基纸结合非常紧密并且耐热不熔化，抗溶剂性能优良。有些维修厂家在实际生产中使用报纸或其他纸张代替遮蔽纸进行遮蔽，表面上看是节约了成本，实质上会造成更大的损失。普通纸张或报纸在耐热程度、抗溶剂性等方面很差，而且易沾染油墨等物质，会对施喷表面造成一定的影响，尤其是吸收了大量的溶剂后会出现松散、纤维脱落等现象，严重的可能会使被遮蔽底层出现失光、咬底、溶痕等缺陷，脱落的纤维会使喷涂表面出现脏点等，因此应禁止使用。

2. 遮蔽胶带

专用遮蔽胶带多为纸基，在拉伸时变形小，胶面可耐溶剂，在喷涂时不会因为溶剂的影响而开胶。需要注意的是，不要用绝缘胶布或其他种类的普通胶带来代替遮蔽胶带。使用不符合标准的胶带，将会给修补增添不必要的麻烦。如果胶带弹性过大，在遮蔽时会出现拉伸变形，影响对棱边的遮蔽要求；如果胶带耐热性差，在加温烘烤时会变形，甚至脱落，破坏喷涂好的漆膜，加热后胶质脱落很难清理，有时还会损伤漆膜。

3. 防护罩

防护罩用来遮蔽各种灯和轮胎。防护罩一般由耐热、耐溶剂的橡胶制成。用防护罩遮蔽灯及轮胎要比用遮蔽纸和遮蔽胶带快捷、方便且便宜。

4. 塑料膜

遮蔽用塑料膜又称预涂膜，主要用于汽车局部小修补作业中对大面积部件、部位的遮蔽。预涂膜有多种宽度尺寸，可根据使用需要进行选择。常见的预涂膜的一端自带胶带，使用时连同胶带一起揭开，按照遮蔽所需要的长度，用薄膜切割刀切割即可。在进行大范围遮蔽时，使用预涂膜可减少遮蔽时间，提高工作效率。

二、遮蔽的方法和注意事项

1. 遮蔽的方法

(1) 遮蔽胶带的基本粘贴方法。

在遮蔽前需要将一些妨碍贴护而又不需喷涂的部件拆下，如雨刮器、收音机天线等。粘贴遮蔽胶带时一手拿住胶带，另一只手进行导向和压紧。撕断胶带时可用大拇指夹住胶带，另一只手压住胶带，迅速地向上撕，这样可以整齐地撕断胶带，而不会对已经贴护好的胶带造成拉伸。

遮蔽时，需要先用遮蔽胶带沿贴护区域的边缘进行轮廓勾勒，然后将遮蔽纸贴在勾勒轮廓的胶带上，这样有利于保证遮蔽区域的整齐。当然，具体部位的遮蔽还要视具体情况而定，但是用最少的材料消耗、最短的工作时间、最高的遮蔽质量来完成工作是一成不变的。

应选用质量好的遮蔽胶带，若其质量差，使用后会出现粘贴剂残留或其他问题，造成不必要的麻烦。聚氨酯涂料需加热干燥，应使用耐热胶带。遮蔽胶带的基本贴法如图 2-2-6 所示。

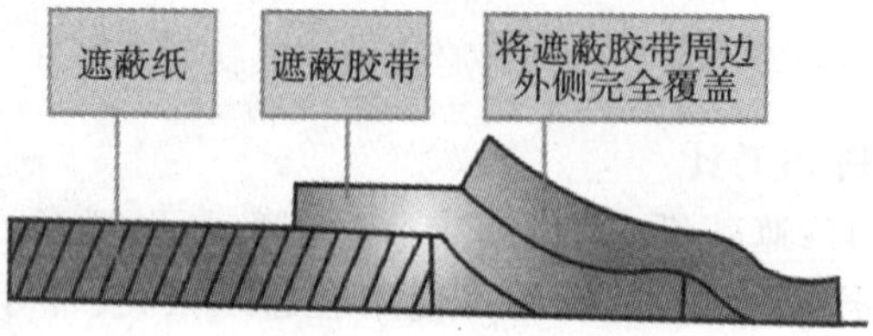

图 2-2-6　遮蔽胶带的基本粘贴方法

（2）装饰条和嵌条的遮蔽。

当用遮蔽胶带粘贴装饰条、嵌条等表面时，一只手的手指塞入胶带卷中间的孔中，把大拇指放在胶带的外面，控制胶带的方向。拉伸胶带时，胶带的粘贴面背向操作者。轮罩嵌条的遮蔽如图 2-2-7 所示。

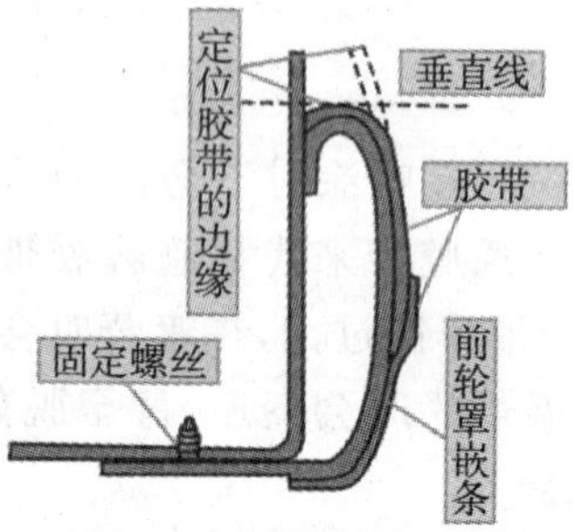

图 2-2-7　轮罩嵌条的遮蔽

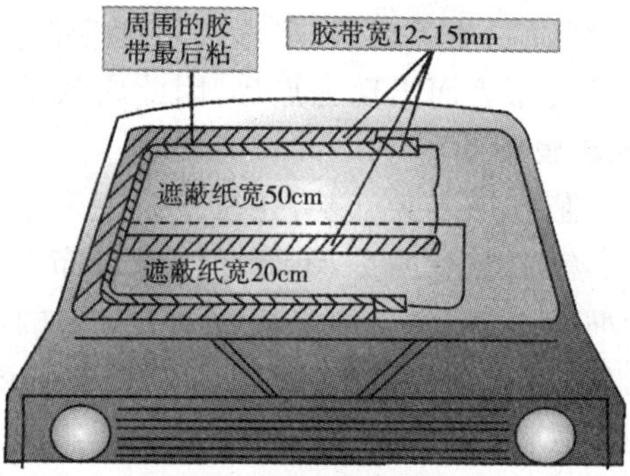

图 2-2-8　窗玻璃的遮蔽

（3）窗玻璃的遮蔽。

如图 2-2-8 所示，遮蔽窗玻璃时，主要使用 50cm 宽的遮蔽纸，不够的部分再用 10～20cm 宽的遮蔽纸粘贴上，四周用 12～15mm 宽的遮蔽胶带粘住。

（4）流线边缘的遮蔽。

流线边缘的遮蔽常用于局部板件需要喷漆的情况下。如果必须沿一个曲面流线型边缘进行遮蔽，则必须使用遮蔽胶带。同时，可将遮蔽胶带的内侧边缘重叠，以贴紧曲面；或在接近转角的地方将胶带贴得稍稍松一点，若贴得太紧，胶带就会在转角周围缩进去，从而暴露需要隐匿的部位，如图 2-2-9 所示。

图 2-2-9　流线边缘的遮蔽

2. 遮蔽的注意事项

（1）不要将遮蔽胶带粘贴在需要喷涂的区域或未经清洁的表面。

（2）遮蔽时不能将遮蔽胶带粘贴在潮湿的表面上。

（3）遮蔽时应将遮蔽胶带尽量压紧。

(4) 遮蔽时若遇到曲面,可将遮蔽胶带的内侧弯曲或重叠。

活动实施

一、车身遮蔽表面的清洁和除油

对车身遮蔽表面进行清洁和除油操作,如图 2-2-10 所示。

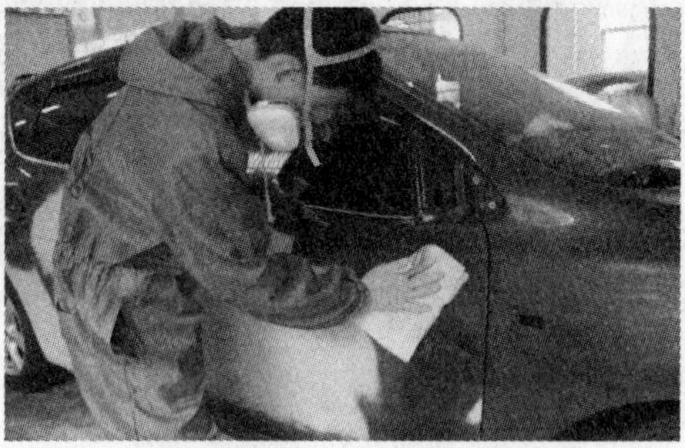

图 2-2-10 清洁和除油

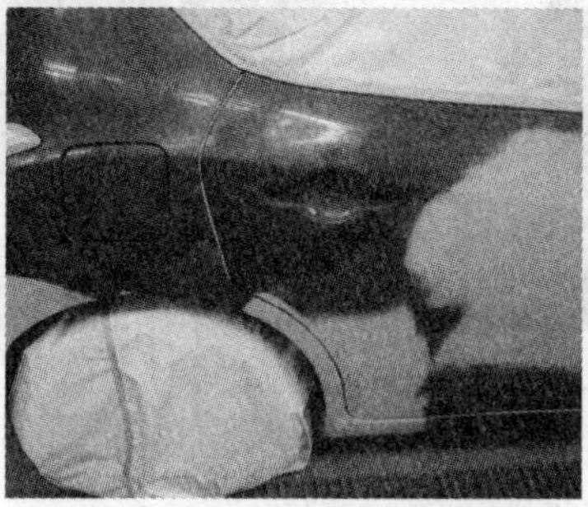

图 2-2-11 后车门门框遮蔽

二、汽车后车门重涂前的遮蔽

(1) 设定后车门门框的遮蔽边界,如图 2-2-11 所示。

(2) 遮蔽后车门内侧的卷边部分,如图 2-2-12 所示。

(3) 遮蔽车门装饰条与门框之间的缝隙,如图 2-2-13 所示。

图 2-2-12 卷边部分遮蔽

图 2-2-13 遮蔽车门装饰条

(4) 遮蔽后车门与后翼子板、后车门槛板之间的缝隙,如图 2-2-14 所示。

(5) 遮蔽后车门前侧的凸缘区,如图 2-2-15 所示。

图 2-2-14 遮蔽后车门与后翼子板

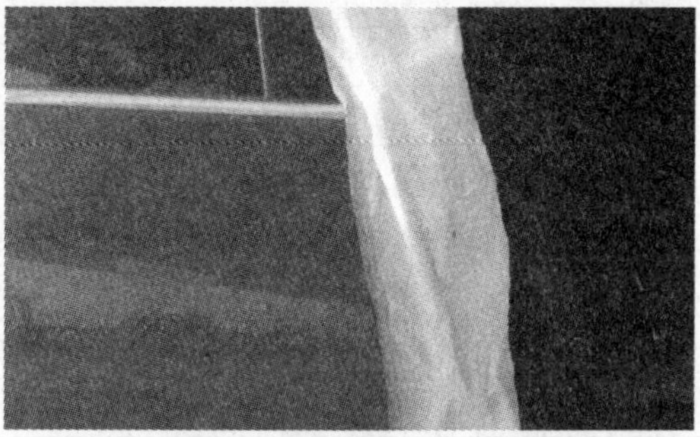

图 2-2-15 遮蔽后车门前侧

（6）遮蔽前车门内部，如图 2-2-16 所示。

（7）用塑料遮蔽膜遮蔽整车，如图 2-2-17 所示。

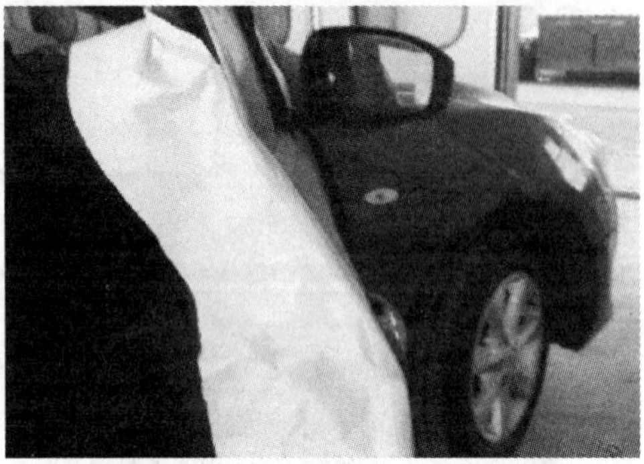

图 2-2-16　遮蔽前车门内部

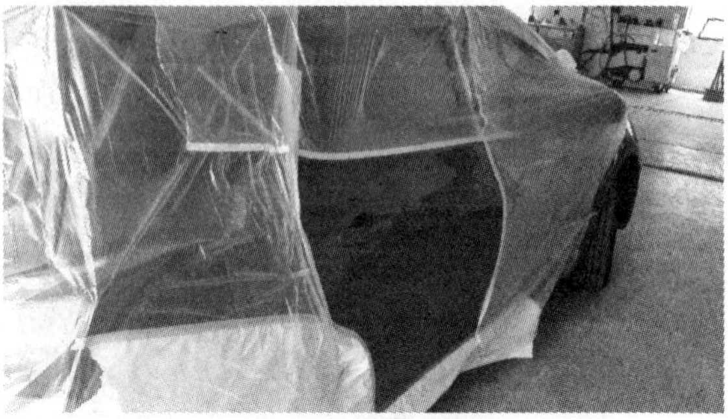

图 2-2-17　遮蔽整车

（8）遮蔽后车门槛板，如图 2-2-18 所示。

图 2-2-18　遮蔽后车门槛板

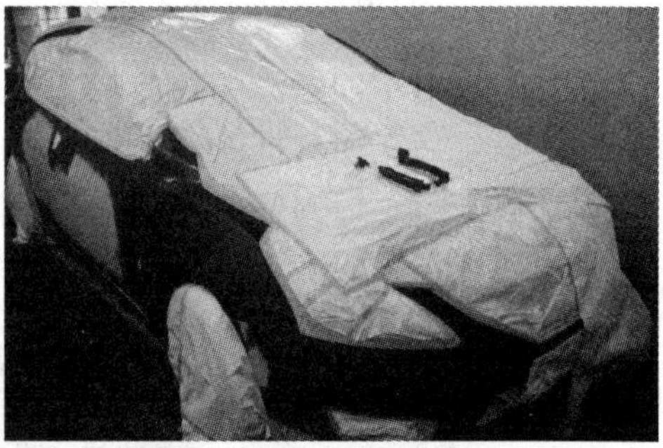

图 2-2-19　遮蔽质量的检查

三、遮蔽质量的检查

检查非喷涂区域是否完全遮蔽，检查遮蔽胶带有无脱落现象，如图 2-2-19 所示。

巩固与评价

一、反思性问题

遮蔽的功能是什么？

答：______________________________

____

____

二、拓展性问题

塑料遮蔽膜和其他遮蔽产品相比，有什么优势？

答：______________________________

____

____

三、操作能力考核表

表 2-2-3　　**活动评价表**

班级：　　　　组别：　　　　姓名：

项目	评价内容	评价等级(学生自评)		
		A	B	C
关键能力考核项目	遵守纪律，遵守学习场所的管理规定，服从安排			
	具有安全意识、责任意识、5S管理意识，注重节约与环保			
	学习态度积极主动，能参加实习安排的活动			
	具有团队合作意识，注重沟通，能自主学习及相互协作			
	仪容仪表符合活动要求			
专业能力考核项目	能按时按要求独立完成工作页			
	能正确选择遮蔽工具			
	能正确选择遮蔽材料			
	能正确进行流线边缘遮蔽			
	能正确进行门板的遮蔽			
小组评语及建议		组长签名： 年　月　日		
教师评语及建议		教师签名： 年　月　日		

活动四　底漆的喷涂

活动描述

在掌握底漆喷涂前的准备知识和底漆喷涂方法的基础上，观察教师的底漆喷涂操作示范，按照车身底漆喷涂工艺，进行底漆喷涂作业。

学习目标

◇ 能了解底漆喷涂的方法。
◇ 能正确进行底漆喷涂作业。

学习地点

喷涂烤漆项目区。

学习准备

教具：多媒体设备、白板等。
设备：车身板件。
工量具：SATAjet100BFHVLP 喷枪(口径 1.7mm)、调漆尺、吹尘枪。
材料：环氧底漆、稀释剂、固化剂、纸漏斗、粘尘布、除油布、除油剂。
劳动保护用品：安全鞋、防静电工作服、护目镜、防溶剂口罩、防溶剂手套等。

知识准备

一、底漆喷涂前准备

喷涂底漆之前，应先将需要喷涂的区域用清洁剂清洁干净，去除油污、蜡脂及灰尘，经适当遮蔽后再进行喷涂。

二、底漆喷涂要求

喷涂底漆时，底涂层的漆膜厚度可根据不同情况进行安排。一般情况下，如果底涂层上还要喷涂中涂层，则可将底漆喷涂得薄一些，只要能够达到防腐蚀和提高黏附能力的目的就可以了；如果在底涂层上直接进行面漆的喷涂，则底漆需要喷涂得厚一些，总的漆膜厚度以不超过 50μm 为宜。需要注意的是，在修补旧漆膜并喷涂底漆时，要选用与原漆膜无冲突的底漆。

三、底漆喷涂后的干燥和打磨

底漆在常温下干燥一般需要 45～60min。强制干燥须先静置 5～10min，然后在 60℃下烘烤 30min 即可。

底漆干燥后要经过适当的打磨，以便为下一步喷涂工作做好准备。打磨时为更好地判断打磨的程度，应使用“打磨指导层”。打磨指导层即在需要打磨的涂层上薄薄地喷涂或擦涂一层其他颜色的涂料，意在使打磨时打磨到的区域与未打磨的区域在颜色上有一定的差异，以利于观察打磨程度。可用于打磨指导层的材料很多，对于涂层表面的打磨，一般用单组分硝基漆作为指导层；对于原子灰的打磨，用炭粉作为指导层。指导层的颜色以反差大一些为好，但尽量使用黑、灰、白等容易遮盖的颜色。

四、底漆的喷涂方法

根据使用底漆的先后顺序可将底漆分为头道底漆、二道底漆及封闭底漆三种。底漆漆膜的强度和附着力除与其主要成膜物质有关外，与施工方法是否正确也有相当大的关系。例如，漆膜的厚薄、均匀度、干燥程度、漏涂、流痕，以及稀释剂的使用、涂料的黏度、施工环境、涂装前处理等，都能影响底漆涂装后的质量。

1. 头道底漆的喷涂步骤与方法

(1) 头道底漆的喷涂步骤与方法如图 2-2-20 所示。

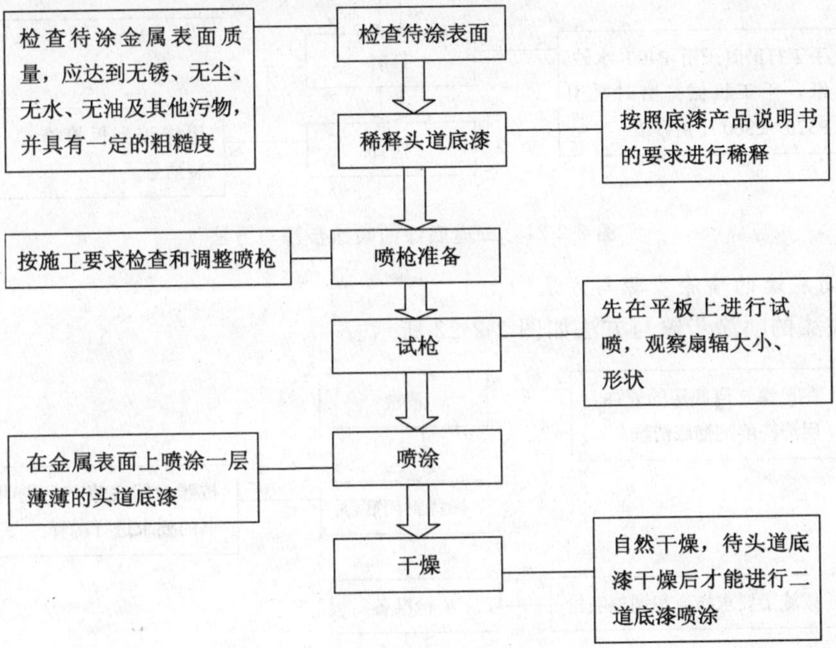

图 2-2-20 头道底漆的喷涂步骤与方法

(2) 头道底漆喷涂后应注意以下事项：

① 因头道底漆很薄，一般不能打磨，如果底漆上确有疵点需要处理，只能用 P400 号或更细的砂纸轻轻地打磨。

② 底漆喷涂后，不要用手或抹布之类的物品接触新喷的底漆表面。

2. 二道底漆的喷涂步骤与方法

二道底漆的喷涂步骤与方法如图 2-2-21 所示。

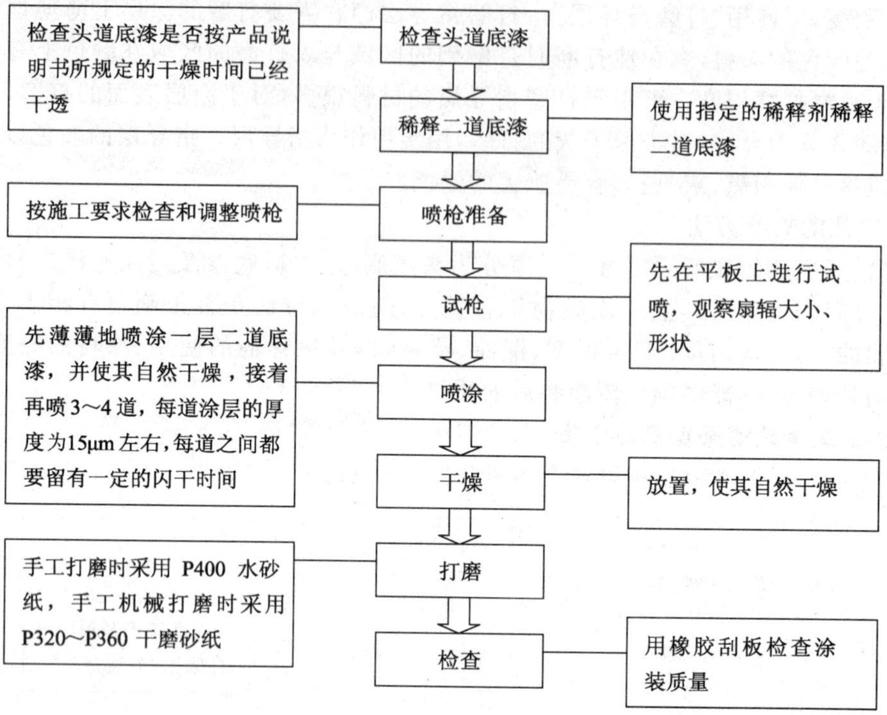

图 2-2-21　二道底漆的喷涂步骤与方法

3. 封闭底漆的喷涂步骤与方法

封闭底漆的喷涂步骤与方法如图 2-2-22 所示。

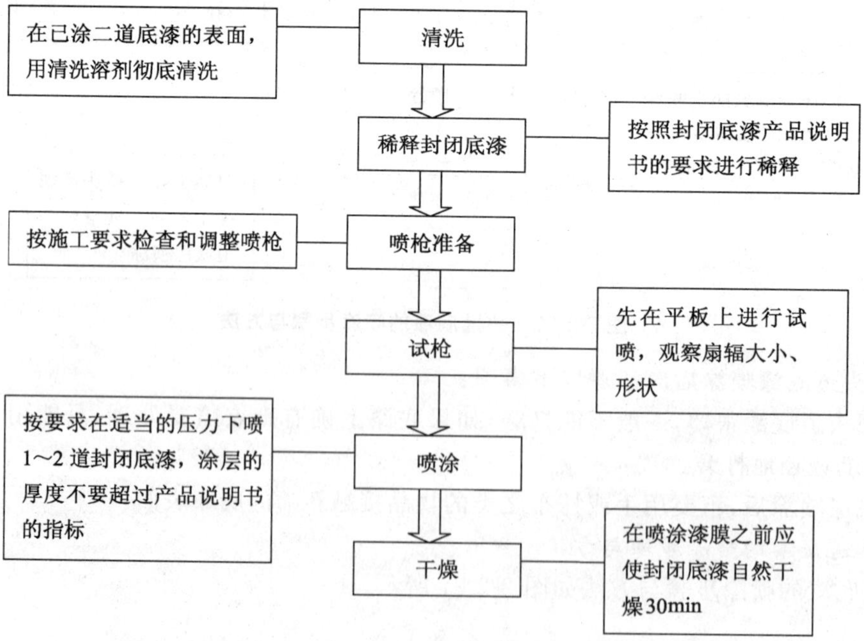

图 2-2-22　封闭底漆的喷涂步骤与方法

三、不同车身底材底漆的喷涂方法

1. 对大面积裸金属喷涂底漆

对大面积裸金属喷涂底漆时，一般首先进行磷化处理后再喷涂隔绝底漆。磷化处理通常用喷涂磷化底漆（磷化底漆属于侵蚀性底漆中的一种底漆）的方法来进行。喷涂时要根据不同的底材选用不同的底漆。对于钢板，喷上一层薄薄的磷化底漆即可；对于铝合金板材，需要喷涂含有铬酸锌的底漆进行钝化处理；对于镀锌板等底材，通常不用喷涂侵蚀性底漆，直接喷涂隔绝底漆即可。

侵蚀性底漆一般不单独使用，在其上还要喷涂隔绝底漆共同组成底涂层，所以侵蚀性底漆的漆膜要薄一些，以 15μm 左右为宜。喷涂侵蚀性底漆时须选用塑料容器，按照使用说明进行调配。喷涂所用的空气喷枪也最好使用塑料枪罐，并在喷涂完毕后马上进行清洗，以避免枪身受到侵蚀。侵蚀性底漆的喷涂面积不宜过大，以遮盖住裸露的金属区域即可。待侵蚀性底漆干燥后就可以直接喷涂隔绝底漆，其间不必进行打磨处理。

隔绝底漆以环氧树脂型居多，因底漆的施工黏度比较高，在选择空气喷枪时需要选择较大口径的喷枪。以环保型空气喷枪为例，喷涂时应选用 1.7～1.9mm 口径的底漆空气喷枪。隔绝底漆的喷涂方法为：薄喷 1～2 遍，间隔时间为 5～10min（常温），漆膜厚度一般为 30～35μm。底漆喷涂完毕后静置 5～10min，待溶剂挥发一段时间，然后加热至 60℃～75℃烘烤 30min。

2. 对旧漆膜喷涂底漆

旧漆膜经过打磨后如果没有裸露出金属底材，可以不喷涂底漆，直接喷涂中涂底漆或施涂原子灰；如果旧漆膜打磨后有部分区域露出了金属底材，只需对裸露的金属部位喷涂底漆，而不必全面喷涂，对小部分裸露金属的处理也可以适当简化，可以不必喷涂侵蚀性底漆。

提示：被喷涂底漆的部位必须经过打磨后才能喷涂中涂底漆或面漆，打磨时必须将所喷涂的底漆打磨平整、光滑，并打磨出羽状边。

3. 对塑料件喷涂底漆

塑料件在喷涂底漆时需要使用专用的塑料底漆。首先用塑料专用清洁剂清洁塑料件表面，然后用 1.7～1.9mm 口径的空气喷枪喷涂 1～2 遍，间隔时间为 5～10min。在塑料底漆未干燥时直接喷涂中涂底漆或面漆，其黏附效果会更好，但如果需要刮涂原子灰等，则必须等其完全干燥。

活动实施

（1）进行底材的除油、除尘，如图 2-2-23 所示。

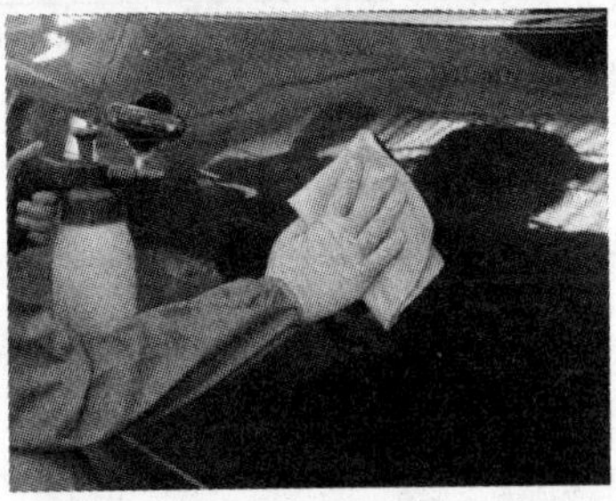

图 2-2-23 底材的除油、除尘

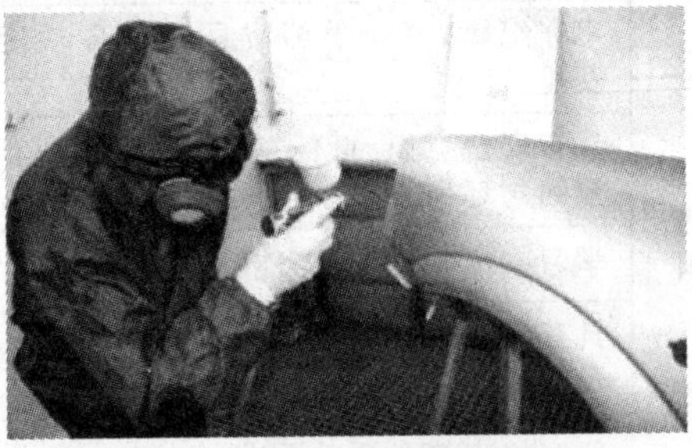

图 2-2-24 喷涂第一道底漆

（2）喷涂第一道底漆，喷涂完闪干到哑光，如图 2-2-24 所示。

（3）喷涂第二道底漆，并且闪干至哑光，如图 2-2-25 所示。

（4）进行底漆的干燥，使用红外线烤灯对板件进行烘烤，如图 2-2-26 所示。

图 2-2-25　喷涂第二道底漆

图 2-2-26　干燥底漆

巩固与评价

一、反思性问题

在喷涂底漆时选择什么口径的喷枪？

答：

二、拓展性问题

湿碰湿喷涂工艺是如何操作的？

答：

三、操作能力考核表

表 2-2-4　　**活动评价表**

班级：　　组别：　　姓名：

项 目	评 价 内 容	评价等级（学生自评）		
		A	B	C
关键能力考核项目	遵守纪律，遵守学习场所的管理规定，服从安排			
	具有安全意识、责任意识、5S 管理意识，注重节约与环保			
	学习态度积极主动，能参加实习安排的活动			
	具有团队合作意识，注重沟通，能自主学习及相互协作			
	仪容仪表符合活动要求			

续表

项 目	评 价 内 容	评价等级(学生自评)		
		A	B	C
专业能力考核项目	能按时按要求独立完成工作页			
	能正确选择喷枪			
	能正确调试喷枪			
	能正确进行底漆喷涂			
	能正确进行底漆的干燥			
小组评语及建议		组长签名： 年 月 日		
教师评语及建议		教师签名： 年 月 日		

任务三 原子灰的施工

活动一 原子灰的调配

活动描述

在掌握原子灰的种类和调配方法的基础上，观察教师调配原子灰的操作示范，按照原子灰调配步骤，进行原子灰调配作业。

学习目标

◇ 能正确选择原子灰。
◇ 能正确进行原子灰的调配。

学习地点

无尘干式打磨项目区。

学习准备

教具：多媒体设备、白板等。

设备：整车。

工量具：原子灰刮刀、原子灰调配板、电子秤等。

材料：原子灰、原子灰固化剂等。

劳动保护用品：安全鞋、防护服、工作帽、护目镜、棉纱手套、防溶剂口罩、防溶剂手套等。

知识准备

一、原子灰的作用

原子灰俗称腻子，又称聚合型腻子，是一种膏状或厚浆状的涂料，它容易干燥，干后坚硬，能耐砂磨。原子灰一般使用刮具刮涂于底材的表面，用来填平底材上的凹坑、缝隙、孔眼、焊疤、刮痕以及加工过程中所造成的表面缺陷等，使底材表面平整、均匀，使面漆的丰满度和光泽度等能够充分地显现。

二、原子灰的调配方法

原子灰的调配方法如图 2-3-1 所示。

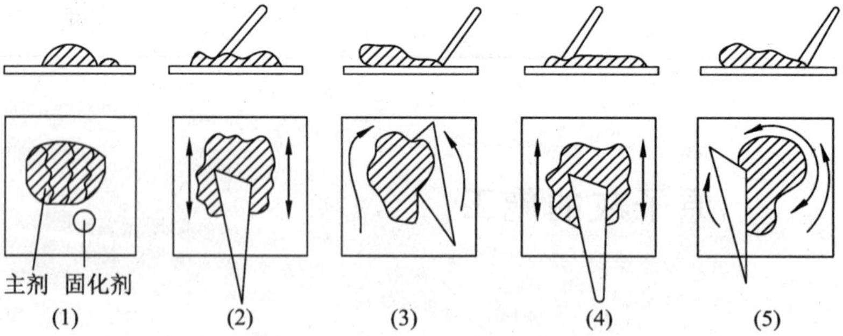

图 2-3-1　原子灰的调配方法

(1) 用刮刀的尖端舀起固化剂，将其均匀散布在原子灰基料的整个表面上。

(2) 抓住刮刀，轻轻提起其端头，再将它滑入原子灰下面，然后将它向混合板左侧提起。

(3) 用刮刀舀起大约原子灰的$\frac{1}{3}$，以刮刀右边为支点，将刮刀翻转。

(4) 将刮刀基本上与混合板持平，并将它向下压。一定要用刮刀在混合板上刮削，不要让原子灰留在刮刀上。

(5) 拿住刮刀，稍稍提起其端头，并且将上述在混合板上混合的原子灰全部舀起。

(6) 将原子灰翻身，翻的方向与第(3)步中的方向相反。

(7) 与第(4)步相同，将刮刀基本与混合板持平，并将它向下压。

(8) 重复第(2)步到第(7)步，直到原子灰充分混合。在操作过程中，原子灰往往向上朝混合板的顶部移动。在原子灰延展至混合板的边缘时，舀起全部原子灰，并且将它向混合板的底部翻转。

原子灰有可用时间的限制。所谓可用时间，是指主剂和固化剂混合后，保持不硬化，能进行刮涂的时间。通常在20℃条件下，可用时间为5min左右。因此应根据拌和所需时间和刮涂所需时间，决定一次拌和的量。如果总是拌和不好，反复长时间拌和，超过可用时间(或留给涂抹的时间过短)，就会使其固化而不能使用，因此拌和的关键是速度要快，动作要熟练。

是否拌和良好，主要可通过混合物的颜色是否均匀来判定。如果拌和不良，就会引起固化不良和附着不良等问题。随季节不同，有的原子灰和固化剂的配合比要变化，应根据产品说明书去做。

活动实施

(1) 评估损伤面积，选择适量的原子灰，这一步骤能有效地防止原子灰的浪费，如图 2-3-2 所示。

(2) 选择合适的原子灰，如图 2-3-3 所示。

图 2-3-2　评估损伤面积

图 2-3-3　选择原子灰

(3) 打开原子灰的盖子，搅拌原子灰，并指压原子灰固化剂，如图 2-3-4 所示。

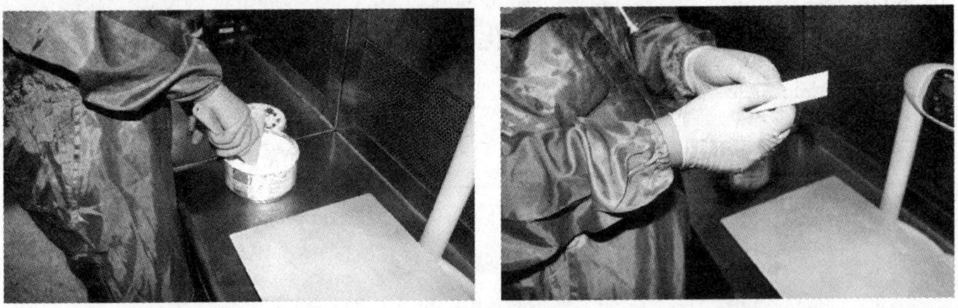

图 2-3-4　搅拌原子灰

（4）使用电子秤按正确的比例称量原子灰和固化剂，如图 2-3-5 所示。

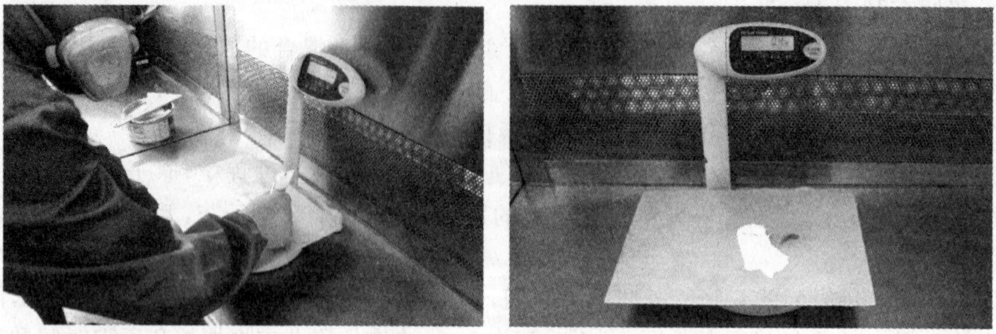

图 2-3-5　称量原子灰

（5）混合原子灰和固化剂，两者应混合均匀，必须避免原子灰出现任何大理石纹效果或还有未混合的固化剂，如图 2-3-6 所示。

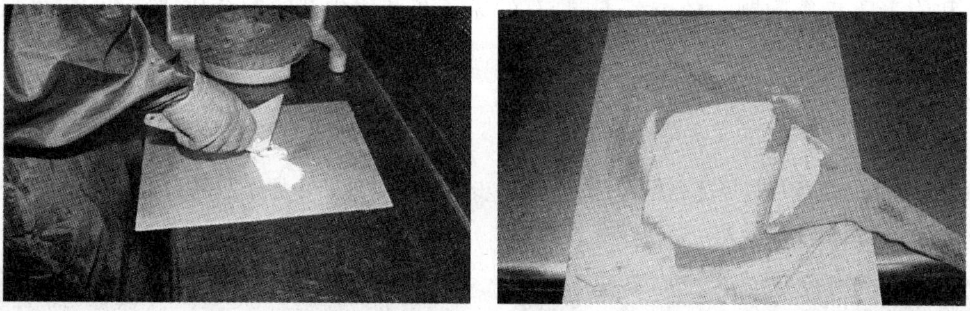

图 2-3-6　混合原子灰

巩固与评价

一、反思性问题

调配原子灰时应注意哪些事项？

答：____

____

____

二、拓展性问题

在调配原子灰时可否选择其他品牌的固化剂？

答：____

____

____

三、操作能力考核表

表 2-3-1 活动评价表

班级： 组别： 姓名：

项目	评价内容	评价等级(学生自评)		
		A	B	C
关键能力考核项目	遵守纪律，遵守学习场所的管理规定，服从安排			
	具有安全意识、责任意识、5S管理意识，注重节约与环保			
	学习态度积极主动，能参加实习安排的活动			
	具有团队合作意识，注重沟通，能自主学习及相互协作			
	仪容仪表符合活动要求			
专业能力考核项目	能按时按要求独立完成工作页			
	能正确选择原子灰			
	能正确进行原子灰称量			
	能正确选择配套的固化剂			
	能正确进行原子灰的调配			
小组评语及建议		组长签名： 年 月 日		
教师评语及建议		教师签名： 年 月 日		

活动二　原子灰的刮涂

活动描述

在掌握原子灰刮涂所需要工具及其使用方法的基础上，观察教师刮涂原子灰的操作示范，按照原子灰刮涂步骤，进行原子灰刮涂作业。

学习目标

◇ 能正确选择原子灰的刮涂工具。

◇ 能正确进行原子灰的刮涂作业。

学习地点

无尘干式打磨项目区。

学习准备

教具：多媒体设备、白板等。

设备：整车。

工量具：原子灰刮刀、原子灰刮板等。

材料：原子灰、原子灰固化剂、粘尘布、除油布、除油剂等。

劳动保护用品：安全鞋、防护服、工作帽、护目镜、棉纱手套、防溶剂口罩、防溶剂手套等。

知识准备

一、原子灰刮涂工具的选择

刮涂原子灰常用的工具有：刮灰刀、刮灰板和搅棒。搅棒用于开启原子灰罐盖和搅匀罐中原子灰；刮灰板则作为混合原子灰主剂和固化剂时的底盘以及刮灰过程中盛装原子灰的托盘，其结构简单，可以根据需要自制；刮灰刀是直接将原子灰施涂到底材上的工具，按其软硬程度的不同，可分为硬质刮刀和软质刮刀。

1. *硬质刮刀*

硬质刮刀适用于大面积的刮涂作业，如大的凹坑、大的平面缺陷部位等，由于其刮口硬度较高，易于刮涂平整，工效高，材料省。硬质刮刀主要有金属刮刀和塑料刮刀两种。

（1）金属刮刀。金属刮刀主要有钢片刮刀、轻质合金刮刀等，是目前使用较普遍的刮刀。金属刮刀具有一定的弹性，可根据个人使用习惯进行选择。一般钢片刮刀的厚度为0.3～0.4mm，刮口宽度为120～150mm（刮口宽度可根据施工要求灵活制作）。

（2）塑料刮刀。塑料刮刀常用硬质聚氯乙烯及环氧树脂板制成，也可根据需要选择稍软一点的材料制成半硬刮刀。其耐磨性差，温度对其柔软性影响较大。

2. 软质刮刀

软质刮刀主要适用于刮涂圆弧形、曲面形状的部位。软质刮刀主要有橡胶刮刀和塑料刮刀两种。

(1) 橡胶刮刀。橡胶刮刀采用耐油橡胶板制成,刮口面磨成斜口,又称橡皮刮刀,如图 2-3-7 所示。大的橡胶刮刀厚度为 6～8mm,刮口宽度为 100mm 左右;小的橡胶刮刀厚度为 3～4mm,刮口根据施工需要选择。

(2) 塑料刮刀。塑料刮刀用软质塑料制成,刮口面磨成斜口,形状大小根据需要制作,基本要求与橡胶刮刀相同。

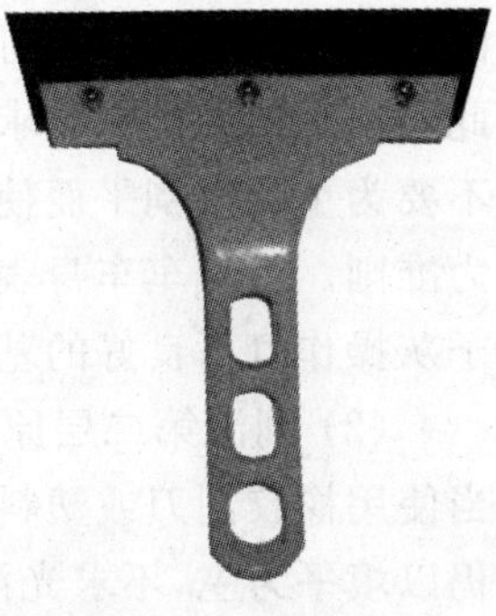

图 2-3-7　橡胶刮刀

二、原子灰刮涂的方法

1. 刮刀的握法

刮涂原子灰时,刮刀有以下几种握法:

(1) 直握法。如图 2-3-8 所示,直握时食指压紧刀板,拇指和另外四指握住刀柄,适用于小型钢刮刀刮涂小面积部位时使用。

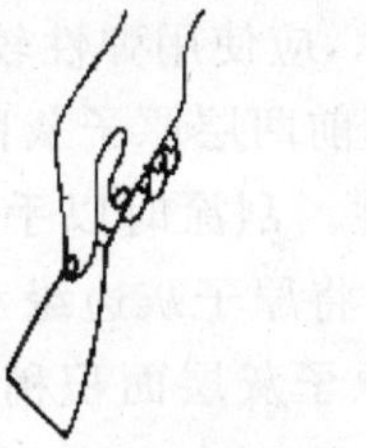

图 2-3-8　直握法

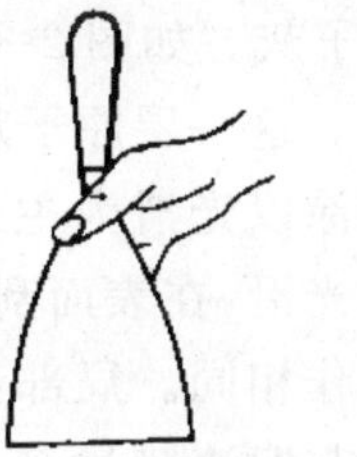

图 2-3-9　横握法

(2) 横握法。如图 2-3-9 所示,横握时拇指和食指夹持住刮刀靠近刀柄的部分或中部,另外三指压在刀板上。

(3) 其他握法。根据刮刀的大小及形状的不同,还可以采用其他适当的握法,以适应施工的需要,保证施工质量。刮刀的其他握法如图 2-3-10 所示。对于右手握刀的人,较常用的握法如图 2-3-11 所示。

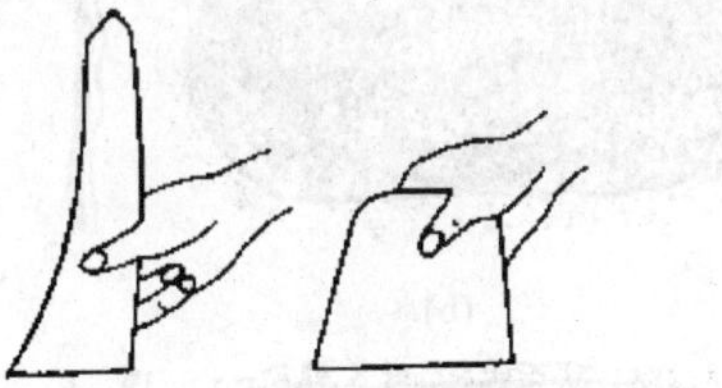

图 2-3-10　其他握法

图 2-3-11　右手握刀人常用的握法

2. 基本动作

一般左手拿刮灰板,右手拿刮灰刀。首先用刮灰刀从刮灰板上取一些调好的原子灰,在修补部位横向薄刮一层,然后再自左向右上下刮一遍,每次重叠前次的 1/3,接着再自上而下左右刮一遍,每次同样重叠前次的 1/3,最后绕同一方向沿四周收边并清除多余的原子灰。以车门中部区域刮涂原子灰为例,其刮涂过程如下:

(1) 刮涂第一层原子灰。要用硬质刮刀刮涂，对较大凹坑可选用较宽的硬质刮刀。如图 2-3-12(a)所示，将刮刀竖起沿底材薄薄地压挤刮涂，确保原子灰透入细小的划痕和针孔。此层原子灰的刮涂只求平整，不求光滑。对汽车车身表面较大的凹坑刮涂只要求初步平整，不要为了一次刮平而使原子灰层厚度超过 5mm。刮涂方向横、竖均可，以有利于填平凹坑为准则。对汽车车身表面折口及轮廓线处，刮涂时要注意造型及平直性，为以后刮涂各层原子灰操作打下良好的基础。

(2) 刮涂第二层原子灰。汽车车身平面处仍用硬质刮刀刮涂，对圆弧较大部位也可适当使用橡胶刮刀或塑料刮刀，刮刀倾斜 35°～45°，如图 2-3-12(b)所示。此层原子灰的刮涂仍以填平为主，不求光滑。刮涂时的面积应略大于第一层原子灰的面积，注意边缘原子灰的平直性。较大底材刮涂时与上一层原子灰的接口应错开，即不要使各层原子灰的接口在同一部位，以免产生缺陷。刮涂的方向应顺着流线型方向(按汽车造型水平方向)，并遵循从上到下、从右到左的原则，刮涂时尽可能拉长一些，以减少刮涂接口。注意原子灰层的厚度与原涂面基准点平齐。由于补刮原子灰层范围逐渐扩大，对邻近的补刮原子灰层，视具体情况可在第二层或第三层刮涂原子灰层时连成一片，以减少原子灰层边缘，有利于打磨。

(3) 刮涂第三层原子灰。如图 2-3-12(c)所示，应使用弹性较好的橡胶刮刀或塑料刮刀，平面处也可用硬质刮刀。这一层原子灰主要填充前两层原子灰留下的砂孔以及遗漏的轻微凹陷。此层原子灰的刮涂以光滑为主兼顾平整性。刮涂时以手的压力与刮刀弹性相结合，使刮涂的原子灰层平整光滑，在表面刮平的同时，将原子灰边缘刮薄。此层原子灰层的刮涂方向与上一层原子灰操作相同。局部刮涂时的原子灰层面积稍大于上一层原子灰的面积，同时注意原子灰层边缘与旧漆膜过渡平和。对于汽车车身表面若隐若现的轮廓外形线，施涂时要注意其平直性。

(4) 刮涂第四层原子灰。使用硬质刮刀刮涂第三层可能遗留下来的微小砂孔痕迹。利用硬质刮刀的刮口薄薄均匀地刮涂一层光滑原子灰，刮刀成倒平状，如图 2-3-12(d)所示。

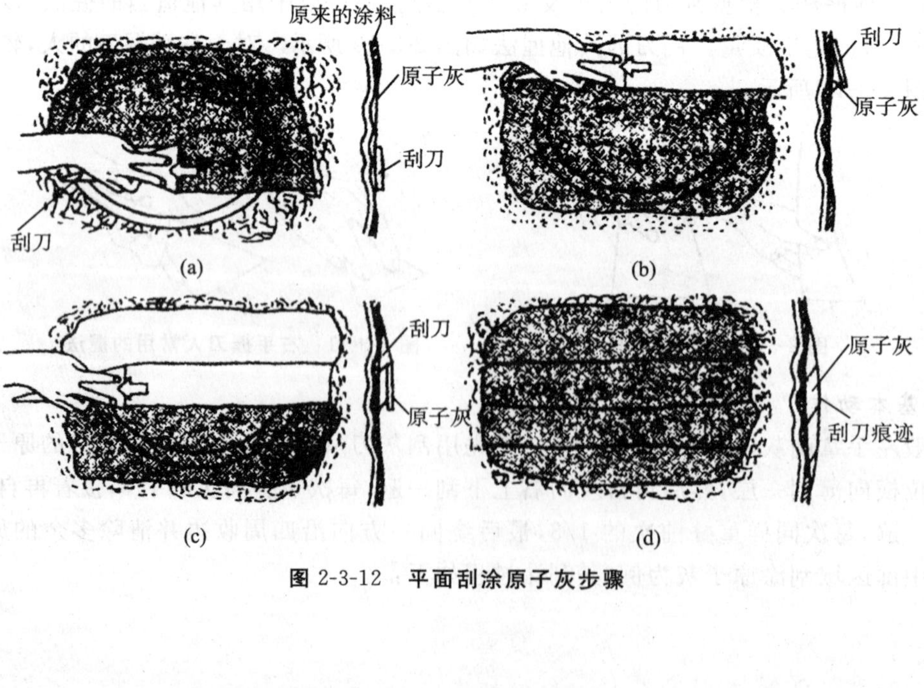

图 2-3-12　平面刮涂原子灰步骤

局部刮涂的原子灰层面积可扩大一些，以消除旧涂面上打磨时可能遗留下来的砂纸痕迹，确保喷涂工作顺利进行。

3. 不同表面刮涂原子灰的操作

（1）平整界面的刮涂。

① 以压挤方法将原子灰刮满全部平面。

② 刮压新旧灰层结合部位，缩小之间的差距。

③ 以第②步所涂原子灰 1/3～1/2 的量进行第二次刮涂，同时刮薄周围部分，进一步缩小新旧漆膜差距。

④ 重复第③步动作，按刮灰面需要量刮涂。

⑤ 刮平平面，使新旧原子灰间无落差。

在向平面刮涂原子灰时，要注意以下事项：

如果刮刀在刮涂原子灰中仅向一个方向移动，原子灰高点的中心就有所移动。这种情况很难打磨，所以刮刀在最后一道刮涂中必须反向移动以便将原子灰高点移回中央。

新刮的原子灰层必须比原来的表面高，但最好略微高一点，太高就增加了打磨工作量。

新原子灰的刮涂范围须以打磨时的划痕为限，如果没有打磨划痕，原子灰就粘不牢。

刮涂动作要快，约在 3min 内刮完，时间太长则原子灰容易提前固化，影响刮涂。

（2）弧形表面的刮涂。

在刮涂弧形部分及角落时使用有弹性的橡胶刮刀较容易施工，如图 2-3-13、图 2-3-14 所示。

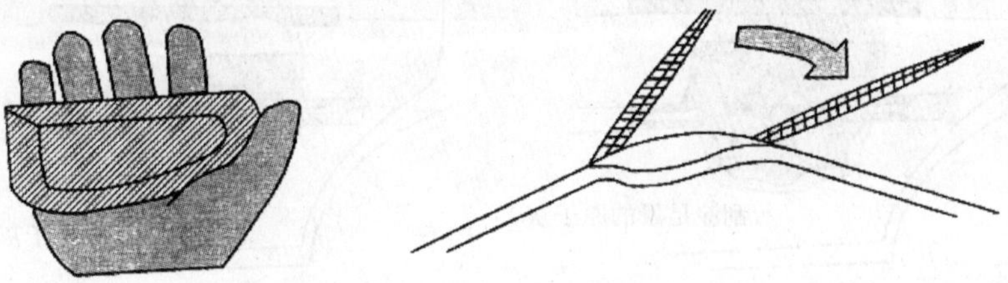

图 2-3-13　弧形表面原子灰的刮涂

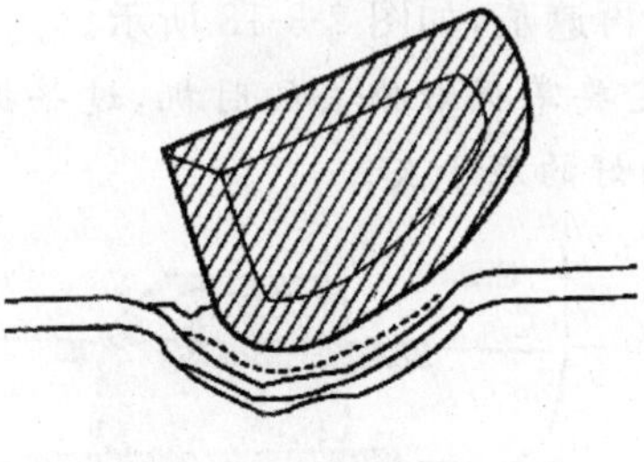

图 2-3-14　角落的刮涂

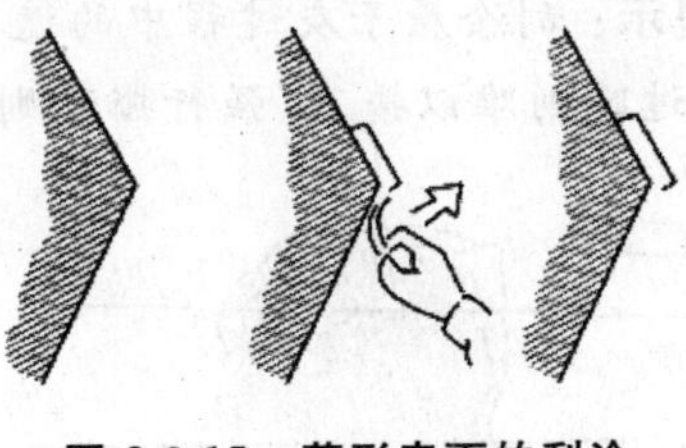

图 2-3-15　菱形表面的刮涂

（3）菱形线条部位的刮涂。

菱形线条部位的刮涂如图 2-3-15 所示。如菱形线条部位在刮涂时无法拉直，应使用以下方法：

① 沿菱角线粘贴遮蔽胶带，单边涂布原子灰。

② 待第①步所刮原子灰半干时撕去胶带。

③ 沿前次刮涂的原子灰的另一菱角线粘贴遮蔽胶带。

④ 反方向刮涂原子灰。

⑤ 待第④步所涂原子灰半干后，撕去引导胶带。

(4) 装饰条周围的刮涂。

装饰条周围的刮涂依位置与作业者的不同，其作业方式也各不相同，下面举例说明。

① 先用遮蔽胶带保护好装饰条，再在相应位置上刮涂原子灰，如图 2-3-16 所示。

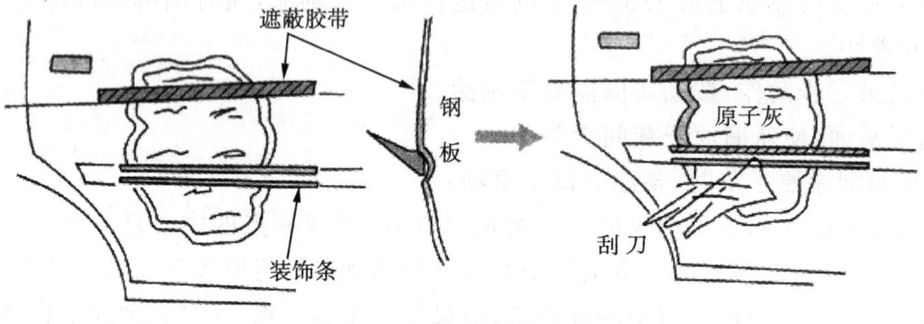

图 2-3-16　**装饰条周围的刮涂(一)**

② 注意装饰条周边覆盖区和接口的刮涂，如图 2-3-17 所示。

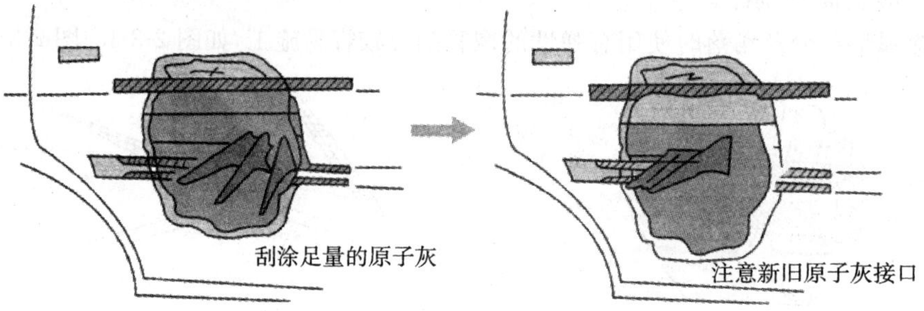

图 2-3-17　**装饰条周围的刮涂(二)**

③ 待第一层原子灰半干后撕去旧的遮蔽胶带，再遮蔽，如图 2-3-18 所示。

提示： 刮涂原子灰过程中的遮蔽胶带，一定要掌握好撕去的时机，过早撕会带下大量原子灰，过晚则难以撕下，强行撕下则可能破坏刮好的原子灰。

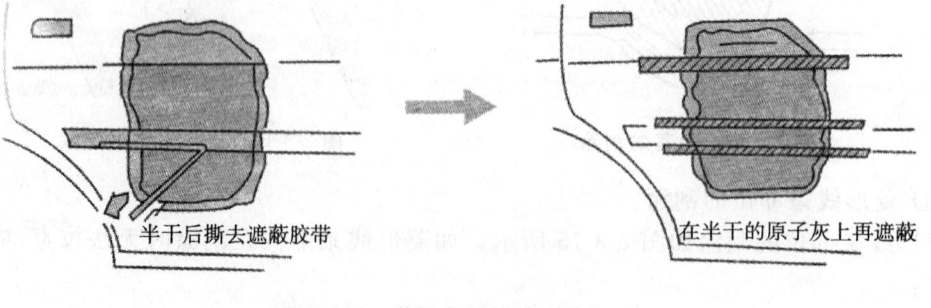

图 2-3-18　**装饰条周围的刮涂(三)**

④ 再次刮涂原子灰，如图 2-3-19 所示。

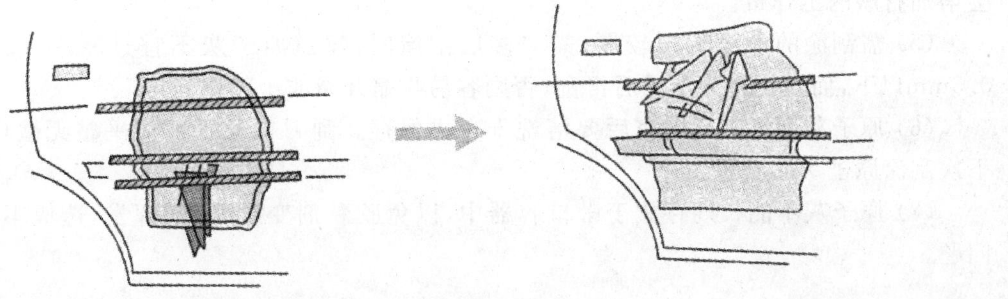

图 2-3-19 装饰条周围的刮涂(四)

⑤ 修整弧形部位和新旧漆膜过渡区域,如图 2-3-20 所示。

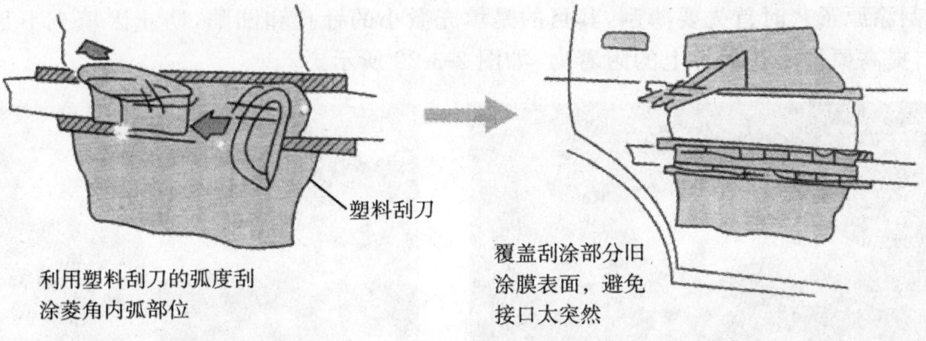

图 2-3-20 装饰条周围的刮涂(五)

⑥ 进行边角的补涂,如图 2-3-21 所示。

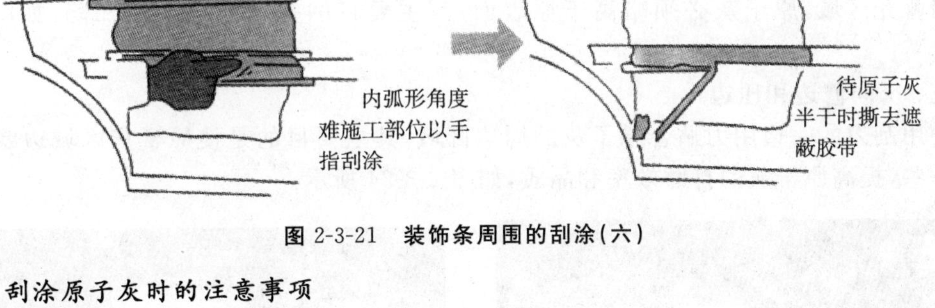

图 2-3-21 装饰条周围的刮涂(六)

4. 刮涂原子灰时的注意事项

(1) 刮涂前涂装表面必须干透,以防产生气泡或龟裂。若被涂装表面过于光滑,可先用 P80 干磨砂纸打磨,以使原子灰与底面结合良好。

(2) 刮涂手法既要快又要稳,应在一两个来回中刮平,且不可来回拖拉。刮涂拖拉次数太多易拖毛原子灰表面,或将原子灰里的涂料挤到表面,造成表干内不干,影响性能。

(3) 洞眼、缝隙之处要用刮刀尖将原子灰挤压填满,但一次不宜刮涂太多太厚,防止干不透。

(4) 刮涂时四周的残余原子灰要及时收刮干净,否则表面留下残余原子灰块粒,干燥后会增加打磨的工作量。

(5) 需刮涂的原子灰层较厚,需要多层刮涂时,每道原子灰不宜过厚,一般要控制在0.5mm以下,而且要充分干燥后再刮,否则容易收缩开裂或干不透。

(6) 原子灰刮涂工具用完后要清洗干净再保存。刮刀口及平面应平整无缺口,以保证下次刮涂原子灰的质量。

(7) 原子灰不能长期存放于敞口容器中,以免胶黏剂变质、溶剂挥发,造成不易刮涂等问题。

活动实施

一、薄刮

在刮涂原子灰时首先要薄刮,其目的是填充微小的针孔和凹陷,防止因填充不足而中间有空气,提高原子灰在板件上的附着力,如图 2-3-22 所示。

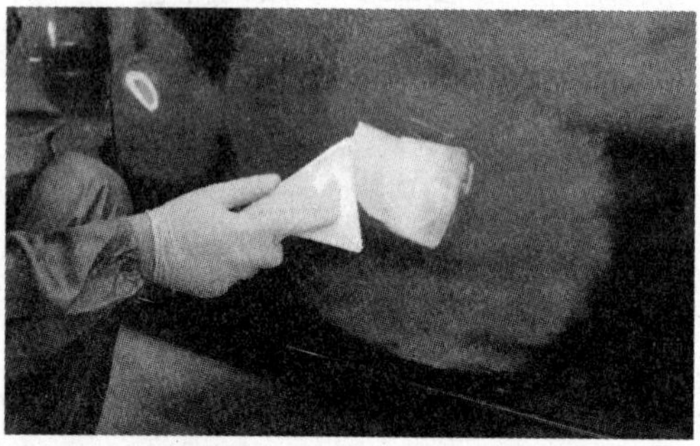

图 2-3-22 薄刮

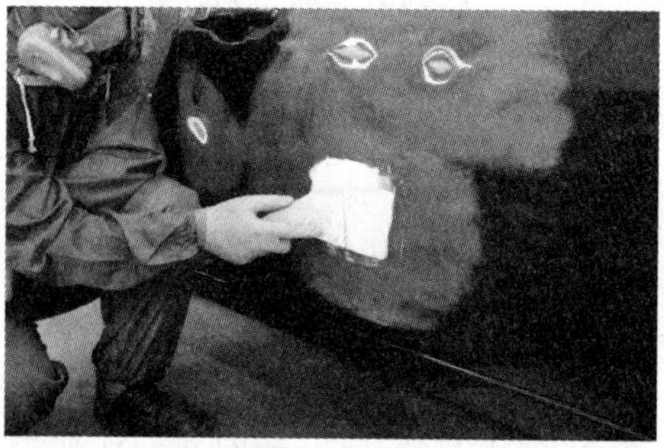

图 2-3-23 厚涂

二、厚涂

在薄刮原子灰之后选择厚涂原子灰,刮涂面积要略大于羽状边区域,但不得超过羽状边的边缘哑光区域,原子灰必须略高于原表面,其主要目的是填充板件的凹陷,如图 2-3-23 所示。

三、反向修边和压边

使用刮刀的一边用力贴合原子灰的周边区域,其主要目的是使原子灰区域边缘刮涂得更薄一些,提高原子灰的打磨效率和品质,如图 2-3-24 所示。

图 2-3-24 反向修边和压边

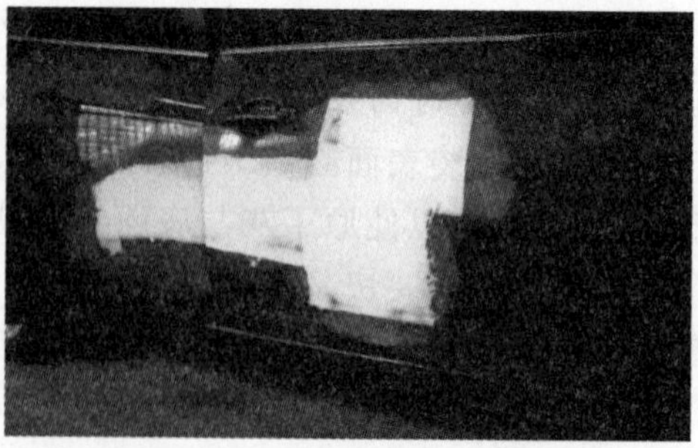

图 2-3-25 刮涂区域的修整

四、原子灰刮涂区域的修整

清理残余的原子灰，如图 2-3-25 所示。

巩固与评价

一、反思性问题

刮涂原子灰为什么多次薄刮效果最好？

答：______

二、拓展性问题

刮涂原子灰时为什么要把边缘刮得薄一点？

答：______

三、操作能力考核表

表 2-3-2　　**活动评价表**

班级：　　组别：　　姓名：

项 目	评 价 内 容	评价等级（学生自评）		
		A	B	C
关键能力考核项目	遵守纪律，遵守学习场所的管理规定，服从安排			
	具有安全意识、责任意识、5S 管理意识，注重节约与环保			
	学习态度积极主动，能参加实习安排的活动			
	具有团队合作意识，注重沟通，能自主学习及相互协作			
	仪容仪表符合活动要求			
专业能力考核项目	能按时按要求独立完成工作页			
	原子灰的调配比例正确			
	原子灰混合均匀			
	原子灰刮涂平整			
	原子灰调配量符合标准			
小组评语及建议		组长签名： 年　月　日		

续表

项目	评价内容	评价等级(学生自评)		
		A	B	C
教师评语及建议		教师签名： 年 月 日		

活动三 原子灰的干燥

活动描述

在理解原子灰的干燥原理和掌握短波红外线烤灯的使用方法的基础上，观察教师使用短波红外线烤灯干燥原子灰的操作示范，按照短波红外线烤灯的使用步骤，进行原子灰干燥作业。

学习目标

◇ 能熟知原子灰的干燥程序和选择正确的干燥方式。

◇ 能正确进行原子灰干燥作业。

学习地点

无尘干式打磨项目区。

学习准备

教具：多媒体设备、白板等。

设备：车身板件。

工量具：短波红外线烤灯。

材料：电源线。

劳动保护用品：安全鞋、防护服、工作帽、护目镜、棉纱手套等。

知识准备

一、原子灰的干燥原理

新刮涂的原子灰由于其自身的反应放热，固化速度较快，一般在刮涂20～30min后就可打磨。但是如果环境温度太低或者空气湿度太大，原子灰干燥固化速度就会减慢。为了缩短原子灰的干燥时间，可以借用干燥器或者红外线烤灯加热原子灰进行干燥。人为加热干燥时，一定要保证原子灰表面温度在50℃以下，以防原子灰分离或龟裂，可以用手触摸原子灰表面，如果烫手就说明温度太高了。漆膜薄的地方往往比厚的地方温度低，因此薄漆膜的固化干燥速度一般比厚的地方慢，在开始打磨原子灰前要先用指甲在薄漆膜表面划一下，如果出现坚硬的白色痕迹就表示可以打磨了。

二、原子灰的红外线干燥

1. 辐射式干燥

辐射是热传导的一种方式，是将热量转变为不同波长的电磁波（或称热射线）直接投射到物体上，能够被物体吸收，再转变成热量。热射线的传播过程称为热辐射。利用热辐射干燥物体的方法称为辐射式干燥。以红外线为热射线的干燥设备称为红外线干燥设备。通常使用红外线干燥设备辐射加热使漆膜加速干燥。

2. 红外线干燥的原理

红外线波长范围为0.76～100μm，一般将波长0.76～5.6μm这一段称为近红外线，而将波长5.6～100μm这一段称为远红外线。当红外线辐射到达物体时，一部分被物体表面反射，一部分被物体所吸收，其余部分透过物体。被吸收的红外线辐射能量就转变成热能，使物体温度升高，被吸收的能量愈大，物体的温度就升得愈高。红外线波长不同，其穿透漆膜的能力也不同，波长愈短，穿透能力愈强。

不同物质对红外线的反射、吸收和透射率是不同的，即使是同种物质，也可因其结构和表面状况的不同而不同。同一物体对不同波长的红外线，其反射、吸收和透射率也是不相同的。

到达被加热物体上的红外线辐射能量与红外线传播的距离有着密切的关系。红外辐射源至被加热物体之间的距离每增加一倍，达到物体的红外辐射能量便减小到原来的1/4。所以应用红外线加热时，辐射源与被加热物体之间的距离应小一些，一般为150～350cm（具体参照生产厂商建议）。

红外线加热的效果，主要决定于被加热物体吸收红外辐射能量的多少，这就需采用辐射率大的材料做辐射源并缩短辐射的距离，使到达被加热物体的红外辐射能量尽可能的大；同时，被加热物体的红外吸收率也要大，以吸收尽可能多的辐射能量。

3. 红外线干燥的特点

（1）干燥由内层向外，溶剂容易挥发，干燥彻底、迅速，一般可提高效率2～5倍。

（2）漆膜干燥均匀，可大大减少由于溶剂蒸发而产生的针孔、气泡现象，干燥质量好。

（3）升温迅速，缩短了干燥时间。

（4）红外线干燥设备结构简单，投资费用低，效率高，节能，无污染，占地面积小。

（5）红外线辐射具有方向性，可用于局部加热。

（6）使用时，尽量使工件表面受到红外线的直接照射，才能取得良好效果。

4. **常见的红外线干燥设备**

(1) 红外线辐射加热器。

红外线辐射加热器虽有各种型号，但一般都由金属板(管)、碳化硅板、陶瓷三部分组成。热源可用电力、煤气、液化气。红外线辐射加热器的形状一般分为管状、平板状及灯泡状三种。

辐射加热器一般包含两个基本部分——热源和远红外辐射层。热源的作用是给辐射层提供热能，使之辐射远红外线。远红外辐射层的作用是在物体受到加热后，从其表面辐射出与其温度相对应的红外辐射能量。

由于汽车修理行业的特殊性，要求干燥加热装置具有移动性、可变性，因此常将可移动的红外线加热装置用于原子灰、底漆、面漆各个部位的局部强制干燥，提高工作效率。这种红外线加热装置的性能特点主要有如下几个方面：独立开关控制；整个发射管可作 360°旋转；发射管支架由气压撑杆支撑，上下活动自如；电子计时器可分别控制预热、全热过程，自动转换；可烘烤汽车车身任何部位，如车顶、前后盖。

红外灯也可设计成方阵，用于局部修补加热用。由红外灯射出的放射红外线能展开呈扇形，离灯 20～30cm 的距离内，中心与外部的温度分布基本均匀。用多个红外灯组合可互补热量，以获得均匀的温度。

(2) 连续式通道烘干室。

连续式通道烘干室是广泛应用于大批量生产的一种烘干设备。目前，连续式通道烘干室大多采用红外线干燥。根据输送带运行的路线和方向，可分为单程和双程、水平单程和双程、垂直单程和双程的通道烘干室。在每个阶段的若干节烘干室内，配置数量不等的红外线辐射装置。烘干室内设有排风装置，以排除烘干时蒸发的溶剂蒸气。由于在通道烘干室内，涂有涂层的工件是连续或间歇地移动的，移动装置可采用架空式单线和双线输送带、板式小车输送带、杆式输送带等各种不同的传送形式。

(3) 短波红外线烤漆房。

短波红外线烤漆房使用红外线的辐射原理加热，具有环保、高效、节能的特点。烤漆房内短波红外线装置每边上下各一排，每排有 4 个红外线装置，每个装置有 2 根红外线灯管的管状热源向涂层辐射热量。每个红外线灯管功率为 1.2kW。烤漆房内共装有 16 个红外线装置，共 32 根红外线灯管，总功率为 38.4kW，辐射距离≥500 mm，可用于对整车涂层的烘烤，独立式开关系统也可对汽车涂层的原子灰、底漆、面漆进行局部烘烤。

该烤漆房升温快，在同样温度下比对流烘干效率提高 70%，可极大地提高漆膜的干燥速度，并具有漆膜干燥彻底、内外一致的优点，可提高漆膜质量，且由于室内没有空气流动，干净无尘，可减少漆膜粘尘的概率。

(4) 短波红外线烤灯。

汽车烤漆专用短波红外线烤灯，烘烤渗透力强，直入漆层，使漆层温度迅速升高，水分由内向外挥发，漆层表面光泽度与丰满度高，镜面更加清晰，漆膜附着力强，不易产生“橘皮、流泪”现象，避免返工。其不需要预热时间，所以能有效地节省时间和费用，油漆烘干后不需要另外打光，不受场所和干燥部位所限制，是极为先进的烤漆工具。

活动实施

一、短波红外线烤灯的使用

使用短波干燥原子灰的操作如图 2-3-26 所示。

图 2-3-26　干燥原子灰

短波红外线烤灯的使用方法如下：

(1) 选择烘烤时间：依次按“开始”、“设定”键，看到显示屏上数字闪动后按“＋”、“－”键选择所需时间，再次按“设定”(确认)键，然后按“开始”键，计时开始。

(2) 烘烤原子灰：直接按“原子灰”键，进入工作状态，无须进行其他操作。

(3) 底漆、面漆烘烤：直接按“油漆”键，进入工作状态，无须进行其他操作。

(4) 红外线烤灯灯管数量选择：按“灯 1”、“灯 2”、“灯 3”键进行灯管数量选择。

(5) 如需紧急停止工作，请按“开始/关停”键或直接拔掉电源。

二、原子灰干燥程度的鉴别

(1) 指触：用手指检查原子灰边缘部分，如边缘部分已经干燥，说明可以对原子灰进行打磨了。

(2) 砂纸打磨：用砂纸打磨原子灰，发现原子灰打磨粉末不残留在砂纸上，说明原子灰已经完全干燥，可以进行打磨了。

巩固与评价

一、反思性问题

如何辨别原子灰是否完全干燥？

答：____________________

二、拓展性问题

为了加快原子灰的干燥，是否可以添加过量的固化剂？为什么？

答：____________________

三、操作能力考核表

表 2-3-3 **活动评价表**

班级： 组别： 姓名：

项目	评价内容	评价等级（学生自评）		
		A	B	C
关键能力考核项目	遵守纪律，遵守学习场所的管理规定，服从安排			
	具有安全意识、责任意识、5S管理意识，注重节约与环保			
	学习态度积极主动，能参加实习安排的活动			
	具有团队合作意识，注重沟通，能自主学习及相互协作			
	仪容仪表符合活动要求			
专业能力考核项目	能按时按要求独立完成工作页			
	能正确选择干燥工具			
	能正确选择干燥距离			
	能正确选择干燥温度			
	能正确进行原子灰干燥			
小组评语及建议		组长签名： 年 月 日		
教师评语及建议		教师签名： 年 月 日		

活动四　原子灰的打磨

活动描述

在了解原子灰打磨材料种类的基础上，观察教师打磨原子灰的操作示范，按照原子灰打磨的基本步骤，进行原子灰的打磨作业。

学习目标

◇ 能正确使用打磨工具。

◇ 能正确进行原子灰打磨作业。

学习地点

无尘干式打磨项目区。

学习准备

教具：多媒体设备、白板等。

设备：整车。

工量具：费斯托双作用打磨机、手刨、吹尘枪等。

材料：干磨砂纸、指导碳粉等。

劳动保护用品：安全鞋、防护服、工作帽、护目镜、防尘口罩、棉纱手套等。

知识准备

一、打磨材料的选用

1. 砂纸

砂纸是汽车维修中经常使用的打磨材料，用于除锈、打磨旧漆膜、原子灰及漆面处理。用各种不同粗细的磨料黏结于纸上，可制成各种规格的砂纸。磨料黏结的牢固程度是衡量砂纸质量的一个重要标志。操作人员要选择合适的砂纸规格并正确使用才能获得最佳效果。

(1) 磨料的种类。

制造砂纸的磨料根据原料可分为氧化铝、金刚砂（碳化硅）和锆铝三种。根据磨料在底板上的疏密分布情况可分为密砂纸和疏砂纸两种。密砂纸上的磨料几乎完全粘满磨料面，用于湿磨；疏砂纸的磨料只占磨料面面积的 50%～70%。

① 氧化铝磨料。氧化铝是一种非常坚韧的磨料，能很好地防止破裂和钝化。根据粗细不同可制成用于除锈、清除旧漆膜、打磨原子灰层、打磨新旧漆膜的砂纸。氧化铝磨料硬度高、耐久性好、使用寿命长且不易在底层材料上产生较深的划痕，目前使用较广泛。

② 金刚砂(碳化硅)磨料。金刚砂是一种非常锐利、穿透力极高的磨料,呈黑色,通常用于汽车旧漆面的砂磨以及抛光前对涂面的砂磨。

③ 锆铝磨料。锆铝具有独特的自磨刃性,在打磨操作过程中其自身不断地提供新的磨刃以提高工作效率,降低劳动力。一般磨料在较硬的原厂清漆层上打磨会使涂层产生热量,被打磨的材料也会迅速变软并堆积在砂纸面的磨料上而降低打磨效率,而锆铝的自磨刃特性和工作时产生热量少的特性可大大减少打磨阻力和材料消耗,提高了工作效率和涂层质量。

(2) 砂纸的规格。

砂纸上磨粒的大小用阿拉伯数字表示。粗细不同的磨粒黏结在平面的柔性载体上,构成适应各种施工需要的粗细不同的砂纸。打磨介质的粗糙度是根据单一颗粒的平均大小进行分类的。粒子大小是按照欧洲打磨介质制造者协会(FEPA)划分的等级进行标准化的,也是国际通用的分级法。粒子大小用字母 P 加数字表示,数字越大,粒子越细。

根据不同使用场合的需要,可制成各种形状的砂纸,如卷筒状砂纸、片状砂纸以及砂带等。还可以在砂纸上打孔,配合打磨工具有助于排出砂粒、灰尘。

砂纸的背衬材料分为纸、织物、用高温和硫黄处理过的纤维、塑料薄膜等。

(3) 水砂纸。

水砂纸是汽车修理厂最常用的砂纸之一,其大小规格约 23cm×28cm。根据修理作业中打磨部位的形状、大小不同,可以将砂纸裁成适合打磨需要的尺寸。水砂纸在湿磨使用时应先浸水,使砂纸完全浸湿,这样可防止因手工打磨折叠而引起的脆裂,特别是冬天气温低时,应用温水浸泡,以防止砂纸脆裂。

(4) 搭扣式砂纸。

搭扣式砂纸需与电动机或气动研磨机配套使用,根据作用分为干磨砂纸和漆面干研磨砂纸。其形状有圆形和方形,圆形直径尺寸以 12.7cm(5 英寸)和 15.24cm(6 英寸)使用较多。

搭扣式干磨砂纸能紧扣打磨机的托盘,可重复使用,装卸方便灵活,省时省力。该砂纸由特殊底材和磨料制成,用特殊树脂黏结,研磨速度快而平整,耐磨性、耐潮性良好。其规格一般为 P80~P500。

搭扣式漆面干研磨砂纸由高性能氧化铝磨料制成。使用时,一般汽车修理厂的圆形研磨机应配合 12.7cm 和 15.24cm 软托盘使用,具有易装卸、不易脱落、研磨速度快、耐磨性好的优点,用于清除漆面的粗粒、橘皮等。其规格一般为 P600~P1500。

2. 三维打磨材料

三维打磨材料是研磨颗粒附着在三维纤维上形成的打磨材料。这类材料有非常好的柔韧性,适合打磨外形复杂或特殊材料的表面,可用于各种条件下的打磨。如菜瓜布就是三维打磨材料中的一种,主要用于塑料喷涂前的研磨、驳口前对漆膜的研磨,以及修补前去除漆膜表面的细小缺陷等。

3. **打磨垫块**

(1) 手工打磨垫。

手工打磨垫有硬橡胶打磨垫、中等弹性橡胶垫及海绵垫三种。随着汽车维修行业的迅速发展,打磨垫由过去操作人员自己制作发展到可以直接在市场上购买到适应各种需要的专用打磨垫。

① 硬橡胶打磨垫:使用时要外垫水砂纸,一般用于湿磨原子灰层,把物面高凸的原子灰部分打磨掉,使物面达到平整的要求。

② 中等弹性橡胶垫:是一种辅助打磨工具,利用它的柔软性,外包水砂纸打磨棱角和形状多变部位。

③ 海绵垫:适用于漆面处理,如抛光漆面前垫细水砂纸磨平颗粒、橘皮等,不易对漆面造成大的伤害。

(2) 打磨机的打磨垫。

打磨机的打磨垫称为托盘,主要有以下两种:

① 快速搭扣式干磨托盘。如图 2-3-27 所示,此托盘由母粘扣带制成,配合干磨砂纸使用,特殊蘑菇头设计能紧扣砂纸,装卸快速、方便、牢固,打磨时省时省力。

② 软托盘。如图 2-3-28 所示,软托盘同样与干磨砂纸配合使用,主要用于中涂底漆打磨等后续较细的研磨。

图 2-3-27 **快速搭扣式干磨托盘**

图 2-3-28 **软托盘**

二、原子灰打磨的基本步骤

在汽车涂装施工过程中,打磨操作通常采用手工打磨和机械打磨两种方式。手工打磨适用于小面积原子灰的粗磨和大面积的细磨以及需精工细磨部位(如型线、曲面、转角、圆弧和弯曲等部位)的修整。手工打磨即采用在磨块上包砂布(纸)的方法进行打磨。手工打磨的效率低且劳动强度大;机械打磨可降低劳动强度,提高工效,节省打磨材料,但对于弯角、边棱及弯曲等部位的打磨不适用。通常采用手工与机械相配合的方式进行打磨,才能较好地完成打磨作业。手工打磨又分为手工干磨法和手工湿磨法两种。采用干磨法操作时,粉尘飞扬严重,因此需要有抽风措施,操作者需佩戴防尘呼吸保护器或防尘口罩、手套、风帽,穿工装。手工湿磨法也称水磨法,操作时无粉尘飞扬,生产效率高,打磨质量好,但湿磨后的涂层上有水分,需经烘干后方可进行下道工序的施工,故生产周期长。目前大批量汽车涂装生产多采用干磨法来提高工效。

1. 使用打磨机打磨平面

原子灰表面锉削完毕后，再用“直行式”或“往复式”气动打磨机进一步打磨，所用砂纸的规格一般为 P60。当原子灰打磨性能差时，可先用 P40 砂纸打磨，然后依次更换 P60 和 P100 砂纸打磨。打磨的要领是：将打磨机轻压在原子灰层表面，左右轻轻移动打磨机，切忌使劲重压。

如果填补面积很宽，而且填补的是复合型原子灰，可以免去锉刀锉削工序，直接用打磨机打磨。这种情况下应使用 P60 砂纸。打磨时应注意，打磨头的工作面应保持与原子灰表面平行，如图 2-3-29 所示。若施力过大，就不能形成平整表面。

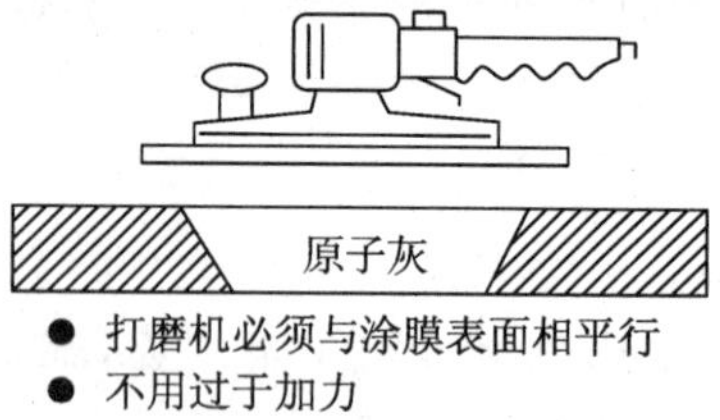

图 2-3-29 打磨机的使用方法

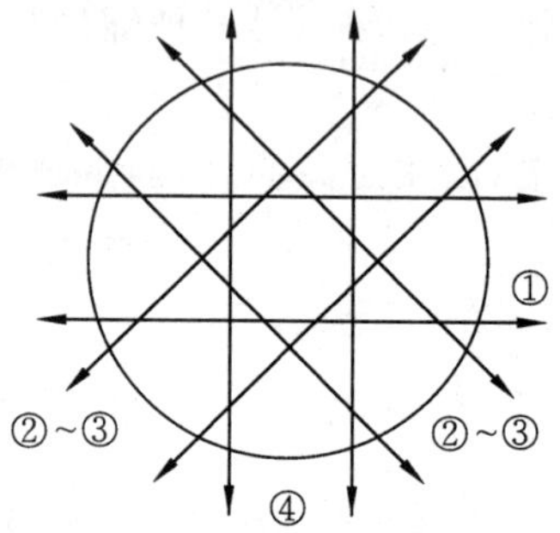

图 2-3-30 打磨机的移动方法

打磨机的移动方法如图 2-3-30 所示，先沿①所示的方向左右运动，随后沿②和③斜向运动，再沿④上下运动，这样可以基本消除变形。如果最后再沿①左右运动一次，则消除变形效果会更好。之后，再换 P80～P100 砂纸，重复上述作业。

2. 打磨修整

使用打磨机打磨大致形成平整表面之后，必须进行手工打磨修整。手工打磨修整使用手工打磨板较为方便，其大小应与打磨作业面积相适宜。手工打磨板的移动方法和使用打磨机时的相同。另外，若能巧妙地使用木制靠模块和橡胶制靠模块，则可以很快修正变形。

使用手工打磨板和橡胶制靠模块进行手工打磨修整，可彻底清除细小的凹凸不平。手工打磨所用砂纸规格为 P150～P180。对复合型原子灰层进行湿打磨时，要使用 P180 水砂纸，且为形成完整的平面，一定要使用木制靠模块和橡胶制靠模块。

使用双动式打磨机或小型往复式打磨机打磨修补原子灰的边缘交接处及其周围的旧漆膜，砂纸规格采用 P240。如果对复合型原子灰进行湿打磨，可以用 P320～P400 砂纸以消除打磨痕。使用小型往复式打磨机的目的是能够单手操作，从而能运用手工打磨的要领进行作业，这对于消除打磨痕是很方便的。

当修补面积不太宽时，使用磨头面积较小的打磨机比较方便。尤其是对小伤痕的修补，如果磨头面积过大，反而会在旧漆膜上留下划痕，导致出现不良效果。

3. 打磨原子灰的注意事项

在原子灰的干打磨作业中，为推进作业的合理化，提高效率，应注意以下几点：

(1) 选择合适的原子灰干燥方式和温度，一定要等原子灰充分干燥后再进行打磨，否则会黏堵砂纸，但千万不要为了赶时间就用高温烘烤。

(2) 应根据不同打磨机的特点，按其用途选择性使用。

(3) 应根据不同的要求，正确选用砂纸粒度。一般先用粗号砂纸打磨掉 75%～80%的工作量后，再改用细砂纸中磨，最后再用更细的砂纸细磨。在进行粗磨、中磨、细磨时，相邻打磨使用的砂纸型号差值不应大于 100。

（4）应在原子灰固化过程中最适宜的时期进行打磨作业。一般情况下，随着原子灰的干燥，其硬度随时间的增加而增加。这种硬度与时间的关系，因原子灰种类不同而会有所不同。但不论哪种原子灰，都存在硬度过低时无法打磨，过硬时打磨困难的问题。因此，硬度适宜的区间一般为刮涂原子灰后 20～35min，对于厚涂复合型原子灰，一般在刮涂后 25～75min 是最宜打磨的时间。

（5）新原子灰涂层既不能打磨过度也不能保留太多，总之，新旧涂层结合处不能有台阶。

（6）干磨过程中产生的灰尘要及时转移，并保证打磨机托盘不要粘连太多灰粒，否则容易加深磨灰痕迹。

活动实施

（1）将专业的打磨指导层碳粉涂覆在原子灰区域，其作用是能够消除打磨砂纸留下的痕迹，如图 2-3-31 所示。

图 2-3-31 涂碳粉

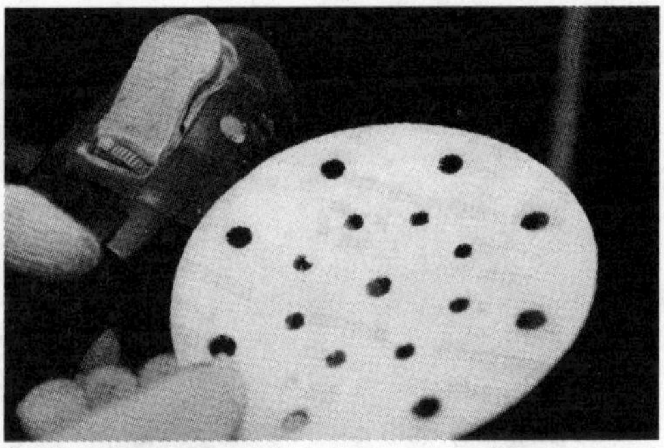

图 2-3-32 选择工具

（2）选择 5mm 或 7mm 偏心距的打磨设备配合硬质的打磨垫和 P80 干磨砂纸，如图 2-3-32所示。

（3）对原子灰进行粗整平，如图 2-3-33 所示。

图 2-3-33 粗整平

提示：干磨机必须平放到板件上，然后再启动干磨机，P80砂纸的痕迹只能留在原子灰上。

（4）涂指导层碳粉。

（5）采用P150砂纸对原子灰进行进一步打磨，消除P80砂纸留下的痕迹，打磨的面积不得大于原子灰区域，如图2-3-34所示。

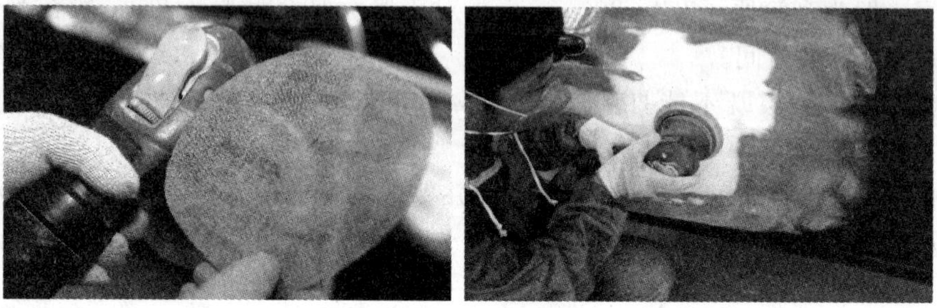

图2-3-34 过渡打磨

（6）涂指导层碳粉，进一步提高打磨品质。

（7）选择P120或P180手刨砂纸配合手刨板对原子灰接口区域进行整平，如图2-3-35所示。

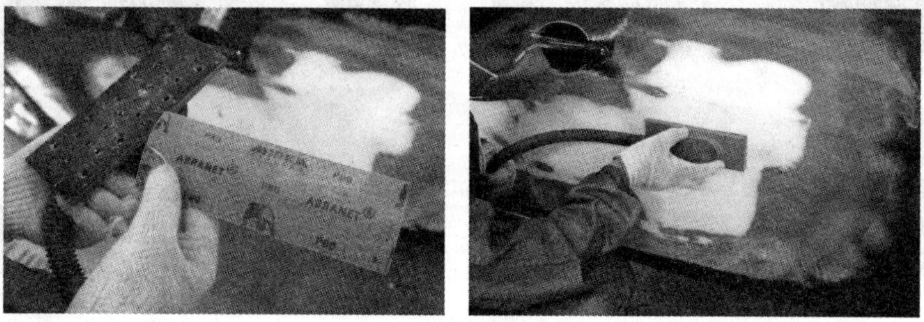

图2-3-35 手工打磨

（8）涂指导层碳粉，进一步提高打磨品质。

（9）选择5mm或7mm偏心距的打磨设备配合硬质的打磨垫和P240干磨砂纸打磨整个区域，如图2-3-36所示。

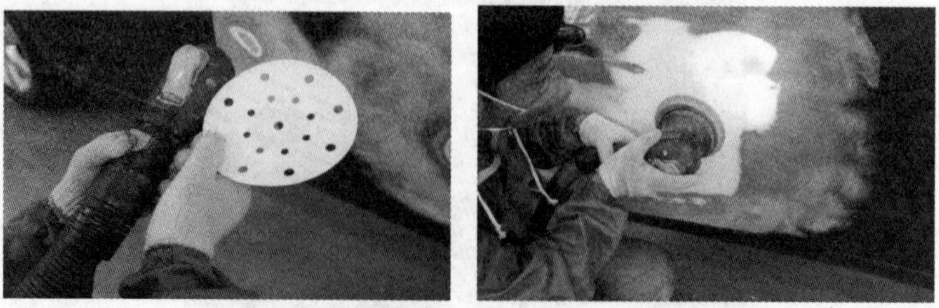

图2-3-36 细打磨

(10) 选择 7mm 的干磨头和 P400 打磨砂纸打磨哑光区域，如图 2-3-37 所示。

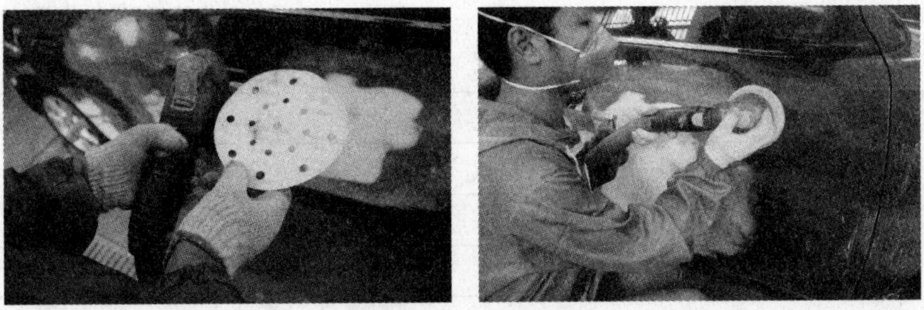

图 2-3-37　哑光过渡

巩固与评价

一、反思性问题

打磨时施涂指导层的目的是什么？

答：____

二、拓展性问题

打磨原子灰的最佳方案是什么？

答：____

三、操作能力考核表

表 2-3-4　　活动评价表

班级：　　组别：　　姓名：

项目	评价内容	评价等级(学生自评)		
		A	B	C
关键能力考核项目	遵守纪律，遵守学习场所的管理规定，服从安排			
	具有安全意识、责任意识、5S 管理意识，注重节约与环保			
	学习态度积极主动，能参加实习安排的活动			
	具有团队合作意识，注重沟通，能自主学习及相互协作			
	仪容仪表符合活动要求			

续表

项目	评价内容	评价等级(学生自评)		
		A	B	C
专业能力考核项目	能按时按要求独立完成工作页			
	能正确选择打磨工具			
	能正确选择打磨材料			
	能正确进行手工打磨			
	能正确进行原子灰的打磨			
小组评语及建议		组长签名： 年 月 日		
教师评语及建议		教师签名： 年 月 日		

任务四 中涂底漆的施工

活动一 中涂底漆的认知

活动描述

在了解中涂底漆的功能、作用和种类等知识的基础上，重点学习中涂底漆的喷涂在面漆喷涂作业前的重要性，然后到实训场地，学习中涂底漆的性能要求，从而达到熟知中涂底漆的相关知识的目的。

学习目标

◇ 能了解中涂底漆的功能和作用。

◇ 能熟知中涂底漆的种类和性能要求。

学习地点

喷涂前处理项目区。

学习准备

教具：多媒体设备、白板等。
设备：整车。
工量具：油漆搅拌架。
材料：中涂底漆、稀释剂、固化剂。
劳动保护用品：安全鞋、防护服、工作帽、护目镜、活性炭口罩、橡胶手套等。

知识准备

一、中涂底漆的功能

中涂底漆也叫“中涂漆”、“二道底漆”或“二道浆”。中涂底漆的主要功能是改善被涂工件表面的平整度，为面漆涂层的喷涂创造良好的基础，以提高面漆涂层的鲜映性和丰满度，以及整个涂层的装饰性和抗石击性。中涂底漆具有很好的流平性、刮痕填平性，既可以填平原子灰层表面细微的凹陷砂痕，又可成膜隔绝面漆溶剂对原子灰层的侵蚀。

二、中涂底漆的作用

对原子灰层表面的气孔填平后，由于原子灰干燥后的收缩作用，会在表面留下凹凸不平点，如图 2-4-1 所示，即使通过手工精打磨操作，也不能满足喷涂面漆的需要。另外，原子灰表面打磨后，仍会留下细小的划痕，也不适合直接喷涂面漆。此时一般需要喷涂中涂底漆。

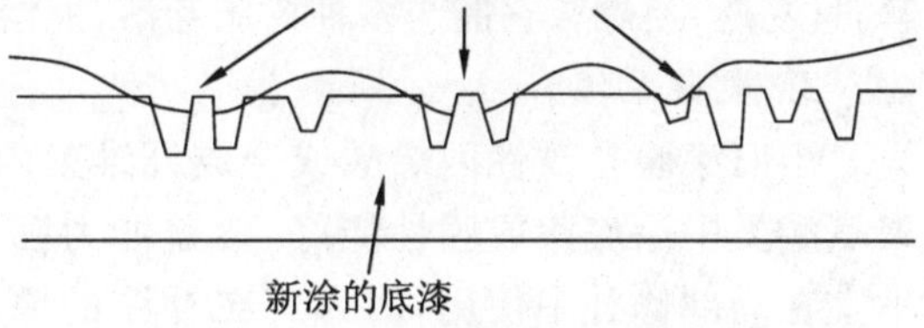

图 2-4-1 原子灰收缩时的情形

底漆的主要作用：一是填补平整表面，二是防锈保护。在汽车修理涂装中，中涂底漆主要用于填补平整表面，而且一直是以作业性为中心来选择使用的。可在钣金修整后填补原子灰或复合型原子灰的部位、除锈后的金属表面、经修整的小伤痕以及旧漆膜起细微皱的部位喷涂中涂底漆，填平微小的凹凸，然后通过打磨获得平整的表面，再喷涂面漆。这样既可以提高面漆的附着力，减少溶剂向底层的渗透，又能提高漆膜的表面平整度和色泽。对于中涂底漆，一直受到重视的是如何提高其厚涂性、干燥性、打磨性、防渗透能力等施工性能，对漆膜自身的质量性能要求却被忽略。

近来，随着合成纤维素丙烯酸硝基漆涂料和丙烯酸聚氨酯、聚酯、聚氨酯等各种面漆涂料的使用，出现了更加强调漆膜质量的倾向。为此，要求使用打磨性、耐水性优良的原子灰，并用厚涂性好、不吸水的中涂底漆与之相匹配。

例如，当各涂层耐水性不均衡时，水分就会集中到耐水性差的部位，使涂层膨胀起泡。

在图 2-4-2 中，中涂底漆层被夹在耐水性能较好的原子灰层和水难以透过的面漆层之间，因此水分将会聚集在耐水性差的中涂底漆层。

由此可见，随着对涂层质量要求的提高，中涂底漆层的耐水性和附着性显得更为重要。以前那种对中间层涂料只考虑其作业性和价格的观念，必须根本改变。尤其是使用丙烯酸聚氨酯这一类涂层性能和表面质量较好的面漆涂料时，应使用耐水性和附着力高的中涂底漆涂料。

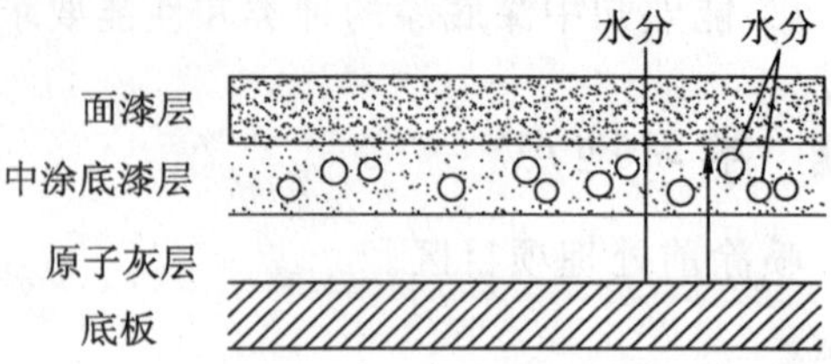

图 2-4-2　各涂层性能不均衡产生的起泡问题

除上述功能之外，中涂底漆还有覆盖作用。对于有皱纹的旧漆膜，如果直接喷涂面漆，会使旧漆膜溶解，打磨痕会渗到表面，或引起开裂、气孔等质量问题。先喷涂中涂底漆，形成漆膜层，可以抑制面漆溶剂向旧漆膜的渗透，防止出现质量事故。另外，如果待中涂底漆层硬化后再喷面漆，防止溶剂的渗透效果会更好。由于上述原因，在国外汽车修理业，双组分的聚氨酯类中涂底漆很受欢迎。

三、中涂底漆的类型

市场上中涂底漆的种类很多，一般有以下几种类型：

1. *硝基漆*

当旧漆膜是高温烤漆或丙烯酸聚氨酯涂料时一般选用硝基类中涂底漆，它干燥快、易打磨，但涂层间的附着性和耐水性一定要合乎要求。

硝基纤维素又称硝基纤维或硝化棉，是硝基漆的主要成分。硝酸纤维素是植物纤维被硝酸硝化后的生成物，具有良好的耐油性，在常温下能耐水、耐稀酸，极不耐碱，不耐光，遇热易分解，且易燃、易爆。它能与多种树脂互溶，能溶于酯、酮类溶剂而不溶于醇类和苯类溶剂。

2. *聚氨酯漆*

当旧漆膜是改性丙烯酸或合成纤维素丙烯酸硝基漆时，中涂底漆以选择聚氨酯漆为宜。聚氨酯类中涂底漆成膜性能好，覆盖能力强，不易出现质量问题。但需注意，这类中涂底漆不宜在局部修补中使用，因为其在补涂的原子灰与旧漆膜结合部位容易起皱。如果需要在整块喷涂的原子灰或旧漆膜表面喷漆，则最好选用聚氨酯中涂底漆。

3. *厚涂型合成树脂漆*

厚涂型合成树脂漆也是一种常用的中涂底漆，它的漆膜虽比不上聚氨酯漆，但因为其溶剂溶解能力较弱，所以不会侵蚀原子灰和底漆，而且干燥速度也比较快。除此之外，从作业方面考虑，厚涂型合成树脂漆也很方便。但使用厚涂型合成树脂漆前，需要检查其在涂层间的附着性和耐起泡性。

活动实施

学习中涂底漆的如下性能要求：

一、层间附着性

层间附着性就是涂层与涂层之间的附着性。对中涂底漆层而言，就是与原子灰层或旧漆膜的附着性，以及与面漆层的附着性。如果层间附着性差，往往就会剥离起层。中涂底漆中所使用的树脂的性质，对其附着性能有很大的影响。厚涂型速干中涂底漆作为合成纤维素丙烯酸硝基面漆的中间层涂料，具有良好的性能；但作为丙烯酸聚氨酯瓷漆的中间涂料，层间附着性很差。因此选择与面漆涂料亲和力强的中涂底漆很重要。不论什么原因引起的附着性差问题，都会形成间隙、积存水分，最终将会导致起泡。

附着性能好坏的判定如图 2-4-3 所示，可分别在金属表面、旧漆膜的表面、复合型原子灰的表面喷涂中涂底漆涂料，待其干燥后，用小刀刻划呈棋盘状。与原子灰的附着性试验相同，要刻透中涂底漆层，划痕线间隔视漆膜厚度而定，只喷涂一层时，间隔为 1mm 左右。然后贴上胶带纸，用力撕下，根据其剥离状况判定附着性能的优劣。若喷涂至面漆层时，间隔为 2mm 左右，同样用力撕下，根据其剥离状况判定附着性能的优劣。

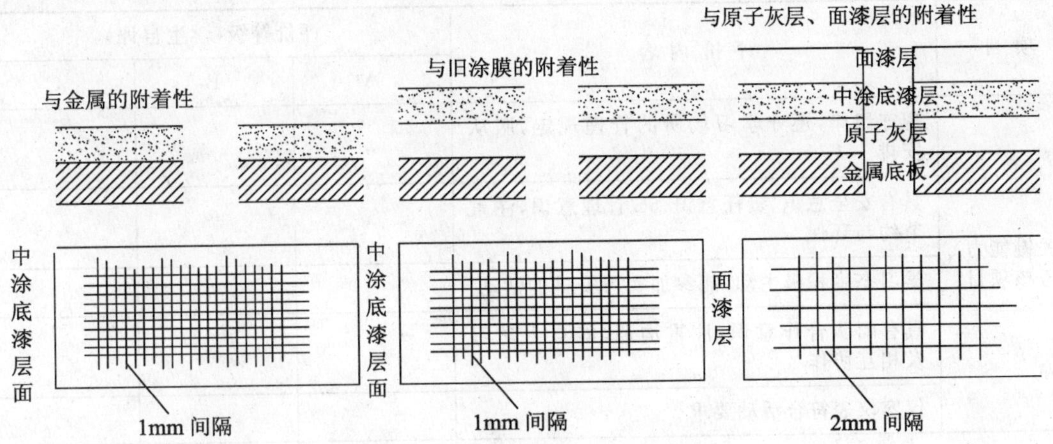

图 2-4-3 中涂底漆层附着性试验

二、耐水性

中涂底漆涂层是否易通过水分和易起泡，是判定其耐水性的关键。可以根据各涂料厂提供的数据判断其耐水性，也可以通过下述简单方法进行判定：先做几个试件，不改变面漆和原子灰涂料，只改变中涂底漆的种类，进行对比试验。待试件干燥后，覆盖湿毛巾，放置一夜，观察其起泡的程度，以此确定其耐水性。这一试验最好在夏季炎热的时候进行。

三、耐热性

中涂底漆涂层应能承受在 120℃条件下加热 30min，具体试验方法前面已有叙述。实际上，涂料制造厂家在生产涂料时已做过严密的试验，所以只要按厂家指定的搭配操作就是安全的。修理厂有时会组合使用不同厂家的面漆和底漆，则要以面漆涂料性能为中心，各层涂料的性能都要与之相匹配。

巩固与评价

一、反思性问题

中涂底漆的膜厚有多少？为什么要控制膜厚？

答：____

____

____

二、拓展性问题

中涂底漆的作用是什么？可以用别的工序来代替它吗？

答：____

____

____

三、操作能力考核表

表 2-4-1 活动评价表

班级： 组别： 姓名：

项 目	评 价 内 容	评价等级(学生自评)		
		A	B	C
关键能力考核项目	遵守纪律，遵守学习场所的管理规定，服从安排			
	具有安全意识、责任意识、5S 管理意识，注重节约与环保			
	学习态度积极主动，能参加实习安排的活动			
	具有团队合作意识，注重沟通，能自主学习及相互协作			
	仪容仪表符合活动要求			
专业能力考核项目	能按时按要求独立完成工作页			
	能正确认知产品			
	能正确选择产品			
	能正确选择配套产品			
	能正确讲述中涂底漆的应用过程			
小组评语及建议		组长签名： 年 月 日		

续表

项 目	评 价 内 容	评价等级(学生自评)		
		A	B	C
教师评语及建议		教师签名： 年　　月　　日		

活动二　中涂底漆的调配

活动描述

在理解中涂底漆的选用、搅拌知识和使用过程中的注意事项的基础上，观察教师调配中涂底漆的操作示范，按照中涂底漆的调配步骤，进行中涂底漆调配作业。

学习目标

◇ 能正确选择中涂底漆。

◇ 能正确进行中涂底漆的调配。

学习地点

溶剂涂料电脑调色项目区。

学习准备

教具：多媒体设备、白板等。

设备：油漆搅拌架。

工量具：调漆尺、调漆杯。

材料：中涂底漆、固化剂、稀释剂。

劳动保护用品：安全鞋、防静电工作服、护目镜、防溶剂口罩、防溶剂手套等。

知识准备

一、中涂底漆的选用与搅拌

中涂底漆在选用时要与底漆、原子灰或旧漆膜的类型匹配。中涂底漆的合理选用是避免涂装出现质量问题的关键，如果选用不当，则会出现咬底、起皮等不良现象。

中涂底漆在调配之前需要经过较长时间的搅拌，因为其中的填料成分很多，沉淀比较严重，如不经过充分的搅拌就进行调配容易造成漆膜过薄，使填充能力变差。

二、中涂底漆调配的注意事项

(1) 现在常用的中涂底漆多为双组分，在调配时需要严格按照说明书添加固化剂和稀释剂(图 2-4-4)，不可随意改变添加量或以其他品牌的类似产品代替。

图 2-4-4　中涂底漆、稀释剂、固化剂

(2) 应选择合适的调漆尺，并将调漆尺放置于调漆杯内，用手扶正。例如，当主剂、固化剂、稀释剂添加比例为 2∶1∶10%时，应选择红黑色的一面。假设色漆的用量为 4，把色漆倒进容器至刻度 4(第一列标尺)，再将固化剂倒入至固化剂刻度4(第二列标尺)，最后加入稀释剂至第三列标尺的实线 4，其比例刚好是 2∶1∶10%。

(3) 各成分加好后，一定要充分搅拌均匀。

(4) 调配好的涂料应在有效期内尽快用完。

活动实施

(1) 根据产品使用说明书正确按比例添加中涂底漆，如图 2-4-5 所示。

(2) 根据季节气候或室外温度选择添加合适的固化剂，如夏天选择慢干固化剂，冬天选择快干固化剂效率会更高些，春天和秋天选择使用标干固化剂即可，如图 2-4-6 所示。

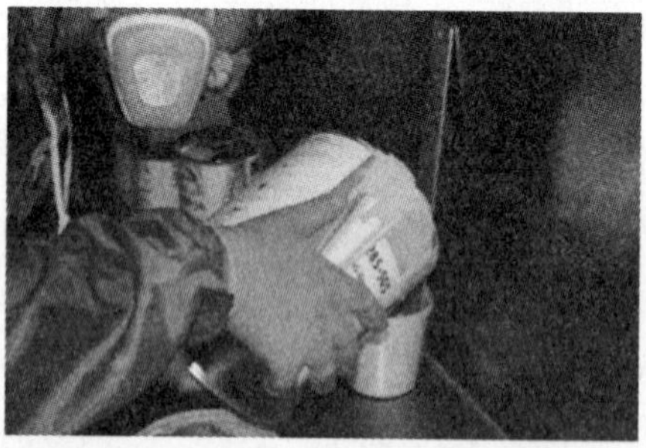
图 2-4-5　按比例添加中涂底漆

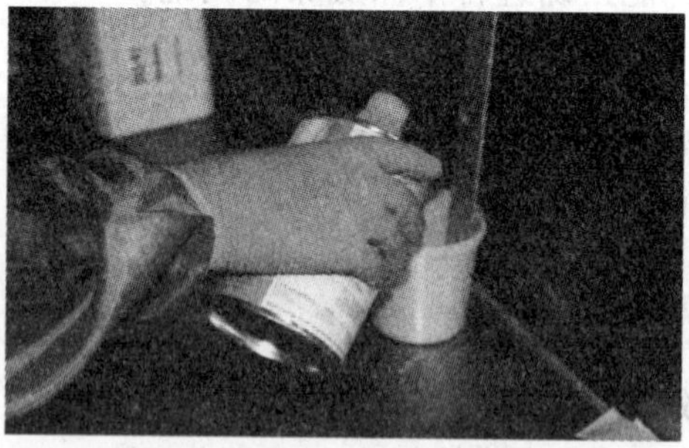
图 2-4-6　添加固化剂

(3) 根据所选择的固化剂选择添加配套的稀释剂以保证产品的功能性，如图 2-4-7 所示。

(4) 按比例逐一正确添加后立即搅拌混合，并在规定时间内完成中涂施工，如图 2-4-8 所示。

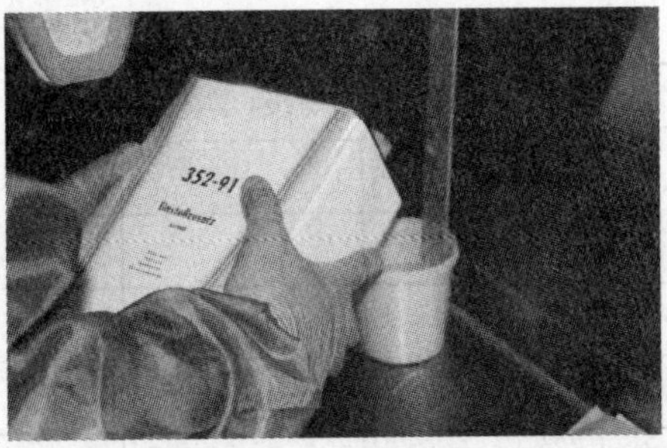

图 2-4-7 **添加稀释剂**

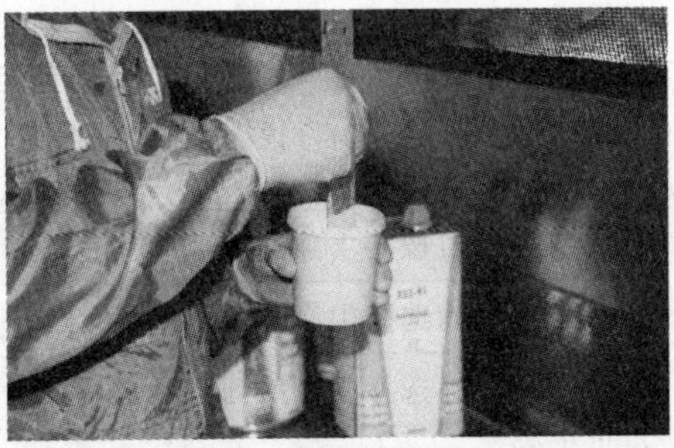

图 2-4-8 **搅拌混合**

巩固与评价

一、反思性问题

中涂底漆、固化剂、稀释剂的调配比例是多少？

答：

二、拓展性问题

调漆杯的选择有哪些注意事项？

答：

三、操作能力考核表

表 2-4-2 **活动评价表**

班级： 组别： 姓名：

项 目	评 价 内 容	评价等级(学生自评)		
		A	B	C
关键能力考核项目	遵守纪律，遵守学习场所的管理规定，服从安排			
	具有安全意识、责任意识、5S 管理意识，注重节约与环保			
	学习态度积极主动，能参加实习安排的活动			
	具有团队合作意识，注重沟通，能自主学习及相互协作			
	仪容仪表符合活动要求			

续表

项目	评价内容	评价等级(学生自评)		
		A	B	C
专业能力考核项目	能按时按要求独立完成工作页			
	能正确选择中涂底漆			
	能正确选择配套系列产品			
	能正确调配油漆比例			
	能正确调配中涂底漆			
小组评语及建议		组长签名： 年　月　日		
教师评语及建议		教师签名： 年　月　日		

活动三　中涂底漆的喷涂

活动描述

在掌握中涂底漆喷枪使用方法的基础上，观察教师喷涂中涂底漆的操作示范，按照中涂底漆喷涂的基本步骤，进行车身中涂底漆的喷涂作业。

学习目标

◇ 能正确选择和使用喷涂工具。

◇ 能正确进行中涂底漆的喷涂作业。

学习地点

喷涂烤漆项目区。

学习准备

教具：多媒体设备、白板等。

设备：车身板件。

工量具：SATAjet100BFHVLP 喷枪（口径 1.7mm）、调漆尺、吹尘枪。

材料：中涂底漆、固化剂、稀释剂、纸漏斗、粘尘布、除油布、清洁剂。

劳动保护用品：安全鞋、防静电工作服、护目镜、防溶剂口罩、防溶剂手套等。

知识准备

一、中涂底漆喷涂前的准备

喷涂中涂底漆以前，要对施喷件进行必要的清洁处理。先用压缩空气清除表面粉尘。若进行过湿打磨，应进行去湿处理，使被喷涂表面干燥。在湿度高的季节和雨天，即使底层未作湿打磨，也应注意进行去湿处理。粉尘清除干净后，再用脱脂剂进行脱脂处理。

对于不需喷涂的部位，可按图 2-4-9 所示的方式遮蔽，重点应注意遮蔽喷涂时可能产生飞溅的部位。另外，原子灰填补区的四周要用P320～P400 砂纸打磨旧漆膜，以提高中涂底漆层的附着性。

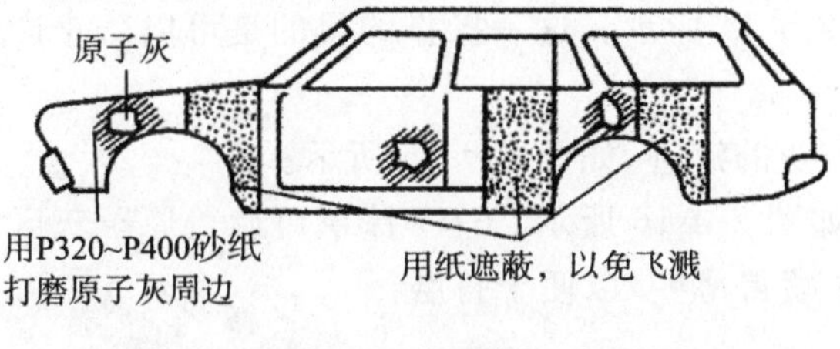

图 2-4-9 喷涂中涂底漆前的遮蔽与打磨

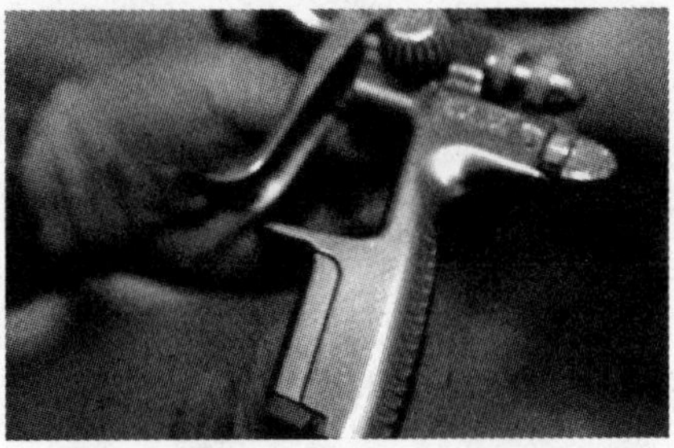

图 2-4-10 选择喷枪

二、喷枪的选择和使用要点

根据产品技术说明书选择合适的喷枪。以德国鹦鹉牌 55 系列溶剂型中涂底漆为例选择 SATAjet100BFHVLP 喷枪，如图 2-4-10 所示。

活动实施

(1) 过滤涂料：为了达到中涂的漆膜品质，在喷涂之前一定要对中涂底漆进行过滤，如图 2-4-11 所示。

(2) 调整空气喷枪：根据涂料厂商的使用要求先将出漆量调节为全开状态，然后再将扇弧也调节成全开状态，最后调节气压，将进气气压调节成 2kg 即可进行喷涂，如图 2-4-12 所示。

图 2-4-11　过滤涂料

图 2-4-12　调整空气喷枪

(3) 中涂底漆的喷涂：

① 板件清洁：在喷涂之前一定要对板件进行粘尘处理，如图 2-4-13 所示，在使用粘尘布时将粘尘布完全打开并揉成团使用效果最佳。

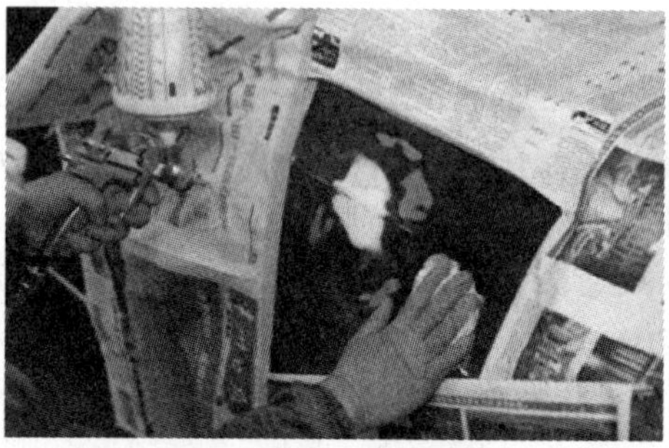

图 2-4-13　板件清洁

图 2-4-14　第一道喷涂

② 在原子灰施工区域薄喷一层，如图 2-4-14 所示。这一操作的目的是可以防止产生较大的原子灰痕迹。

③ 喷涂 100%的湿涂层，初步遮盖原子灰的痕迹，如图 2-4-15 所示。

④ 待闪干完毕后继续喷涂一湿涂层，如图 2-4-16 所示。这一涂层可遮盖原子灰区域的打磨砂纸痕迹等，注意中涂底漆边缘应尽量喷得薄些，以便于打磨。

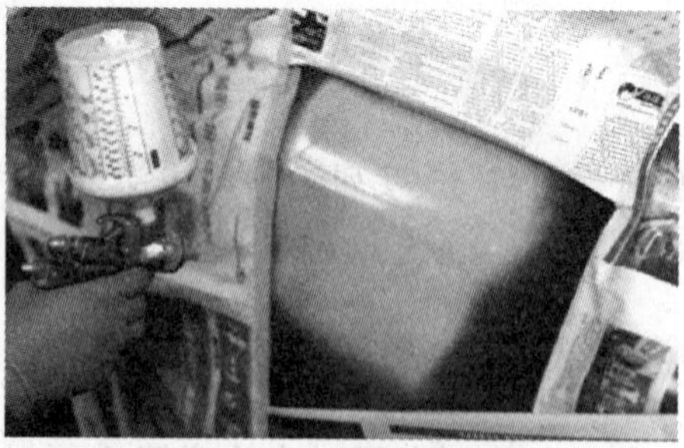

图 2-4-15　第二道喷涂

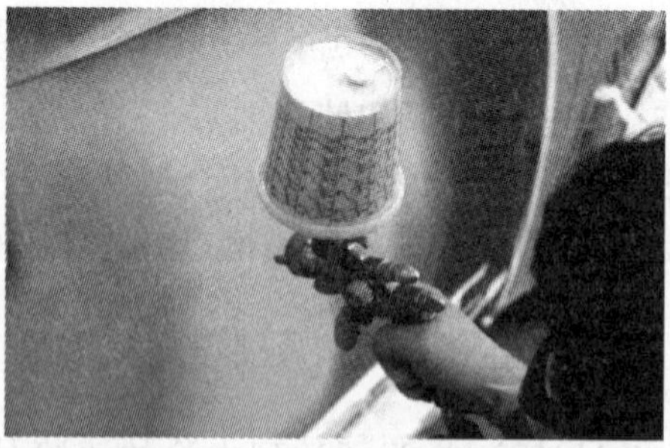

图 2-4-16　第三道喷涂

巩固与评价

一、反思性问题

喷涂中涂底漆为什么要选择1.7mm口径的喷枪？

答：____

____

____

____

二、拓展性问题

中涂底漆的第一道喷涂为什么是薄喷？

答：____

____

____

____

三、操作能力考核表

表2-4-3　　**活动评价表**

班级：　　组别：　　姓名：

项　目	评 价 内 容	评价等级(学生自评)		
		A	B	C
关键能力考核项目	遵守纪律，遵守学习场所的管理规定，服从安排			
	具有安全意识、责任意识、5S管理意识，注重节约与环保			
	学习态度积极主动，能参加实习安排的活动			
	具有团队合作意识，注重沟通，能自主学习及相互协作			
	仪容仪表符合活动要求			
专业能力考核项目	能按时按要求独立完成工作页			
	能正确选择中涂底漆型号			
	能正确选择配套的产品			
	能正确调配油漆比例			
	能正确进行中涂底漆的喷涂			

续表

项目	评价内容	评价等级(学生自评)		
		A	B	C
小组评语及建议		组长签名： 年　月　日		
教师评语及建议		教师签名： 年　月　日		

活动四　中涂底漆的干燥

活动描述

在掌握短波红外线烤灯的使用方法的基础上，观察教师使用短波红外线烤灯的操作示范，按照短波红外线烤灯的使用步骤，进行车身中涂底漆的干燥作业。

学习目标

◇ 能正确选择干燥工具。
◇ 能正确使用干燥工具。

学习地点

无尘干式打磨项目区。

学习准备

教具：多媒体设备、白板等。

设备：车身板件。

工量具：短波红外线烤灯。

材料：小刮刀。

劳动保护用品：安全鞋、防护服、工作帽、护目镜、棉纱手套、防尘口罩等。

知识准备

一、中涂底漆干燥的作用

中涂底漆涂层在打磨前一定要充分干燥，如果干燥不充分，不仅打磨时涂料会填满砂纸，使作业难以进行，而且喷涂面漆之后往往会出现漆膜缺陷。

气温寒冷的冬天，需用短波红外线烤灯和热风加热器对中涂底漆进行强制干燥。这不仅能加速干燥，提高作业效率，还能提高漆膜质量。但不能骤然升高温度，应逐渐加热到60℃左右。如果旧漆膜有起皱现象，则以加热到50℃左右为宜。

各类中涂底漆涂料的平均干燥时间归纳于表2-4-4中，供使用时参考。

表2-4-4　　中涂底漆涂料平均干燥时间

中涂底漆涂料种类	自然干燥时间(20℃)	强制干燥时间(60℃)
硝基类	30min以上	10～15min
聚氨酯类	6h以上	20～30min
合成树脂类	3h以上	20min以上

二、中涂底漆干燥工具的选择和使用

传统的干燥方式不外乎使用加热空气的方式来使物体干燥，但是这种干燥方式都是先从外表开始干燥的，而内部却还是湿的。红外线干燥方式则是自物体内部开始干燥。红外线的传热形式为辐射传热，由电磁波传递能量。红外线依据波长又可区分为长波、中波和短波三种。长波和中波的干燥方式会比传统方式更深入物体内部，但是物体的中下部则无法同时干燥，而短波则在物体厚度为450μm时可以直接自钢板开始加热，所以它的干燥方式会比较完整。

图2-4-17　红外线烤灯

通常我们会使用短波红外线烤灯(图2-4-17)来加快中涂底漆的干燥速度。为了减少不必要的能源支出和提高质量，短波红外线工作温度应能达到150℃，并要具有多段温度调整和时间控制调整。

采用短波红外线烤灯时要注意：不可以对红外线光源直视，以免伤害眼睛。

三、短波红外线烤灯的优点

(1) 节省工作时间。由于干燥快,所以可以节省许多不必要的等待时间。

(2) 减少能源支出。由于干燥快,所以不必像传统方式那样使用大型风车,无需其他燃料支出。

(3) 对于刮涂原子灰以及一些小面积的修补,非常有效。

(4) 提高质量。由于干燥快,所以表面较不容易粘上灰尘,表面亮度高。其缺点是只能用于小区域面积修补时的干燥,无法处理大面积区域,而且在大多数弯角处是无法同时完成干燥的。

活动实施

一、短波红外线烤灯的使用

可参照本项目任务三的活动三中"活动实施"的相关内容。

二、中涂底漆的干燥

进行中涂底漆的干燥操作,如图 2-4-18 所示。

三、中涂底漆干燥程度鉴别

用废弃的砂纸打磨中涂底漆层,直至中涂底漆不粘砂纸。

图 2-4-18 中涂底漆的干燥

巩固与评价

一、反思性问题

红外线干燥有哪些优点?

答:______

二、拓展性问题

在实际操作过程中为什么选择短波红外线进行干燥?

答:______

三、操作能力考核表

表 2-4-5　　　　活动评价表

班级：　　　　组别：　　　　姓名：

项目	评价内容	评价等级（学生自评）		
		A	B	C
关键能力考核项目	遵守纪律，遵守学习场所的管理规定，服从安排			
	具有安全意识、责任意识、5S 管理意识，注重节约与环保			
	学习态度积极主动，能参加实习安排的活动			
	具有团队合作意识，注重沟通，能自主学习及相互协作			
	仪容仪表符合活动要求			
专业能力考核项目	能按时按要求独立完成工作页			
	能正确选择干燥工具			
	能正确选择干燥时间			
	能正确使用干燥工具			
	能正确进行中涂底漆的干燥			
小组评语及建议		组长签名： 年　月　日		
教师评语及建议		教师签名： 年　月　日		

活动五　中涂底漆的打磨

活动描述

在掌握中涂底漆打磨工具使用方法的基础上，观察教师鉴别中涂底漆打磨质量的操作示范，按照中涂底漆打磨的基本步骤，进行车身中涂底漆的打磨作业。

学习目标

◇ 能正确使用无尘干磨系统。

◇ 能正确进行中涂底漆的打磨。

学习地点

无尘干式打磨项目区。

学习准备

教具：多媒体设备、白板等。

设备：车身板件。

工量具：费斯托 3 号磨头打磨机、手刨、吹尘枪。

材料：P320、P400、P500 干磨砂纸，P800 海绵砂纸，指导碳粉。

劳动保护用品：安全鞋、防护服、工作帽、护目镜、防尘口罩、棉纱手套。

知识准备

中涂底漆喷涂后，虽然表面已经很光滑平整，但仍不能满足喷涂面漆的需要，此时必须进行细致的打磨，特别是经过填眼处理后，其表面更需要打磨。中涂底漆的打磨一般以手工打磨为主，可以采用干、湿两种打磨方法。

中涂层要打磨得非常光滑，表面不得有砂痕或小坑凹陷，否则会严重影响面漆的装饰性能，所以中涂底漆的打磨要格外小心。

一、干磨

中涂底漆的干打磨，一般使用 P320～P500 砂纸配合直径 3mm 的双作用打磨头进行。面漆为素色漆时采用 P320～P400 砂纸，为底色漆时采用 P400～P500 砂纸。打磨机的使用方法和要领与打磨原子灰时相同，不要用太大的力压在漆膜上，否则砂纸磨痕会很深。

打磨不能只打磨喷了中涂底漆的部位，对旧漆膜与中涂底漆的交界处也应进行打磨。干磨结束后用吹尘枪或粘尘布清洁打磨表面。

二、湿磨

湿磨一般采用 P800～P1000 水砂纸，面漆为底色漆时用 P1000 砂纸，为素色漆时用 P800 砂纸。用湿磨法打磨门窗四周时比较麻烦，产生的污水容易污染汽车内饰。在现代的打磨系统中，干磨系统已逐渐替代湿磨。

打磨结束后，对玻璃滑槽缝、门把手、玻璃四周等边缘部位，要用刷子沾上研磨膏进行打磨，清除残余的污物。也可以使用脱脂剂代替研磨膏，但不能省去此项作业。如果打磨过程中将中涂底漆磨穿露出了原子灰或钣金，应该重新补涂中涂底漆。

三、中涂底漆涂装工艺流程

中涂底漆涂装工艺流程如图 2-4-19 所示。

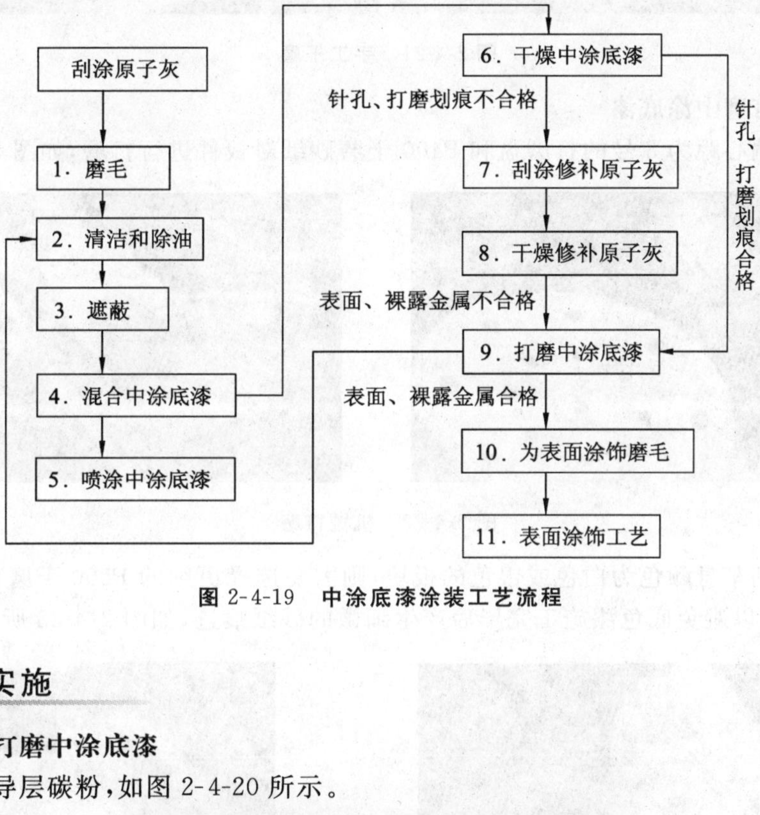

图 2-4-19　中涂底漆涂装工艺流程

活动实施

一、手工打磨中涂底漆

(1) 涂指导层碳粉，如图 2-4-20 所示。

图 2-4-20　涂碳粉

(2) 对于中涂底漆区域选择手刨和 P320 砂纸进行打磨。其目的是消除中涂底漆边缘的痕迹和淡化接口部分,如图 2-4-21 所示。

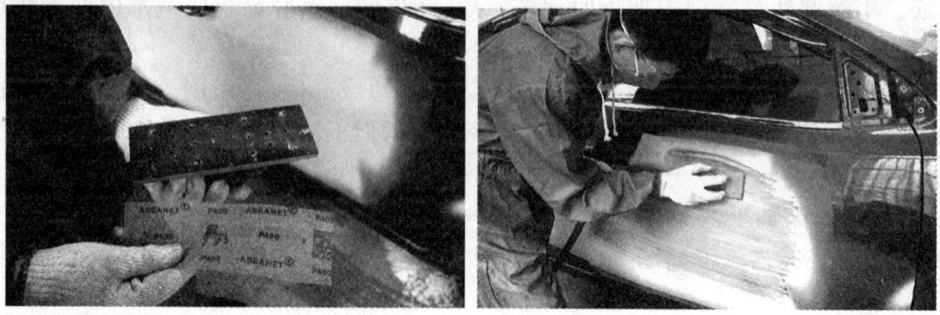

图 2-4-21　手工干磨

二、机械打磨中涂底漆

(1) 选择偏心距为 3 号的打磨盘和 P400 干磨砂纸对板件进行打磨,如图 2-4-22 所示。

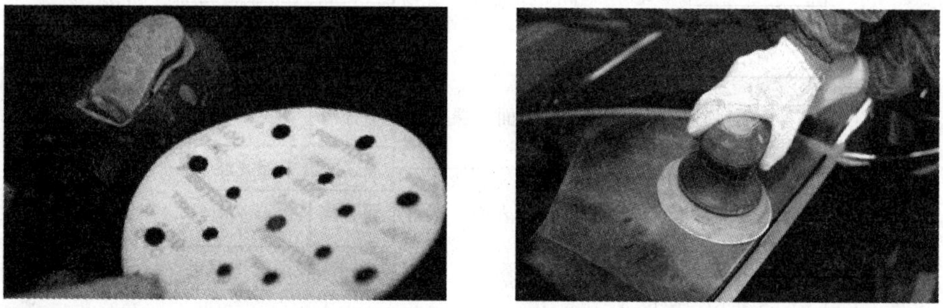

图 2-4-22　机械打磨

(2) 如遇到车身颜色为白色或银色的板块,则需要选择更细的 P500 干磨砂纸对板件进行打磨,这样可以避免底色漆施工完毕后产生细微的砂纸痕迹,如图 2-4-23 所示。

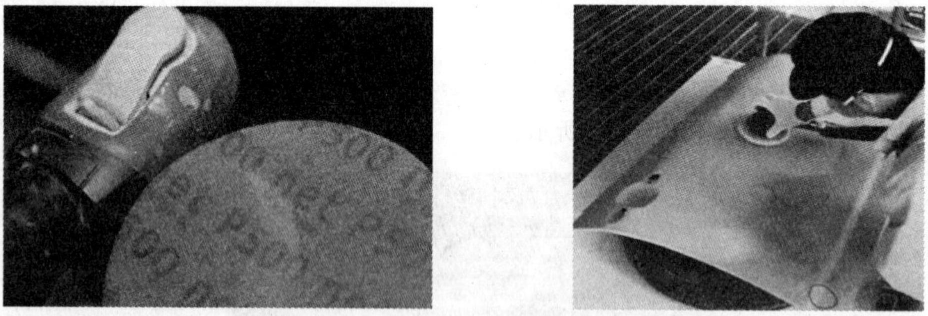

图 2-4-23　过渡打磨

(3) 对于车身板件边缘部分无法使用干磨操作,则可以使用 P800 海绵砂纸或灰色的百洁布进行打磨,如图 2-4-24 所示。

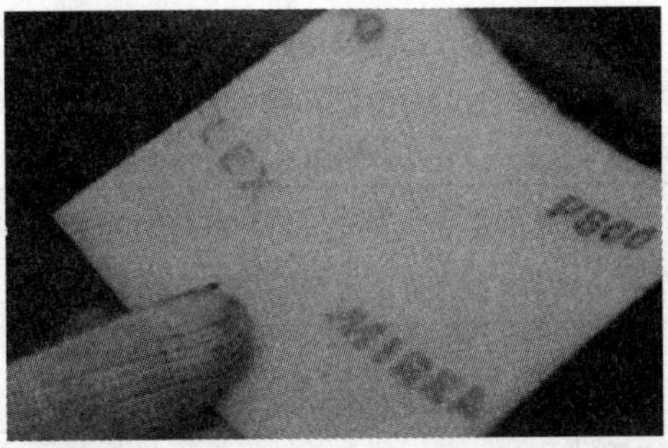
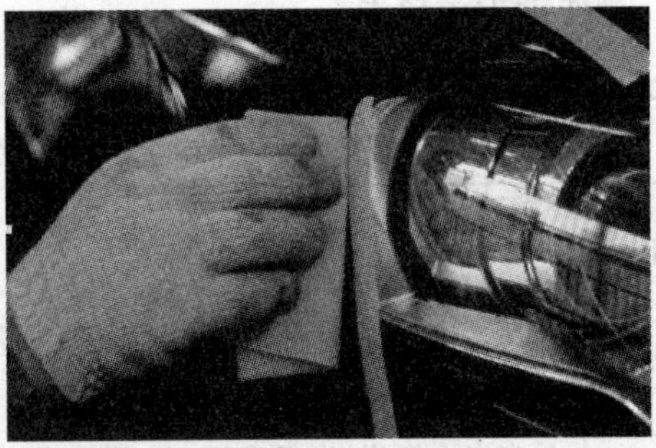

图 2-4-24　边角打磨

(4) 打磨结束后，先使用毛巾将浮灰清理干净，再使用吹尘枪对板件进行清洁作业，如图 2-4-25 所示。

(5) 选择适合本板件的专业清洁剂对板件进行清洁，收拾好工具盒设备，做好操作工位的 5S，如图 2-4-26 所示。

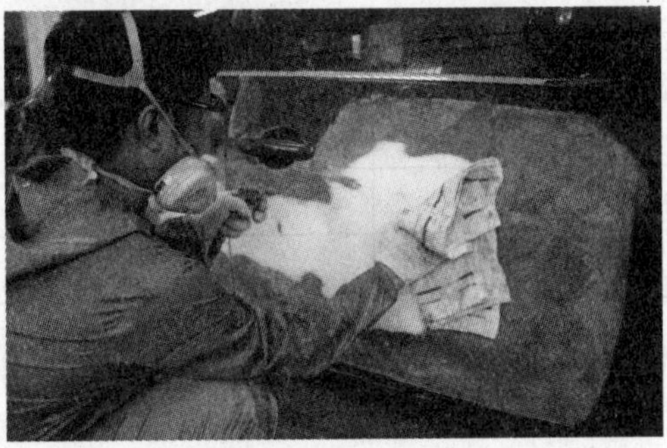

图 2-4-25　除尘

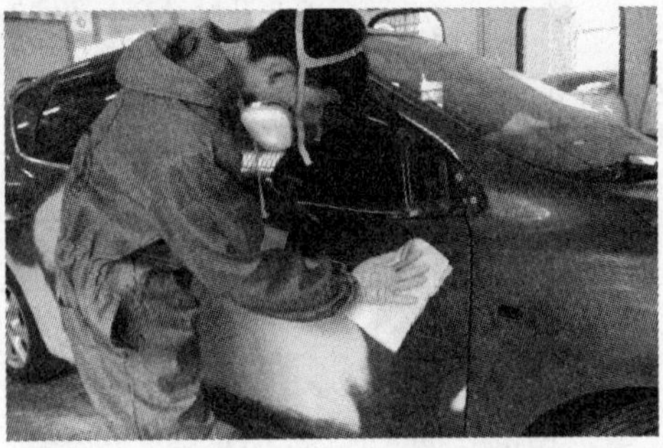

图 2-4-26　清洁板件

提示：在清洁过程中，必须快速地将喷涂在板件上的清洁剂擦干，不得让其在空气中自然挥发闪干。

巩固与评价

一、反思性问题

中涂底漆的功能有哪些？

答：______________________________

____

____

二、拓展性问题

中涂底漆打磨完成后发现有露底和磨穿的现象，该如何处理？

答：______________________________

____

____

三、操作能力考核表

表 2-4-6　　活动评价表

班级：　　组别：　　姓名：

项 目	评 价 内 容	评价等级(学生自评)		
		A	B	C
关键能力考核项目	遵守纪律，遵守学习场所的管理规定，服从安排			
	具有安全意识、责任意识、5S 管理意识，注重节约与环保			
	学习态度积极主动，能参加实习安排的活动			
	具有团队合作意识，注重沟通，能自主学习及相互协作			
	仪容仪表符合活动要求			
专业能力考核项目	能按时按要求独立完成工作页			
	能正确选择打磨砂纸			
	能正确选择打磨工具			
	能正确确定打磨顺序			
	能正确进行中涂底漆的打磨			
小组评语及建议		组长签名： 年　月　日		
教师评语及建议		教师签名： 年　月　日		

任务五　面漆的施工

活动一　素色漆的喷涂

活动描述

在理解素色漆的施工工艺的基础上，观察教师喷涂素色漆的操作示范，按照素色漆喷涂的基本步骤，进行车身素色漆的喷涂作业。

学习目标

◇ 能熟知各种面漆的特性。
◇ 能熟练掌握素色漆涂装工艺和方法。
◇ 能熟练进行素色漆的涂装施工。

学习地点

喷涂烤漆项目区。

学习准备

教具：多媒体设备、白板等。
设备：整车。
工量具：SATAjet 1000BHVLPic 喷枪(口径 1.3mm)、吹尘枪、调漆尺、调漆杯、清洁工具。
材料：素色漆、稀释剂、固化剂、纸漏斗、粘尘布、除油布、除油剂。
劳动保护用品：安全鞋、防护服、工作帽、护目镜、橡胶手套、活性炭口罩等。

知识准备

一、车身表面涂料的作用

1. 保护作用

汽车作为交通工具经常需要在室外使用，运行环境复杂，经常会受到水分、微生物、紫外线和其他酸碱气体、液体等的侵蚀，有时还会被磨、刮、蹭而受到损伤。另外，冬季有时为了防止路面上雪水结冰，会在道路上撒许多盐粒，使得车体腐蚀更为严重。如果在车身表面涂上涂料，形成具有一定耐水性、耐候性、耐油、耐化学品等性能的漆膜，就能保护汽车免受损坏，延长使用寿命。

车身表面经涂装后，可以隔绝空气中的水分、酸、碱、盐、微生物及其他腐蚀性介质和紫外线等对产品裸露基体的破坏，或者通过漆膜的隔绝作用减少或避免直接的机械碰撞、日晒雨淋等损伤，以减缓底材的损坏速度，延长使用寿命。有些涂料对金属来讲还能起到缓蚀作用，如磷化底漆可以借助涂料内部的化学成分与金属反应，使金属表面钝化，这种钝化膜加强了漆膜的防腐蚀效果。

2. **装饰作用**

现代汽车不但是实用的交通运输工具，而且更像是一种艺术品。涂装可使被涂物具有色彩、光泽、鲜映性、平滑性、立体感等，给人以美的视觉感受，从而提高商品销售价值。绚丽的色彩与优美的线型融为一体构成了汽车的造型艺术，协调的色彩烘托了汽车的造型，使汽车具有更佳的艺术美。有些豪华型轿车，不仅要使漆膜外观光可鉴人、品位高雅诱人，而且要求鲜映性 PGD 值达 0.8～1.0。

3. **标志作用**

在汽车上涂装不同的颜色和图案可以区别不同用途的汽车。例如，消防车涂成大红色；警车涂成蓝白间色；邮政车涂成橄榄绿色，字与车号为白色；救护车为白色并有红十字标记；工程车涂成黄色与黑色相间的条纹，字及车号用黑色；等等。

4. **特殊作用**

某些涂装借助具有特殊组成的专用涂料形成的涂层，具有特殊的功能，如隔声、绝热、防火、防滑、防辐射、绝缘、伪装等功能，这在航空航天、舰船、汽车、光纤以及生活、实验等产品装备方面非常有用。例如，汽车底盘的塑胶涂层具有良好的防止砂石撞击、泥水酸碱腐蚀的作用和隔声效果。

二、涂料及辅助材料的分类

1. 涂料的分类

按成膜物质分类是涂料最广泛的一种分类方式，目前国内涂料共分为 17 大类，如表 2-5-1所示。

表 2-5-1　　国内涂料分类

序号	代号	类　别	主要成膜物质
1	Y	油脂漆类	天然植物油、沥青(熟油)、合成油
2	T	天然树脂漆类	松香及衍生物、虫胶、乳酪酸、大漆及衍生物
3	F	酚醛树脂漆	改性酚醛树脂、纯酚醛树脂
4	L	沥青漆类	天然沥青、石油沥青、煤焦沥青
5	C	醇酸树脂漆	甘油醇酸树脂、季戊四醇酸树脂、其他改性醇酸树脂
6	A	氨树脂漆	脲醛树脂、三聚氰胺甲醛树脂、聚酰亚胺树脂
7	Q	硝基漆类	硝基纤维素、改性硝基纤维素
8	M	纤维素漆类	乙基纤维、苄基纤维、羟甲基纤维、醋酸纤维、醋酸丁酸纤维、其他纤维及醚类
9	G	过氯乙烯漆类	过氯乙烯树脂、改性过氯乙烯树脂
10	X	乙烯漆类	氯乙烯共聚树脂、聚酯酸乙烯及其共聚物、聚乙烯醇、缩醛树脂、聚二乙烯乙炔树脂、含氟树脂
11	B	丙烯酸漆类	丙烯酸树脂、丙烯酸共聚物及其改性树脂
12	Z	聚酯漆类	饱和聚酯树脂、不饱和聚酯树脂

续表

序号	代号	类 别	主要成膜物质
13	H	环氧树脂漆类	环氧树脂、改性环氧树脂
14	S	聚氨酯漆类	聚氨基甲酸酯
15	W	元素有机漆类	有机硅、有机钛、有机铝等元素有机聚合物
16	J	橡胶漆类	天然橡胶及其衍生物、合成橡胶及其衍生物
17	E	其他漆类	未包括在以上所列的其他成膜物质

2. 辅助材料的分类

涂料用辅助材料大多不是主要成膜物质，但在涂料施工中和涂料的成膜过程中对涂层影响很大，如改善涂料的流平性、提高漆膜的硬度、加快漆膜的干燥速度等。辅助材料的代号、类别和对涂料的作用如表 2-5-2 所示。

表 2-5-2 辅助材料分类

序号	代号	类 别	作 用
1	X	稀释剂	能溶解和稀释涂料，调整涂料的黏度
2	F	防潮剂	用于硝基漆、丙烯酸漆、过氯乙烯漆中，能防止漆膜吸潮泛白
3	G	催干剂	能促进氧化型涂料的干燥
4	T	脱漆剂	能溶解或溶胀旧漆膜，提高清除效率
5	H	固化剂	对固化型涂料能使漆膜固化干燥

稀释剂一般由溶剂、助溶剂和冲淡剂三部分组成，也可能全部是溶剂或冲淡剂，或是两者的混合物。在涂料施工中，常用稀释剂来溶解及稀释涂料，使之符合施工要求，以达到涂层表面平整光滑的目的。

提示：稀释剂的正确选用与否对漆膜性能有一定影响，故一定要正确使用稀释剂，最好使用造漆厂配制的稀释剂并按产品使用说明操作。错用稀释剂会使涂料浑浊析出而报废；稀释剂用量过多会使色漆遮蔽力差和光泽低；稀释剂用量过少则涂料过稠，喷涂时漆膜流平性差，呈橘皮状，甚至起皱、流挂。稀释剂的固化过程如图 2-5-1 所示。

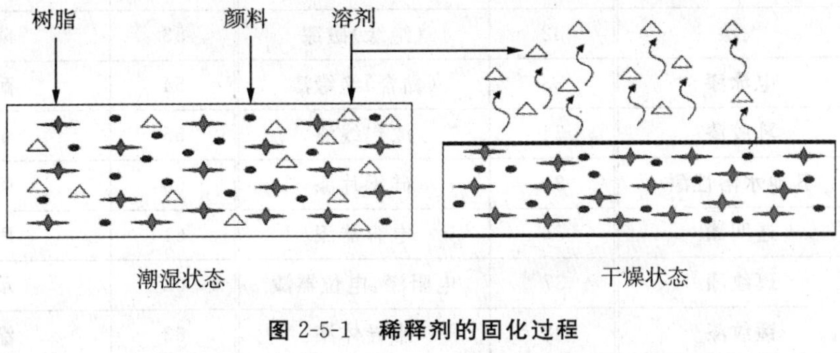

图 2-5-1 稀释剂的固化过程

固化剂是一种具有催化作用的化合物，是在双组分涂料中能与合成树脂发生交联反应形成膜的物质。固化剂主要应用于不能自然干燥和烘烤干结成膜的涂料中，如环氧涂料、聚氨酯涂料、聚酯涂料等。常用的固化剂品种有：环氧涂料固化剂、聚氨酯涂料固化剂、聚酯涂料固化剂。固化剂的固化过程如图 2-5-2 所示。

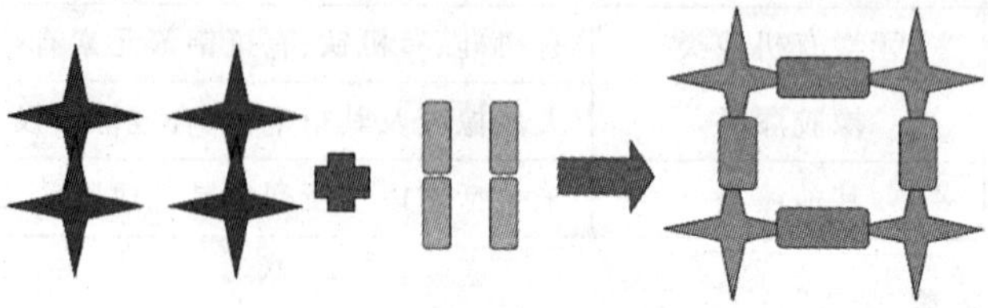

图 2-5-2　固化剂的固化过程

三、涂料的名称及代号

涂料的名称由颜色或颜料的名称、成膜物质的名称和基本名称三部分组成，可用下式表达：

涂料的全名＝颜色或颜料的名称＋成膜物质的名称＋基本名称

基本名称仍采用我国广泛使用的名称，如清漆、磁漆、调和漆等。涂料的基本名称及代号如表 2-5-3 所示。

表 2-5-3　涂料的基本名称及代号

代号	基本名称	代号	基本名称	代号	基本名称
00	清油	17	皱纹漆	40	防污漆、防蛀漆
01	清漆	18	裂纹漆	41	水线漆
02	厚漆	19	晶纹漆	42	甲板漆、甲板防滑漆
03	调和漆	20	铅笔漆	43	船壳漆
04	磁漆	22	木器漆	44	船底漆
05	粉末涂料	23	罐头漆	50	耐酸漆
06	底漆	30	(浸渍)绝缘漆	51	耐碱漆
07	原子灰	31	(覆盖)绝缘漆	52	防腐漆
09	大漆	32	(绝缘)磁漆	53	防锈漆
11	电泳漆	33	(黏合)绝缘漆	54	耐油漆
12	乳胶漆	34	漆包线漆	55	耐水漆
13	其他水溶性漆	35	硅钢片漆	60	耐火漆
14	透明漆	36	电容器漆	61	耐热漆
15	斑纹漆	37	电阻漆、电位器漆	62	示温漆
16	锤纹漆	38	半导体漆	63	涂布漆

续表

代号	基本名称	代号	基本名称	代号	基本名称
64	可剥漆	81	渔网漆	85	调色漆
66	感光涂料	82	锅炉漆	86	标志漆、马路划线漆
67	隔热漆	83	烟囱漆	98	胶液
80	地板漆	84	黑板漆	99	其他

四、面漆涂料的种类

(1) 按照涂料的干燥机理不同,面漆可分为溶剂挥发干燥型漆、氧化固化型漆、热固化型漆、双组分型漆、催化固化型漆。

(2) 按照涂料装饰性的不同,面漆可分为素色漆、金属漆、珠光色漆和罩光清漆。

(3) 按照涂料成分的不同,面漆可分为单组分漆和双组分漆。

五、车身修补面漆的选用

1. 面漆选用的一般原则

(1) 选用的面漆应具有一定的装饰性和保护性,既要符合不同档次汽车的外观要求,又要与车辆使用环境的要求相适应。

(2) 选用的面漆应与底漆有良好的配套性,保证良好的附着性和无"咬底"现象。

(3) 一般情况下,选用面漆的类型与原涂层面漆的类型应尽可能保持一致。

(4) 选用的面漆应有利于降低成本,适合施工场所的施工条件,方便施工。

(5) 选用的面漆应尽可能无毒、无公害,以利于工人的身体健康和环境保护。

2. 面漆选用的基本步骤

(1) 考虑汽车修补面漆与原车面漆相匹配。

(2) 考虑修补面漆的施工性能。

(3) 考虑修补面漆的外观特性。

(4) 考虑修补涂层的硬度和抗崩裂性。

(5) 考虑修补涂层的耐化学品性。

(6) 考虑修补涂层的耐候性和抗老化性。

(7) 考虑修补涂层的耐湿热和防腐蚀性。

六、素色漆涂装工艺

素色漆在涂装后具备良好的光泽度和鲜映性,在漆膜厚度达到 50μm 后即可显现完全的色调。素色漆随着颜料不同也具有不同的遮蔽力。

1. 素色漆的施工准备

面漆施工准备工作包括喷涂环境的清洁、待涂工作表面的清洁、涂料的准备、喷涂环境温度的准备和空气喷枪的使用与调试等内容。

(1) 喷涂环境的清洁:包括喷漆房的清洁和涂装人员工作服的清洁,如图 2-5-3 所示。

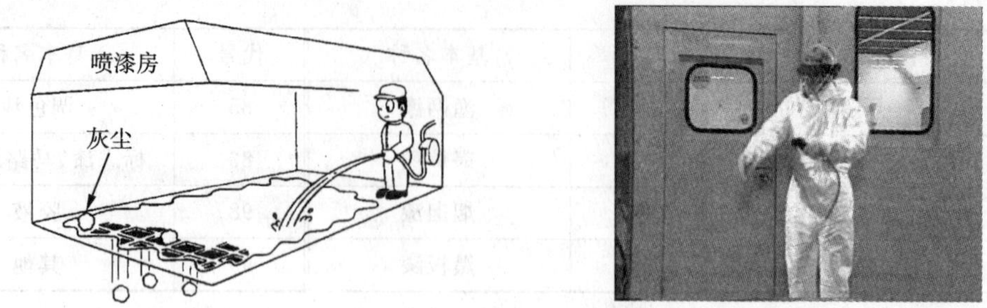

图 2-5-3　喷涂环境的清洁

(2) 待涂工作表面的清洁：包括待涂工作表面的初步清洁(图 2-5-4)、待涂工作表面的除油处理(图 2-5-5)和待涂工作表面的除尘处理(图 2-5-6)。

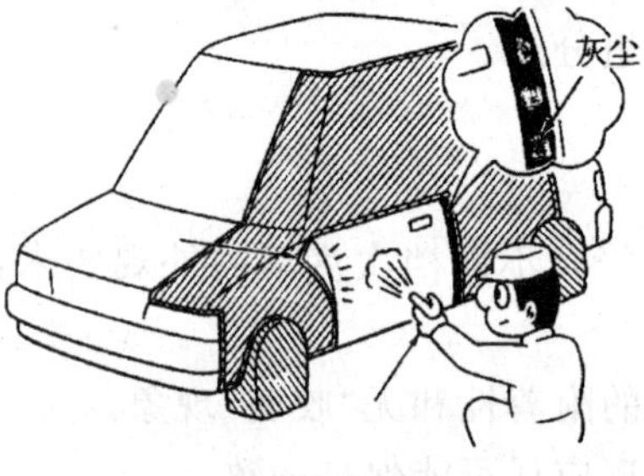

图 2-5-4　初步清洁

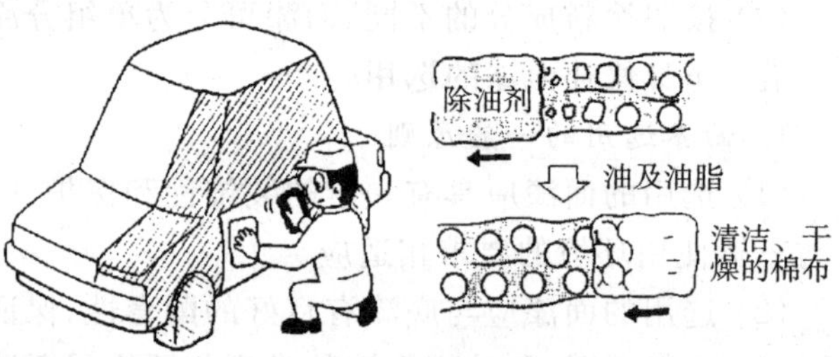

图 2-5-5　除油处理

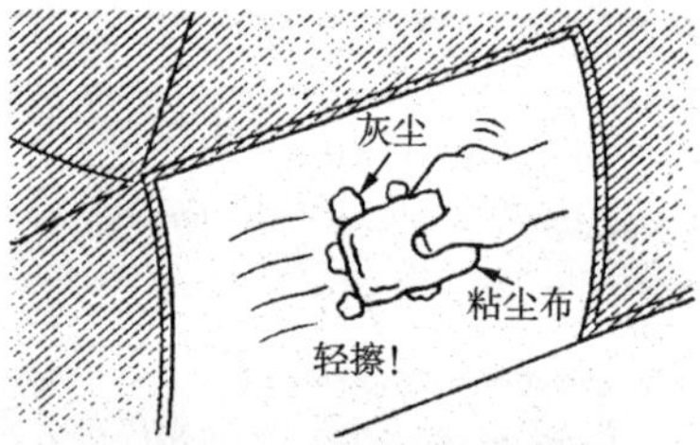

图 2-5-6　除尘处理

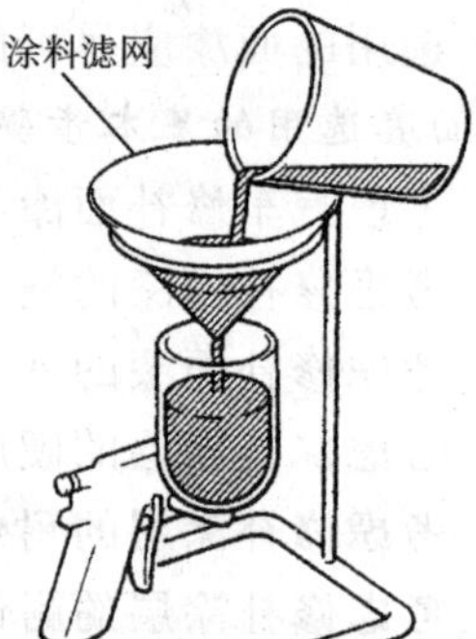

图 2-5-7　涂料的过滤

(3) 涂料的准备：包括涂料的搅拌、添加剂的添加和涂料的过滤(图 2-5-7)。

(4) 喷涂环境温度的准备：包括喷漆房的环境温度、车辆表面温度和喷涂涂料温度的准备等。

(5) 空气喷枪的使用与调试：喷涂面漆时要根据面漆的黏度选择适当口径的空气喷枪，以 HVLP(环保型空气喷枪)重力式空气喷枪为例，选用 1.3～1.5mm 口径的空气喷枪比较合适。喷涂黏度较高的涂料要使用口径大一点的空气喷枪，喷涂黏度较低的涂料则要使用口径稍小的空气喷枪。

2. 素色漆的喷涂

素色漆一般喷涂三次就能形成所需要的漆膜厚度、光泽和色调。如果色调还不满意，可将涂料稀释到 14Pa・s 再喷涂修正一次。素色漆的整车喷涂方法如表 2-5-4 所示。

表 2-5-4　素色漆的整车喷涂方法

作业步骤	喷涂参数	喷涂方法
步骤 1：预喷涂，提高附着力	(1) 涂料黏度：16～20Pa・s(20℃) (2) 喷涂气压：343kPa (3) 喷束直径：全开 (4) 喷涂流量：1/2～2/3 开度 (5) 喷涂距离：25～30cm (6) 空气喷枪运行速度：快	以喷雾状沿车身整体薄薄喷涂一层。喷这一层的目的有两个：一是提高涂料与旧漆膜的亲和力；二是确认有无排斥涂料的部位，如果有就在该部位稍微加大气压进行喷涂，以覆盖住排斥涂料的部位
步骤 2：着色喷涂，形成漆膜	(1) 涂料黏度：16～20Pa・s(20℃) (2) 喷涂气压：343kPa (3) 喷束直径：全开 (4) 喷涂流量：2/3～3/4 开度 (5) 喷涂距离：20～25cm (6) 空气喷枪运行速度：适当	在该工序可基本形成漆膜层，要达到一定的漆膜厚度。该工序要注意尽可能喷厚一些，这是最终获得良好表面质量的基础，但同时要注意漆膜过厚会产生流挂，漆膜厚度以不产生流挂作为标准
步骤 3：表面色调和平整度的调整	(1) 涂料黏度：14～18Pa・s(20℃) (2) 喷涂气压：294～343kPa (3) 喷束直径：全开 (4) 喷涂流量：全开 (5) 喷涂距离：20～25cm (6) 空气喷枪运行速度：适当	第二次喷涂已形成了一定的漆膜厚度，第三次喷涂的主要目的是调整漆膜色调，同时要形成光泽，此时要加入透明涂料，有时为调整色调要加入干燥速度慢的稀释剂

3. 素色漆的干燥

修补面漆的干燥可以采用自然干燥的方法，也可以采用强制干燥的方法。强制干燥前，须静置 10～20min，然后用短波红外线烤漆房或短波红外线烤灯进行干燥。一般情况下，面漆需在 60℃条件下干燥 30min 左右。强制干燥结束后，要趁汽车车身还未冷却就揭去遮蔽胶带和遮蔽纸。若采用自然干燥方式，应在喷涂后 10～15min 再揭去遮蔽胶带和遮蔽纸。

七、素色漆的喷涂方法与技巧

1. 素色漆的喷涂方法

面漆的喷涂方法通常有以下几种：

(1) 干喷。

(2) 湿喷。

(3) 湿碰湿喷涂。

(4) 虚枪喷涂。

(5) 雾罩喷涂。

(6) 带状喷涂。

2. 素色漆的喷涂技巧

(1) 构件边缘和内角喷涂的走枪方法如图 2-5-8 所示。

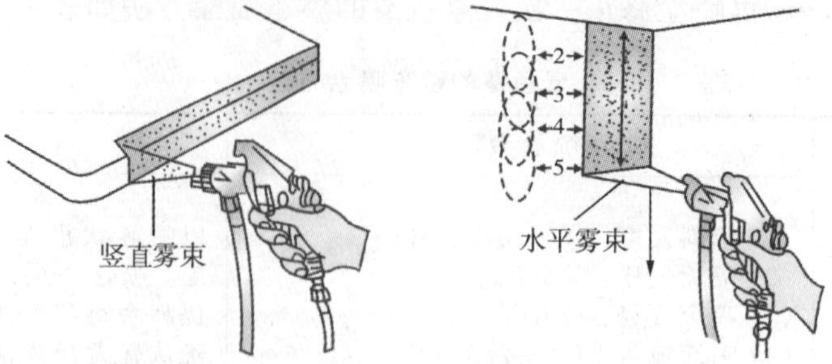

图 2-5-8　构件边缘和内角喷涂的走枪方法

(2) 圆柱构件喷涂的走枪方法如图 2-5-9 所示。

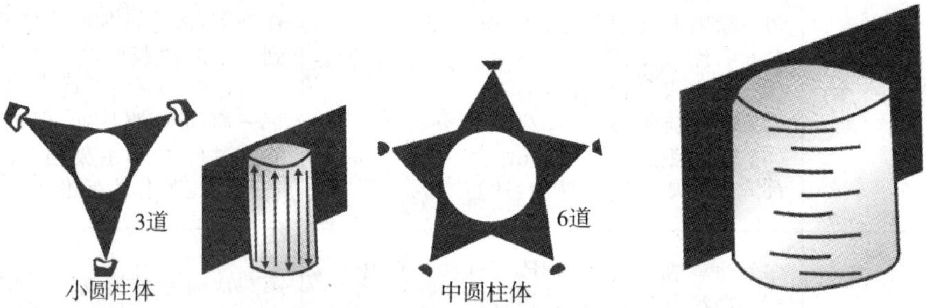

图 2-5-9　圆柱构件喷涂的走枪方法

(3) 棒状构件喷涂的走枪方法如图 2-5-10 所示。

(4) 大型平面喷涂的走枪方法：喷涂大型平面时，可以采用喷涂长而直立构件平面的走枪手法。即从左至右移动空气喷枪至临近基材表面时扣动扳机，继续移动空气喷枪至离开基材表面时松开扳机，这样可以获得充分润湿的涂层。

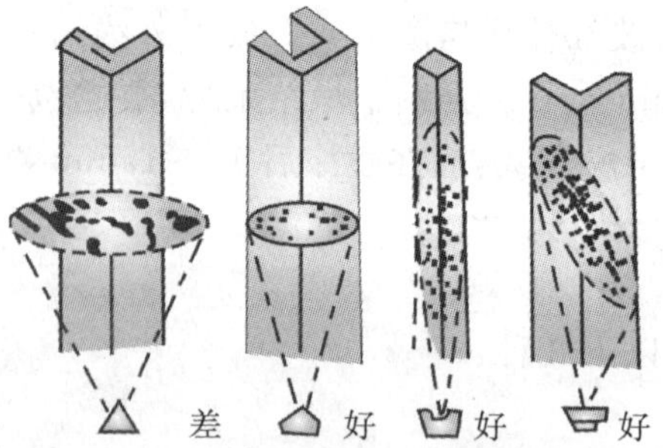

图 2-5-10　棒状构件喷涂的走枪方法

喷涂时，最好使用压送式空气喷枪。如果采用的是虹吸式空气喷枪，不要让涂料滴落到构件表面上。

为了防止涂料泄漏或滴落，整个操作过程要平稳、协调，不要将涂料装得太满，涂料泄漏出来时要立即用抹布或纸巾擦拭干净。

3. 不同板件的喷涂顺序

(1) 车门的喷涂顺序如图 2-5-11 所示。

提示：喷涂车门把手时应该特别小心，因为车门把手的缝隙处会存留很多涂料，涂料太多将会产生流挂。

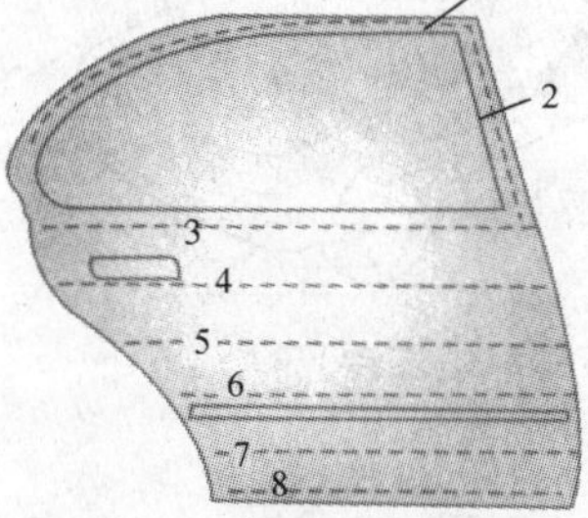

图 2-5-11　**车门的喷涂顺序**

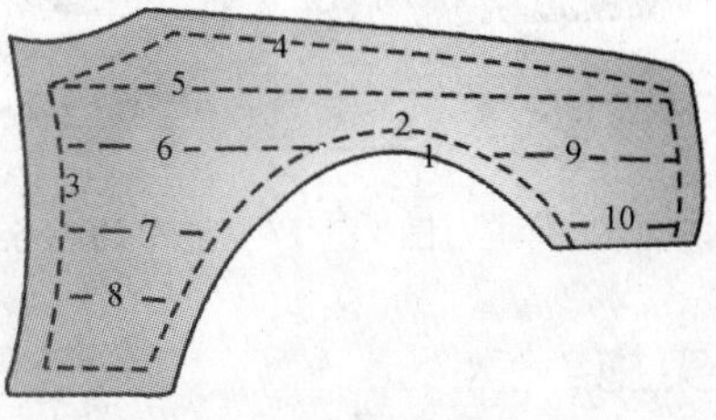

图 2-5-12　**前翼子板的喷涂顺序**

(2) 前翼子板的喷涂顺序如图 2-5-12 所示。

(3) 后翼子板的喷涂顺序如图 2-5-13 所示。

(4) 发动机罩的喷涂顺序如图 2-5-14 所示。

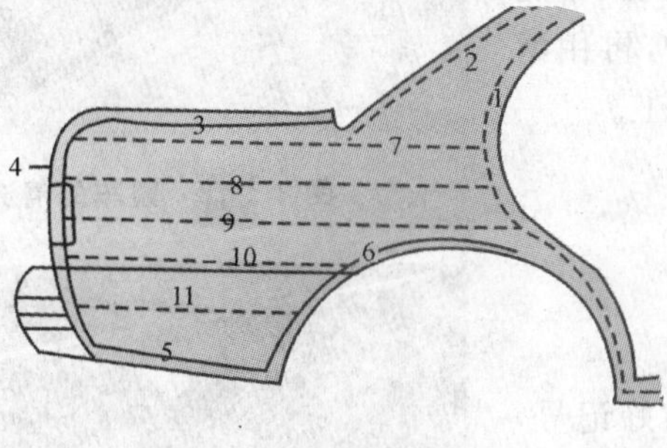

图 2-5-13　**后翼子板的喷涂顺序**

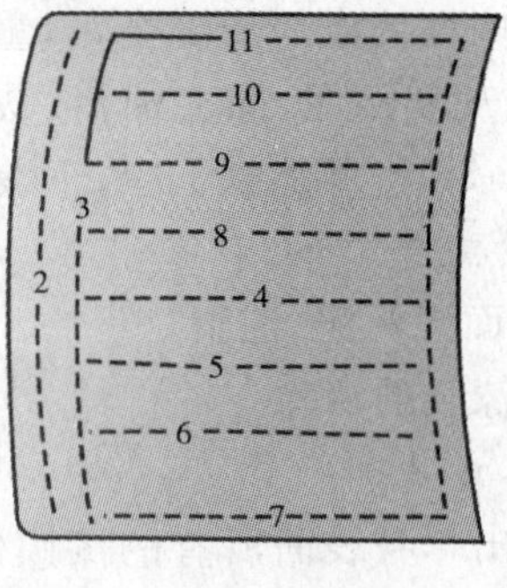

图 2-5-14　**发动机罩的喷涂顺序**

(5) 汽车顶盖的喷涂顺序如图 2-5-15 所示。首先喷涂一侧风窗玻璃的边缘，然后从中心到一侧的外边进行喷涂，完成后再用相同的方法完成后部和另一侧的喷涂。

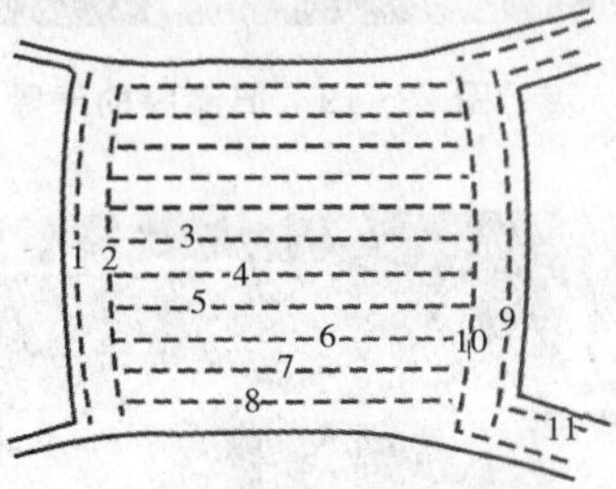

图 2-5-15　**汽车顶盖的喷涂顺序**

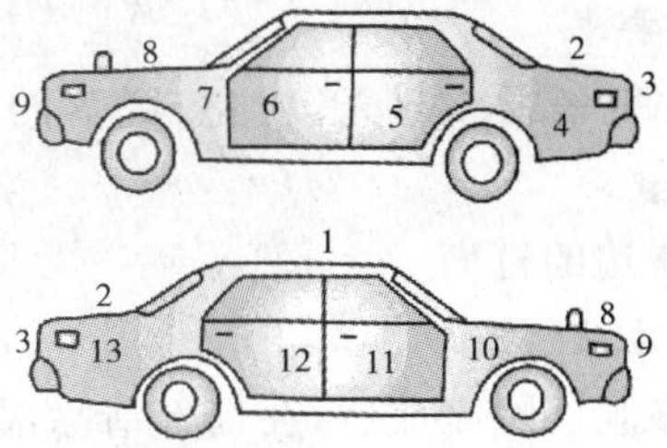

图 2-5-16　**整车的喷涂顺序（横向排风喷漆房）**

(6) 在横向排风的喷漆房里，车身离排风扇最远的地方应先喷涂，以保证附着在漆膜表面的灰尘最少，使漆面更光滑，如图 2-5-16 所示。在向下排风的喷漆房里，因为空气是从天花板向汽车底部的检修坑流动的，所以涂装人员必须改变喷涂方法，如图 2-5-17 所示。

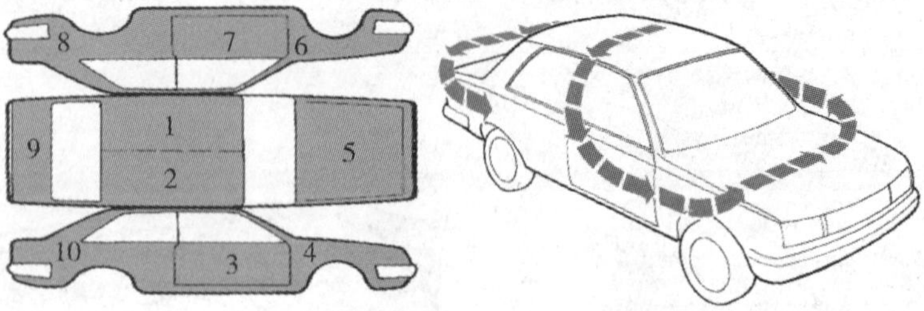

图 2-5-17　整车的喷涂顺序(向下排风喷漆房)

活动实施

一、施工前准备

1. 施工方法

(1) 拆下影响涂装作业的部件。

(2) 敲平车身表面凸起的缺陷。

(3) 用中性洗涤剂清洗全车,重点是挡泥板、车轮等表面的积灰和污泥,除去油污、灰尘等杂物,再用清水清洗(图 2-5-18)并擦拭干净,干燥后等待施工。

图 2-5-18　整车的清洗

2. 质量要求

车身表面无污泥、油脂。

二、旧漆膜的清除

1. 施工方法

(1) 找出车身表面所有的漆膜缺陷,并做好记号,以防止遗漏。

(2) 根据缺陷的具体情况,按需要清除旧漆膜,如图 2-5-19 所示。对于附着力强、表面完好的旧漆膜可免予清除。

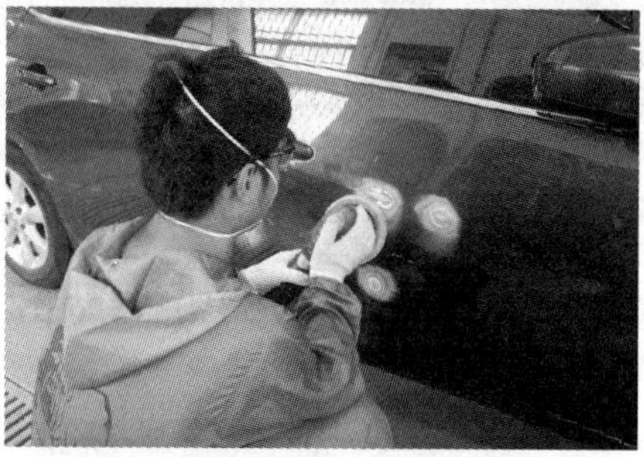

图 2-5-19　旧漆膜的清除

2. 质量要求

开裂、龟裂、晶纹、起壳、粉化、脱落的旧漆膜应该全部清除干净。

三、羽状边的打磨

1. 施工方法

(1) 旧漆膜清除完成后,在局部清除部位的边缘接口处,用打磨机打磨斜坡状的羽状边,如图 2-5-20 所示。

(2) 用手工或机械打磨的方法将车身仔细打磨一遍。作为整车重涂,对于不需要清除的旧漆膜,必须进行彻底的打磨,以提高新漆膜的附着力。

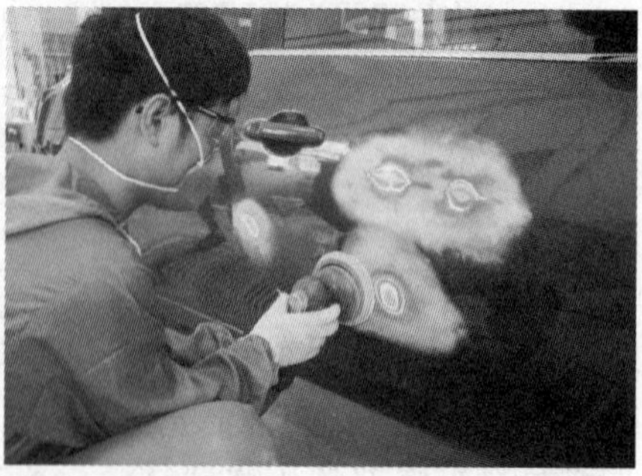

图 2-5-20　羽状边的打磨

2. 质量要求

所有有光泽的部位都要打磨，羽状边的打磨宽度应在 3cm 以上。

四、打磨表面的清洁

1. 施工方法

(1) 用压缩空气将打磨表面的灰尘吹干净，然后用干净抹布擦拭表面。

(2) 在需要喷涂底漆的部位涂上除油剂脱脂和除油，如图 2-5-21 所示。

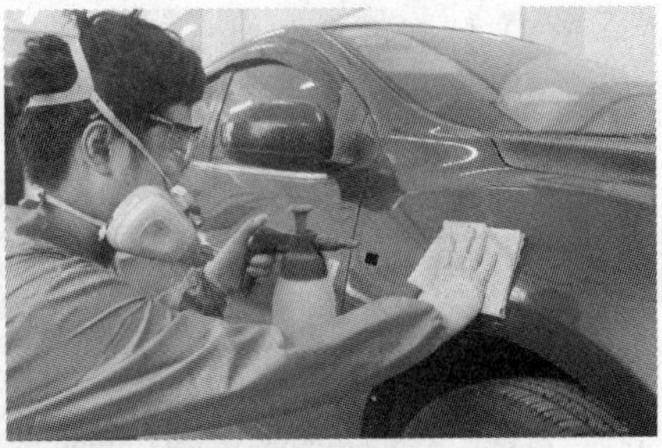

图 2-5-21 清洁除油

2. 质量要求

表面应清洁、无尘，喷涂底漆的部位除油要彻底。

五、车身的遮蔽

1. 施工方法

(1) 前风窗的遮蔽：用两条宽约 50cm 的遮蔽纸上下两层交叠在一起，遮住车前风窗玻璃，周边和中间交界处用遮蔽胶带粘牢。

(2) 侧窗玻璃的遮蔽：用宽约 40cm 的遮蔽纸盖住玻璃及门框上的装饰件，周边用遮蔽胶带粘牢，如图 2-5-22 所示。

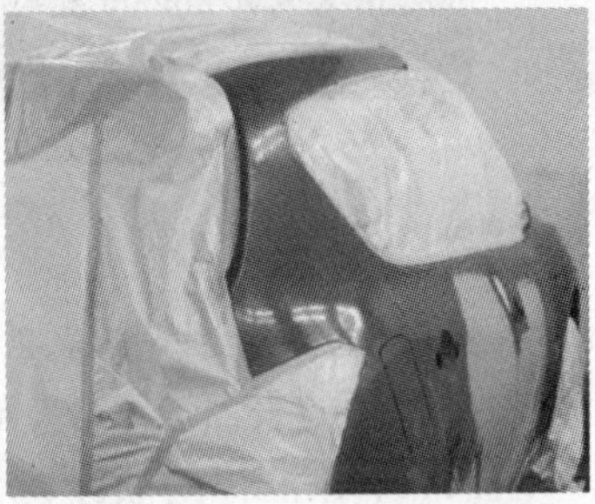

图 2-5-22 车身的遮蔽

(3) 车轮用汽车轮胎防护罩遮蔽。

(4) 车灯和装饰条用窄型遮蔽纸或遮蔽胶带遮住。

2. 质量要求

非喷涂部位应全部遮蔽严实。

六、底漆的喷涂

1. 施工方法

(1) 喷涂气压为 350～400kPa，涂料黏度调至 19～21Pa·s，重力式喷枪的口径选用 1.6mm，虹吸式喷枪的口径选用 1.8mm。按涂料说明书调配好涂料，并在规定的时间内用完。

(2) 底漆的喷涂一般为 1～2 道(图 2-5-23)，每道间隔时间为 5～10min。

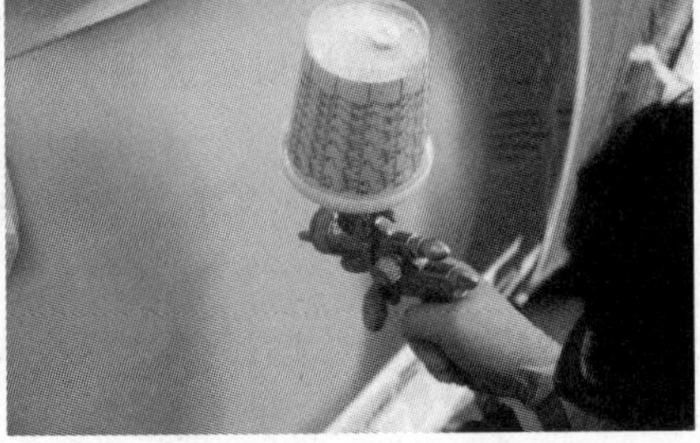

图 2-5-23 底漆的喷涂

(3) 底涂层在 60℃～70℃下强制干燥约 30min，自然干燥(20℃)6～10h，干燥后要进行粗化处理。

2. 质量要求

底涂层厚度应为 35～40μm，表面无流挂，无漏喷，无严重橘皮，不露底。

七、原子灰的刮涂与打磨

1. 施工方法

(1) 刮涂原子灰时，一次刮涂厚度不宜超过 5mm(图 2-5-24)。对于缺陷较深的部位，可进行多次重复刮涂，但每一层刮涂结束后，两次刮涂之间应留有一定的干燥时间。原子灰刮涂的总厚度应略高于被涂物表面，以利于打磨。边角残余的原子灰要及时收刮干净，边口要形成薄边，否则会增加打磨时的工作量和操作时间。

（2）打磨原子灰时既可采用手工打磨（图 2-5-24），也可采用机械打磨。打磨时应不时用手触摸表面，检查表面的平整与光滑程度，直至表面平滑、细腻为止。

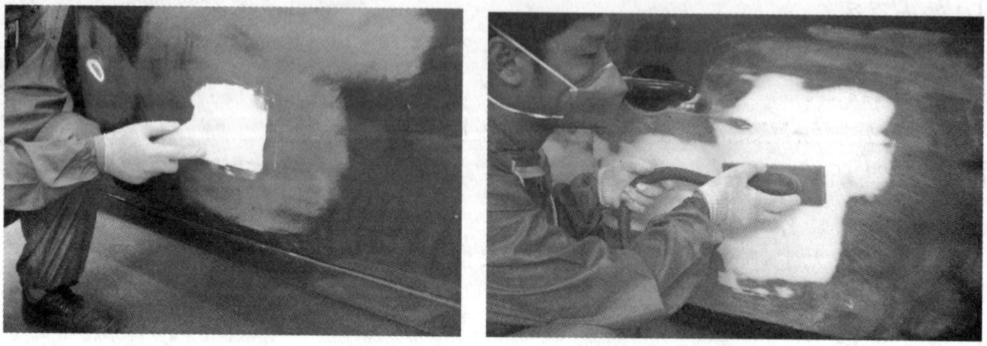

图 2-5-24　原子灰的刮涂与打磨

2. 质量要求

受损部位应全部刮涂原子灰，原子灰层的厚度应略高于涂层表面，边口应无残余原子灰。打磨后的表面应平整、光滑，无残余原子灰和刮刀痕迹。

八、中涂底漆的喷涂

1. 施工方法

（1）先在一块抹布上倒上除油剂，在喷涂区域涂抹，然后用另一块抹布擦干净。

（2）按技术要求配制好涂料，涂料黏度调整为17～20Pa・s，用过滤网过滤。空气喷枪气压调整到 300～350kPa，重力式喷枪口径选用 1.6mm，虹吸式喷枪口径选用 1.8mm。喷涂 2～3 道（图 2-5-25），每道间隔 5min。中涂底漆一次不宜喷涂太厚，否则会影响溶剂的挥发速度。

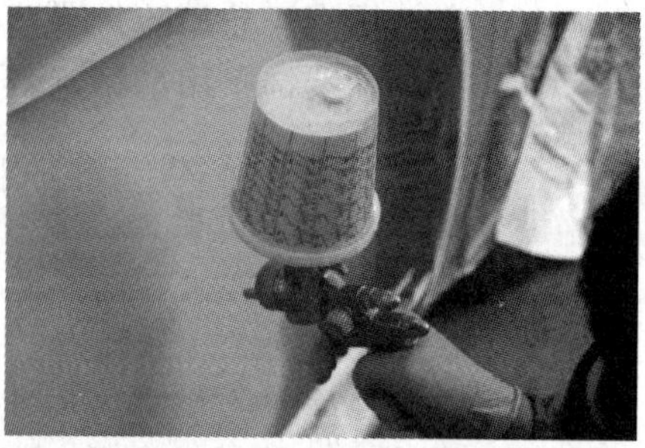

图 2-5-25　中涂底漆的喷涂

（3）喷涂完毕，选择自然干燥或者强制干燥方法，具体干燥时间和温度需视中涂底漆品种而定。

2. 质量要求

表面清洁、无油污，整车全部喷涂，漆膜厚度为 40～50μm，表面无流挂、露底及严重橘皮现象。

九、中涂底漆的打磨

1. 施工方法

（1）打磨中涂底漆可采用手工打磨（图 2-5-26）或机械打磨，可湿磨也可干磨，具体视实际情况而定。打磨时应不时用手触摸检查，打磨至表面平滑、光润、细

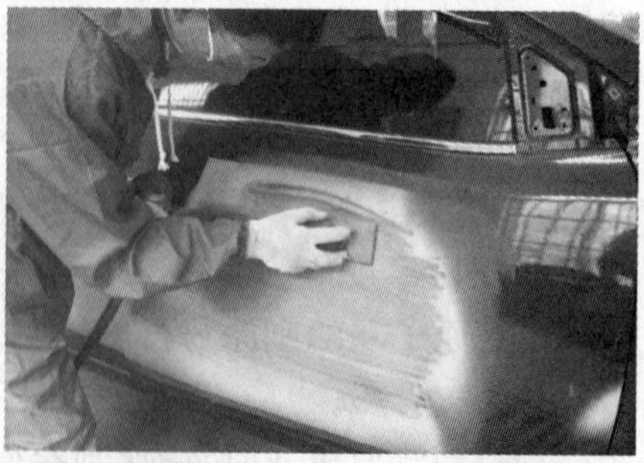

图 2-5-26　中涂底漆的打磨

腻为止。

(2) 查找缺陷:仔细检查一遍漆膜表面是否有缺陷存在,如细小砂眼、划痕、碰伤和打磨痕迹等,如有缺陷,可用幼滑原子灰(快干型)刮涂。

(3) 幼滑原子灰干燥后,采用手工方法湿打磨,不宜采用机械打磨。

(4) 将车身外表面用清水彻底清洗干净,并用压缩空气吹干水迹,进烤漆房烘干(温度为 50℃～60℃)。

2. 质量要求

打磨表面平整、光滑,无细小砂眼、划痕、碰伤和打磨痕迹等,打磨部位无遗漏,表面清洁、无尘灰,干燥彻底。

图 2-5-27 面漆调色

十、面漆调色

1. 施工方法

(1) 找出汽车车身颜色的配方。

(2) 按配方混合色母,并充分搅拌。

(3) 喷涂颜色样板,干燥样板。

(4) 将样板上漆膜的颜色与车身颜色进行比较,找出颜色差别,如图 2-5-27 所示。

(5) 进行颜色的微调,直至与车身颜色基本一致为止。

2. 质量要求

最终涂料成膜的颜色要与车身颜色基本一致或相当接近。

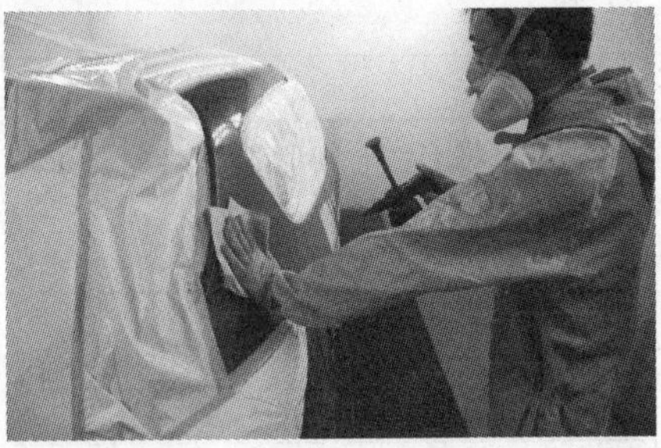

图 2-5-28 面漆喷涂前的准备工作

十一、面漆喷涂前的准备工作

1. 施工方法

(1) 将车身外表面用脱脂剂擦拭干净(图 2-5-28),检查遮蔽纸是否有脱落现象,检查空气压缩机是否运转正常,检查空气喷枪是否完好。

(2) 双组分涂料的配比要准确,搅拌均匀后应静置 10～15min 后再使用,以避免涂层起泡。

(3) 喷涂前涂料必须用细筛网过滤。

(4) 喷涂压力为 350～400kPa,涂料施工黏度为 16～18Pa·s,重力式喷枪的口径为 1.6mm,虹吸式喷枪的口径为 1.8mm。

2. 质量要求

确保喷涂的工具、设备完好,涂料准备得当,喷枪参数调整准确,喷涂表面清洁。

图 2-5-29 面漆的喷涂

十二、面漆的喷涂

1. 施工方法

(1) 喷涂第一层时,要求薄而均匀,不宜喷得太厚。喷涂第二层时要确定涂层色彩,喷涂时应比第一层喷得厚些,使漆膜达到一定的厚度,以不露底色漆为准(图 2-5-29)。但应注意喷涂时每层之间应留有 10～15min

的间隔时间，以免产生流挂。喷涂第三层时，可在涂料中加入少量稀释剂，将黏度调整到15～17Pa·s，在表面均匀地喷涂一层，空气喷枪移动速度应稍慢些，目的是使涂层获得良好的表面质量和光泽。

（2）喷涂作业完毕，大约10min后升温干燥，最初升温到40℃～45℃，保温10min左右，然后再升温到60℃～70℃，强制干燥20～30min。

（3）干燥结束后，待车身温度未完全冷却之前，去掉遮蔽物，整车的喷涂工作完成。

2. 质量要求

施工场地应干净、无尘、恒温、恒湿。表面质量应达到涂层丰满、光亮，无颗粒，无擦伤、碰坏处，无流挂，无明显橘皮现象的要求，干燥步骤和干燥时间应符合技术规范。

巩固与评价

一、反思性问题

简述素色漆的调配比例及喷涂注意事项。

答：______________________________

____

____

二、拓展性问题

素色漆喷涂工艺中的漆膜干燥要求有哪些？

答：______________________________

____

____

三、操作能力考核表

表2-5-5　　活动评价表

项目	评价内容	评价等级（学生自评）		
		A	B	C
关键能力考核项目	遵守纪律，遵守学习场所的管理规定，服从安排			
	具有安全意识、责任意识、5S管理意识，注重节约与环保			
	学习态度积极主动，能参加实习安排的活动			
	具有团队合作意识，注重沟通，能自主学习及相互协作			
	仪容仪表符合活动要求			

续表

项 目	评 价 内 容	评价等级(学生自评)		
		A	B	C
专业能力考核项目	能按时按要求独立完成工作页			
	能正确选择打磨砂纸			
	能正确打磨漆面			
	能正确调配油漆比例			
	能正确进行素色漆的喷涂			
小组评语及建议		组长签名： 年 月 日		
教师评语及建议		教师签名： 年 月 日		

活动二 金属漆的喷涂

活动描述

在理解金属漆的施工工艺的基础上，观察教师喷涂金属漆的操作示范，按照金属漆喷涂的基本步骤，进行车身金属漆的喷涂作业。

学习目标

◇ 能熟练掌握金属漆的涂装工艺和方法。

◇ 能熟练进行金属漆的涂装施工。

学习地点

喷涂烤漆项目区。

学习准备

教具：多媒体设备、白板等。

设备：整车。

工量具：SATAjet1000BHVLPic 喷枪（口径 1.3mm）、吹尘枪、调漆尺、调漆杯、清洁工具。

材料：金属漆、稀释剂、固化剂、纸漏斗、粘尘布、除油布、除油剂。

劳动保护用品：安全鞋、防护服、工作帽、护目镜、橡胶手套、活性炭口罩等。

知识准备

一、金属漆的匹配

在大多数情况下，单色的表面涂层只要经过正确的预处理，经稀释和喷涂就能获得良好的颜色匹配效果。可是，金属（多色的）漆的匹配却很可能是漆工必须实践的最需要技巧的操作。现今的车辆中，使用金属漆的比使用单色表面涂料的多，也就意味着有更多使用金属漆的车辆需要进行修复。

调配金属漆比较困难的原因是金属漆是由黏结剂黏结在一起的色素颗粒和铝片构成的，它能让光线透过漆膜的表面。当从直角或与表面垂直的角度观察金属漆时，看到的是正面的颜色；当从 45°或者更小的角度观看时，看到的是侧面的颜色。

当铝片和色素微粒在颜色漆膜内的位置发生变化时，金属漆颜色的色调也相应地发生变化。每一铝片就像一面小镜子，这就是从不同角度观察到的金属颜料的视觉效果并不相同的原因。在不同光线如日光阴影、太阳直射或人造灯光下观察，金属颜料的视觉效果也不相同。金属漆结构表现出的正面及侧面反光现象如图 2-5-30 所示。

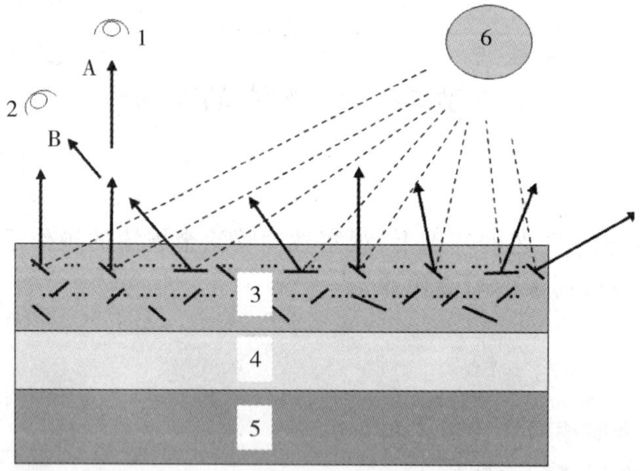

1. 眼睛　2. 眼睛　3. 颜色　4. 底涂层　5. 金属层　6. 光源

图 2-5-30　金属漆的正面及侧面反光现象

在标准颜色的色调条件下，铝片和色素颗粒应均匀地延展在漆膜上。还需注意的是，铝片是自由指向各方向的，没有起支配作用的方向。漆膜内的“小镜子”是随机组合的，导致光线向各个方向反射。而色素颗粒的均匀分布则是产生标准的颜色色调的原因。

二、影响金属漆色调的因素

影响金属漆色调的因素有两种：正面影响因素和负面影响因素。

(1) 正面影响因素是指那些可以使漆工复制出能够反过来产生良好的颜色协调效果的原始涂料的因素。它包括以下几方面：

① 溶剂的缓慢挥发。这可使漆工重新调配出原厂涂料。

② 适宜的颜料使用湿度。

③ 正确的喷涂操作技巧和正确的空气压力。

(2) 负面影响因素是指那些导致颜料的色调偏离标准的因素。常见的负面影响因素包括以下几点：

① 不正确的稀释。

② 不正确的搅拌。

③ 不正确的操作:主要指空气压力过高或过低。

(3) 总的来看,金属颜料的色调主要受到下面五个因素的控制：

① 溶剂的选择。

② 颜料的稀释。

③ 喷枪喷涂时的空气压力。

④ 喷涂时的湿度。

⑤ 漆工喷涂时的操作技巧。

三、测试板的制作

制作三层组合涂层的测试板的具体步骤如下：

(1) 准备好一块底层涂料颜色与修复部位一样的测试板。如果修复部位需要使用密封涂料,也应该在测试板上喷涂密封涂料。一般而言,修复三层组合涂层最好使用浅色的底层涂料(或密封涂料)。

(2) 喷涂基层着色涂料盖住底涂层,注意应使用与实际喷涂工作中相同的空气压力和喷雾锥形。在制作测试板时,使用与实际工作中相同的操作技巧是十分重要的,因为这项工作只是一块小板上的喷涂而不是全车修复,所以应保证不改变操作的程序。

(3) 测试板干燥以后,将其分为四等份(图 2-5-31)。然后,遮蔽住测试板下面的四分之三,只将四分之一露出来。

(4) 在测试板顶部四分之一的区域喷涂一层云母中间涂料。

(5) 第一层云母涂层闪干之后,移开遮蔽纸,把它移到测试板中间的位置上,露出上面的二分之一。

(6) 在测试板露出的二分之一的区域再喷涂一层云母中间涂料。

(7) 第二层闪干之后,移开遮蔽纸,把它向下移,露出测试板的四分之三。

(8) 在测试板露出的四分之三的区域再喷涂一层云母中间涂料。

(9) 闪干 5min。

(10) 喷涂第四层云母中间涂料,喷涂时应按实际修复的操作进行。

(11) 等整块测试板干燥后,把测试板上的遮蔽纸全部移开。

(12) 使用生产厂家推荐代号的透明涂料喷涂露出的表面。

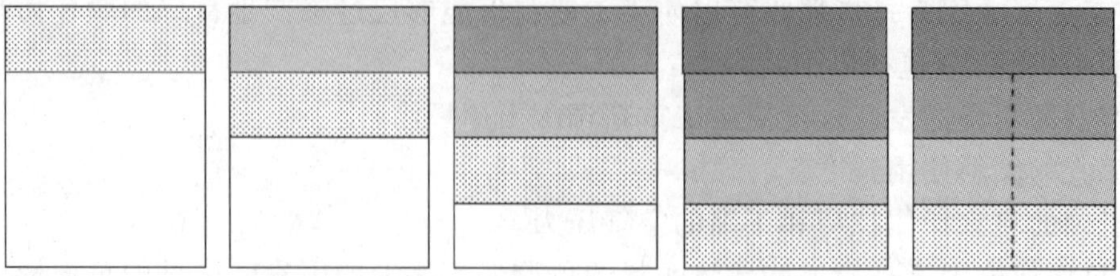

图 2-5-31　制作三层组合涂层测试板的步骤

制作好测试板后，应把它放在车身上，通过比较后，精确地判断颜色匹配的效果所需的云母中间涂层的数量。一定要在各种阳光下从不同的角度进行观察。另外，在进行比较之前，必须把车身待修复的板件彻底清洗干净。

四、驳口喷涂技术

对于难修补的颜色，如银色、金色系列，含有铝粉和珠光粉，由于喷涂时施工手法的差异，会导致颜色的不一致，要使修补处与原车漆膜颜色完全相同，几乎是不可能的事情。解决这一问题的方法是采用驳口喷涂技术来弥补修补后新旧漆颜色之间的差异。

驳口喷涂的定义：利用人眼睛对颜色记忆上的不足，将修补区域和非修补区域之间建立颜色过渡带，虽然修补部位与非修补部位有色差，也就是说，两个颜色之间有一定差异，通过颜色深浅的过渡，将它们连接起来，人的肉眼就无法判别出修补部位的颜色与整车身颜色的不一致。这种喷涂手法就叫作驳口喷涂。下面以修补某轿车车门为例来说明驳口喷涂的操作步骤：

(1) 打磨：用 P1200 砂纸湿打磨需修补的部位后，再用 P2500 砂纸彻底打磨整个车门的喷涂表面，最后清洁整理整个打磨表面。

(2) 用底色漆填补缺陷：采用驳口技术过渡喷涂修补缺陷，用正常喷涂方式来覆盖打磨后的缺陷，通过调整喷涂涂层的干湿程度来控制颜色，再静置 15～20min。

(3) 喷涂清漆：湿碰湿喷涂清漆两遍，第一遍以正常黏度喷涂(涂－4 杯 21s)，覆盖金属底漆，第二遍喷涂黏度降低(涂－4 杯 13～16s)，覆盖修补部位及驳口区域。

(4) 喷涂接口溶剂：用清漆喷涂边缘与旧漆交界处，喷涂接口溶剂。

活动实施

一、施工前准备

1. 施工方法

(1) 找出涂装所需要的材料、工具，如图 2-5-32 所示。

(2) 拆除汽车左前照灯。

(3) 用干净的抹布将漆膜破损区域擦干净，然后用除油剂擦洗、除油。

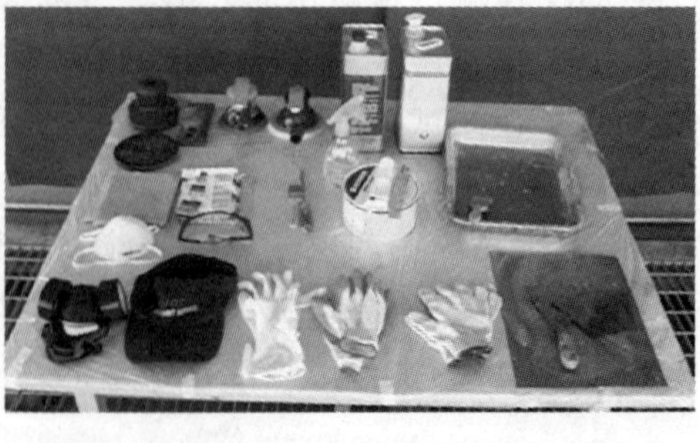

图 2-5-32　涂装所需的工具和材料

2. 质量要求

车身待修补表面无灰尘、油脂和污泥。

二、面漆调色

1. 施工方法

（1）找出汽车车身颜色的配方。

（2）按照配方混合色母并充分搅拌。

（3）喷涂颜色样板，干燥样板。

（4）将样板上漆膜的颜色与车身颜色进行比较，找出颜色差别，如图 2-5-33 所示。

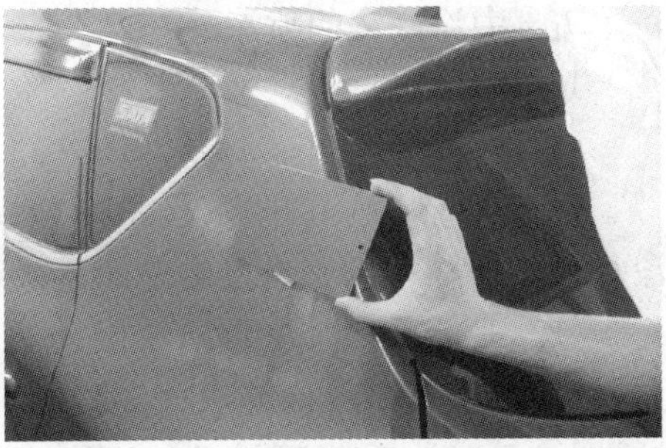

图 2-5-33　面漆调色

（5）进行颜色的微调，直至与车身颜色基本一致。

2. 质量要求

最终涂料成膜的颜色要与车身颜色基本一致或相当接近。

三、车身的遮蔽

1. 施工方法

（1）用乙烯薄膜整车遮蔽罩罩住整个车身，用遮蔽胶带固定好。

（2）用美工刀在车身左前翼子板的前半部位划开遮蔽罩，使修补区域露在外面，然后用遮蔽胶带进行粘贴固定，如图 2-5-34 所示。

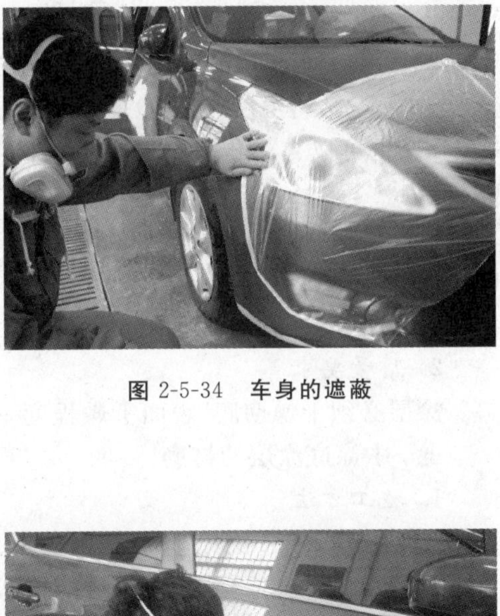

图 2-5-34　车身的遮蔽

（3）用铝箔之类的红外线隔离纸遮蔽待修补部位的塑料件。

2. 质量要求

非涂饰区域完全遮蔽，遮蔽胶带必须压紧，乙烯薄膜遮蔽罩不得拖在地面上。

四、底材的预处理

1. 施工方法

（1）用 P360 水砂纸配合打磨垫块对待修补部位进行手工湿打磨，如图 2-5-35 所示。

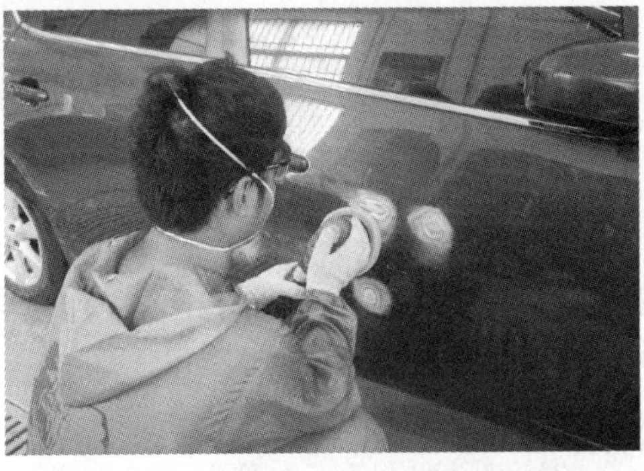

图 2-5-35　底材的预处理

（2）划痕消除后，用湿毛巾擦净打磨表面，然后用 P600 水砂纸湿打磨缺陷表面及边缘部分，以消除前面的打磨痕迹。

（3）用干毛巾擦干翼子板上的水分，然后用除尘枪吹除打磨表面的水分和灰尘，最后用除油剂脱脂，用粘尘布进行最后一道除尘。

2. 质量要求

打磨后，划痕部位要求平整，过渡要平滑，不能产生台阶。打磨表面的清洁要彻底。

五、中涂底漆的喷涂

1. 施工方法

（1）黏度一般调至14～20Pa·s。

（2）空气喷枪气压调至98kPa，扇面半开，出漆量调整旋钮拧到底后退出一圈。

（3）第一次喷涂从与原涂层的边缘交界处开始，然后移至整个待修补表面，每次都要薄薄地喷涂（图2-5-36），反复喷涂2～3次，每次间隔2～3min，这样效果较好，还可以加速溶剂挥发，减少干燥时间，对底层的影响也较小。

图2-5-36　中涂底漆的喷涂

2. 质量要求

漆膜厚度为35～45μm，表面无流挂，无露底及严重橘皮现象。

六、中涂底涂层的干燥

1. 施工方法

（1）使用红外线加热装置对中涂底涂层进行干燥。喷涂后间隔10min，然后打开短波红外线烤灯（图2-5-37），将温度升至50℃～60℃，烘烤15～20min。也可以自然干燥，在20℃条件下需30～60min。

图2-5-37　中涂底涂层的干燥

（2）干燥后，仔细检查表面状况，若存在微小的斑痕和砂纸打磨痕迹，就要使用速干原子灰仔细将其填平。

2. 质量要求

涂层必须干燥彻底，表面干燥程度一致。

七、中涂底涂层的打磨

1. 施工方法

（1）用P600水砂纸进行湿打磨。

（2）然后用P800水砂纸对打磨表面进行修整，并对周边的晕色区域进行打磨，如图2-5-38所示。

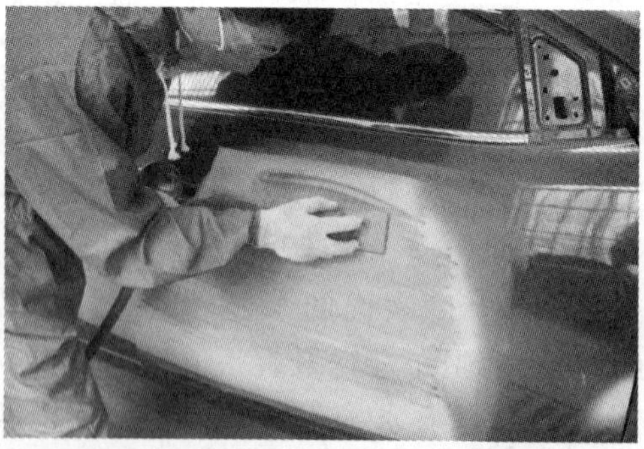

图2-5-38　中涂底涂层的打磨

（3）打磨结束后，用清水将表面冲洗干净，并用压缩空气将水吹干，再用红外线加热装置除湿、干燥，同时进行除油、脱脂操作。

2. 质量要求

中涂底涂层应该大部分被打磨掉，表面应平整、光滑。

八、底色漆的喷涂与消斑处理

1. 施工方法

（1）第一道薄薄地喷涂一遍，喷涂压力为 294～392kPa，涂料黏度为 12～14Pa·s，要能透过薄漆层看到中间涂层。

（2）第二道喷涂决定漆膜的颜色，不等第一道完全干燥就进行。若连续喷涂两遍仍决定不了漆膜的颜色，可间隔 2～3min 再喷涂两遍，如图 2-5-39 所示。

图 2-5-39　底色漆的喷涂

（3）第三道喷涂过渡层。稍微添加一些溶剂，适当降低黏度，喷涂范围应宽一些，喷涂距离可稍大一点，以消除金属色斑，同时进行晕色处理。

2. 质量要求

喷漆房内应干净、无尘；喷涂表面应无金属色斑，颜色过渡自然。

九、清漆的喷涂与晕色处理

1. 施工方法

（1）底色漆喷完后，静置 5～10min 就可以喷涂清漆了。

（2）第一层透明层不要喷涂得过厚，以能显示光泽为宜，黏度为 11～12Pa·s，喷涂压力为 294～343kPa。

（3）喷涂第二层透明层要保证适宜的厚度和充分的光泽。移动空气喷枪时稍慢一些，黏度为 11～12Pa·s，喷涂压力为 294～343kPa。

（4）用晕色剂处理与旧漆膜的边缘交界部位，如图 2-5-40 所示。

图 2-5-40　清漆的喷涂与晕色处理

2. 质量要求

漆膜丰满、光亮，无颗粒，边缘接口处无明显痕迹，新、旧漆膜无明显色差。

十、面涂层的干燥

1. 施工方法

（1）喷涂作业全部结束后，间隔大约 10min，升温干燥，最初升到 40℃～45℃，保温 10min 左右，然后再升温到 60℃～70℃，强制干燥 20～30min，如图 2-5-41 所示。

图 2-5-41　面涂层的干燥

（2）强制干燥完毕，待车身温度未完全冷却之前，去掉遮蔽物。

2. 质量要求

干燥步骤和干燥时间应符合涂料生产厂的规定。

十一、漆面修整

1. 施工方法

(1) 待车身完全冷却后，对晕色区域要进行手工抛光处理。将超细微粒抛光剂倒在一块干净的毛巾上，手工研磨晕色部位，如图 2-5-42 所示。

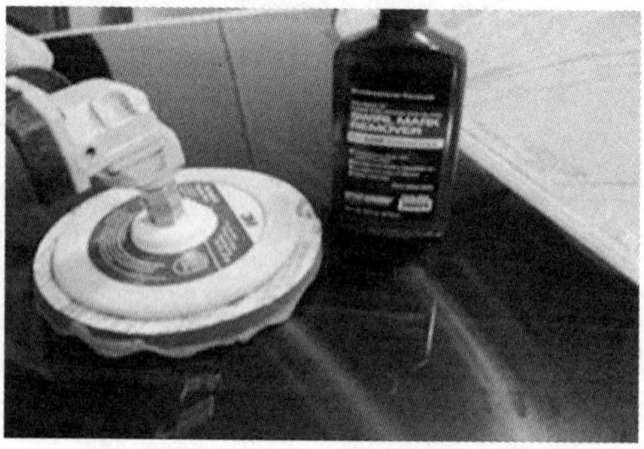

图 2-5-42　漆面修整

提示： 研磨只能从新漆膜向旧漆膜单方向进行。

(2) 抛光结束后，装上原来拆下的部件，仔细检查漆膜有无细小的伤痕等，最后清洗全车，作业全部结束。

2. 质量要求

抛光后，新、旧漆膜形成一个整体，颜色和光泽均匀、一致。

巩固与评价

一、反思性问题

简述金属漆的调配比例及喷涂注意事项。

答：______

二、拓展性问题

从工序上分析，金属漆的喷涂与素色漆的喷涂区别是什么？

答：______

三、操作能力考核表

表 2-5-6　　活动评价表

班级：　　组别：　　姓名：

项目	评价内容	评价等级(学生自评)		
		A	B	C
关键能力考核项目	遵守纪律，遵守学习场所的管理规定，服从安排			
	具有安全意识、责任意识、5S 管理意识，注重节约与环保			
	学习态度积极主动，能参加实习安排的活动			
	具有团队合作意识，注重沟通，能自主学习及相互协作			
	仪容仪表符合活动要求			

续表

项 目	评 价 内 容	评价等级(学生自评)		
		A	B	C
专业能力考核项目	能按时按要求独立完成工作页			
	能正确选择打磨砂纸			
	能正确打磨漆面			
	能正确调配油漆比例			
	能正确进行金属漆的喷涂			
小组评语及建议		组长签名： 年　月　日		
教师评语及建议		教师签名： 年　月　日		

活动三　珍珠漆的喷涂

活动描述

在理解珍珠漆的施工工艺的基础上，观察教师喷涂珍珠漆的操作示范，按照珍珠漆喷涂的基本步骤，进行车身珍珠漆的喷涂作业。

学习目标

◇ 能熟练掌握珍珠漆的涂装工艺和方法。

◇ 能熟练进行珍珠漆的涂装施工。

学习地点

喷涂烤漆项目区。

学习准备

教具：多媒体设备、白板等。

设备：整车。

工量具：SATAjet1000BHVLPic 喷枪（口径 1.3mm）、吹尘枪、调漆尺、调漆杯。

材料：珍珠漆、稀释剂、固化剂、纸漏斗、粘尘布、除油布、除油剂。

劳动保护用品：安全鞋、防护服、工作帽、护目镜、橡胶手套、活性炭口罩等。

知识准备

珍珠底色漆含有不同厚度的云母片，与金属底色漆中的铝片有所不同，云母片上层在将入射光线反射的同时，也有一部分光线射入云母片下层，而后再次反射，这样由多次反射组成的光线就会产生多彩的效果，而铝片只会直接反射入射光线。

珍珠色母所产生的反射效果更具装饰性。通常的双层面幻彩漆是由纯色颜料、铝粉颜料和云母颜料配制而成的，而铝粉颜料在底色漆内会遮挡住大部分产生珍珠效果的色母，所以珍珠色彩不太明显。而三层面珍珠面漆的底层是纯色颜料，中间为珍珠色母，表面漆层为罩光剂，提供了整车外观的高光泽度。

一、三工序珍珠漆喷涂方法

三工序珍珠漆喷涂需喷涂三种不同类型的涂层：纯底色漆、纯珍珠漆、清漆，各工序油漆调配比例参照油漆供应商提供的资料。

(1) 喷涂前吹尘，遮蔽，使用除油剂清洁喷涂区，配备安全措施。

(2) 喷涂三层纯底色漆覆盖底漆，喷枪距离为 20cm，气压为 0.3～0.6MPa，每层喷涂间隔时间为 5～10min，需使用粘尘布清洁每层的漆尘。使用粘尘布时，每层纯底色漆需要干燥及避免干喷。

(3) 确保底色漆干燥后约 30min 左右，再喷涂 3～4 层纯珍珠漆，视车体颜色决定，喷枪距离为 20cm，气压为 0.3～0.6MPa。每层喷涂间隔期间，需使用粘尘布清洁每层的漆尘。

(4) 因经过多层纯底色漆及纯珍珠漆喷涂后，漆膜厚度增加，从而溶剂挥发减慢，因此喷涂清漆的静置时间延长，确保珍珠漆干燥 30～60min 后再喷涂清漆，视气温决定，天气冷则干燥时间更长。

二、珍珠漆的喷涂工艺

(1) 检查修补部位是否刮涂原子灰。

(2) 对刮涂原子灰面进行打磨，可根据刮涂厚度和缺陷大小选用砂纸打磨。打磨完毕后检查是否平整。

(3) 进入漆房内，对用细砂纸打磨好的底漆所在板块进行整体除油，对难以除油部位用 P800～P1000 砂纸打磨，再用粘尘布配合风枪进行整面积除尘。

(4) 按调配比例，将 1 份底色漆用 1 份慢干稀释剂稀释后虚喷第一遍。

(5) 待挥发后，面积相应扩大，喷涂第二层底色漆。

(6) 按 100∶100 的比例用稀释剂稀释喷枪内剩余的底色漆，待第二层底色漆挥发后，喷涂第三层底色漆。

(7) 接口处由内向外雾喷底色漆,面积相应扩大,做好接合处的淡化处理。

(8) 待底色漆挥发后,喷涂第一层珍珠漆。

(9) 珍珠漆层干燥后,喷涂清漆罩光。

活动实施

汽车车身涂装是一个完整的工艺过程。下面以实例说明珍珠漆的喷涂工艺过程。

(1) 打磨及修饰羽状边,羽状边缘的修磨应引起重视,如图 2-5-43 所示。这些部位的弧度、涂层损坏部位的涂层坡度是否合适,将会直接影响涂装完工后涂层的丰满度、光泽度、折光性等,这也是涂装人员应该掌握的主要操作工艺方法。

(2) 在打磨羽状边的工作中,也要检查车身凹陷平面是否还有明显的突出点,或经涂装仍不能消除的缺陷(图 2-5-44),如果发现应请车身钣金修复人员整形或修复这些缺陷。

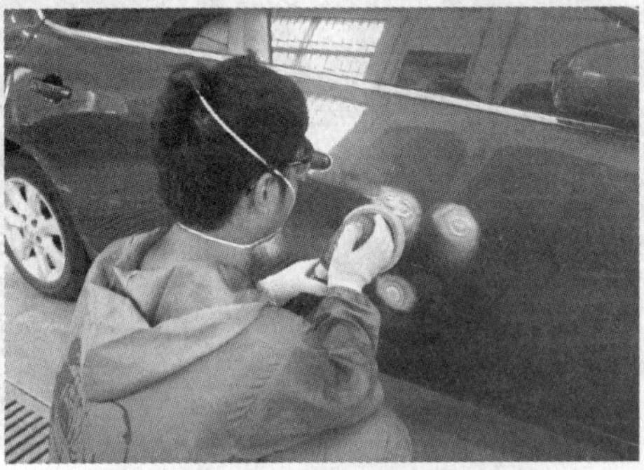

图 2-5-43 打磨及修饰羽状边

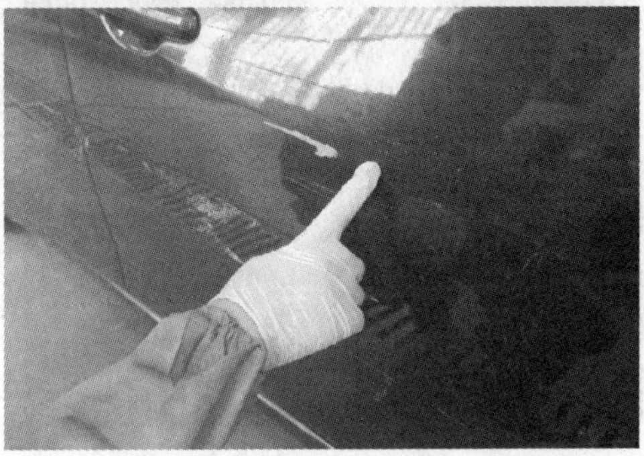

图 2-5-44 检查车身凹陷平面

(3) 对羽状边进行修整,如图 2-5-45 所示。打磨过羽状边的车身表面必须是经涂装后不能有任何缺陷的表面,打磨羽状边的范围要比车门损坏范围大得多,并且坡度用手摸不能有太明显的高低差落。

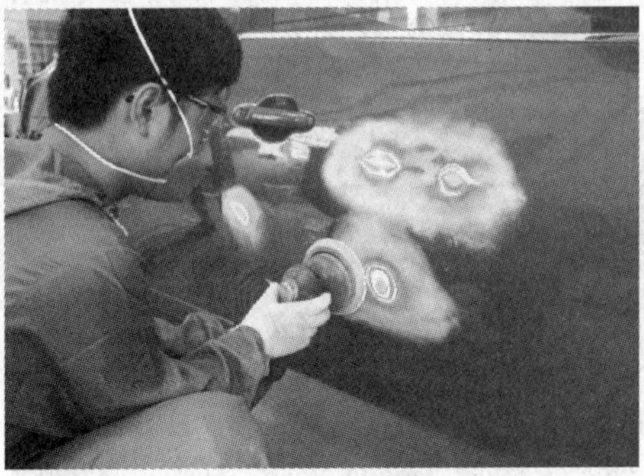

图 2-5-45 羽状边的修整

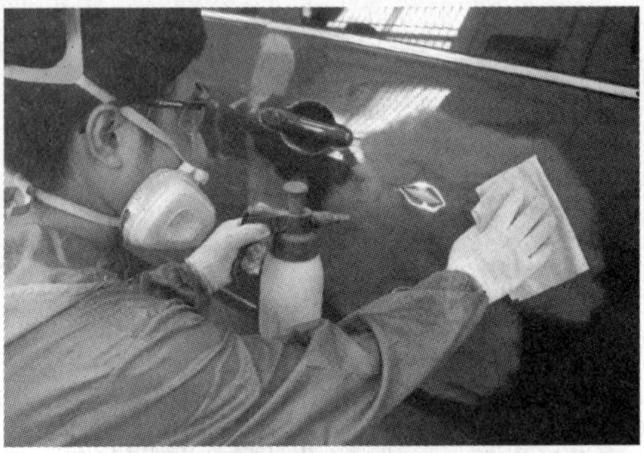

图 2-5-46 清洁除油

(4) 车身清洁。使用除油剂彻底清除车门损坏部位的污渍,并检查及评估被涂物的损坏程度和涂层类型,如图 2-5-46 所示。

(5) 清洁完毕后就可以施涂底涂层,底涂层的作用主要是提供附着力和防腐蚀。底层一般不具备填补车身表面缺陷的能力。车门的弧度平顺操作相对容易。

(6) 刮涂第一层原子灰，如图 2-5-47 所示。刮涂原子灰应采用硬刮具，第一层原子灰的刮涂主要是填平车门凹陷，操作时不要反复刮涂，每刮一层可以薄一些。此车门的损伤并不十分严重。

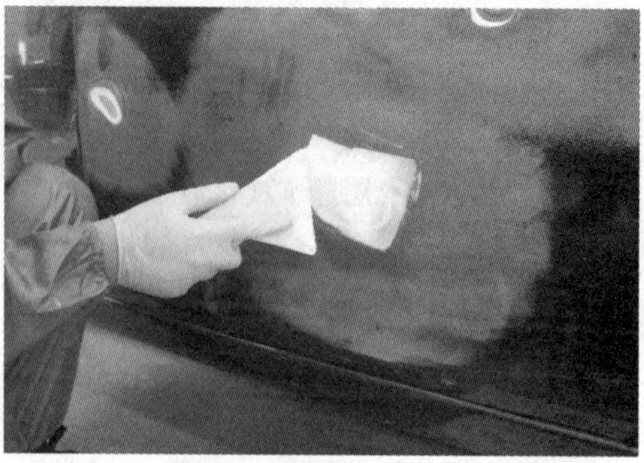

图 2-5-47 刮涂第一层原子灰

(7) 刮涂第二层原子灰，如图 2-5-48 所示。汽车车门因是平面，故仍用硬刮具刮涂。此层原子灰仍以填平为主，该层原子灰厚度应比第一层稍薄，局部刮涂时的面积应略大于第一层原子灰的面积。满刮时要注意边缘原子灰的平直性，与上一层原子灰的接口应错开，即不要使各层原子灰的接口在同一部位，以免产生缺陷。

图 2-5-48 刮涂第二层原子灰

图 2-5-49 车门肋弧形的刮涂

(8) 车门下沿有一个加强肋，在这里刮涂原子灰要特别注意，刮具也要选择软的刮具。应随车门肋的弧形均匀刮涂原子灰，如图 2-5-49 所示。

(9) 打磨原子灰。原子灰层彻底干燥后即可打磨，具体干燥条件参见原子灰使用注意事项。打磨原子灰层主要是为了获得平整光滑的表面。打磨原子灰层可采用手工或机械干磨，机械打磨适用于修补面积较大以及平整的底材，可降低劳动强度，提高工作效率，如图 2-5-50 所示。

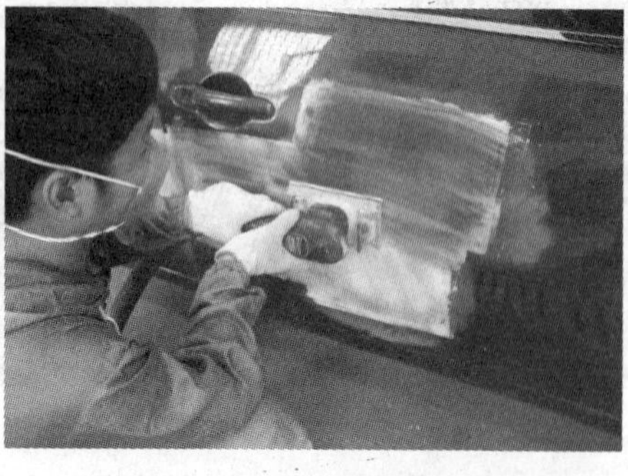

图 2-5-50 机械打磨原子灰

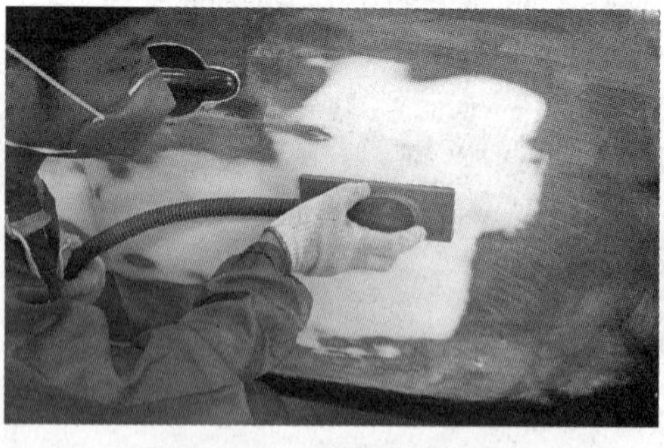

图 2-5-51 手工打磨原子灰

(10) 原子灰层打磨后基本要使底材上微小的凹坑、砂孔全部消除，达到既平整又光滑，无缺陷，无砂孔，局部刮涂原子灰边缘无接口，外表图形恢复原样。如果车门下沿肋的部位弧形较小，则以手工打磨为宜(图 2-5-51),有利于对弧形面的修正,宜使用 P120～P240 砂纸。

(11) 除尘、清洁、遮蔽。使用清洁剂清洁被涂物上的油渍和污渍,使用遮蔽纸反向粘贴遮蔽被涂物上无须喷涂的部位,如图 2-5-52 所示。

图 2-5-52 遮蔽

图 2-5-53 中涂底漆的喷涂

由于施喷中涂底漆所用的空气压力低于施喷面漆的空气压力(以尽可能减少喷涂外逸),所以工件表面的遮蔽工序比较简单。通常使用反向遮蔽法,以防止产生喷涂台阶。所谓反向遮蔽法是指遮蔽纸敷贴时里面朝外,所以沿边界粘有一薄层漆雾。

(12) 中涂底漆的喷涂,如图 2-5-53 所示。按说明书规定的比例混合中涂底漆和固化剂,静置 5～10min 后喷涂。若喷涂黏度需要调节,应添加配套的稀释剂,施工黏度宜调节至 18～21s(涂－4 杯,20℃),应选用与喷涂环境温度相适应的快干或慢干型稀释剂,喷涂作业应按技术规范进行操作。双组分涂料一般喷 2 层即可达到要求的厚度。若颜色遮蔽力较差,则需喷 3～4 层,直到全部覆盖。

在表面局部喷涂中涂底漆的情况下,应在第一层面漆喷涂前,首先对局部喷涂中涂底漆的涂面先薄喷一层,减少中涂底漆与旧涂面之间的色差,为以后的喷涂打下基础。

第一层喷涂以 0.35～0.45MPa 的喷涂压力为宜,中等湿度薄薄地喷涂一层,检查涂面情况,确认有无缩孔或其他缺陷后再继续施工。

第一层喷涂后若无任何不良情况,应静置片刻再喷第二层,静置时间视环境温度而定,一般待涂面不粘尘时是喷涂第二层涂料的最佳时机,具体操作时可用手指轻轻抚摸用胶带封闭部分的漆膜,若湿漆膜已不粘手即可喷涂第二层。一般第二层喷涂后喷涂工作即结束。此层喷涂要求涂面光滑、光亮,无流痕、橘皮现象。因此在配制涂料时,黏度应比第一层涂料略微低一些,喷枪移动速度也略慢,喷涂压力可适当提高 0.02～0.03MPa,使漆粒雾化得更细,以得到满意的光滑涂面。

中涂层的喷涂是非常仔细的操作,操作时要控制好喷枪的使用,没有经验的操作人员可以先试喷枪,待调整好各种参数(黏度、气压等)以后再进行实际操作。中涂层喷涂可以采用重力式喷枪,这样能够更好地控制喷涂的各种参数。重力式喷枪的特性是可以使用低气压、高流量,对一些表面的小缺陷可以起到填充的覆盖作用。因车门的下沿有肋等不平的表面,操作时特别要注意产生流挂、发花等缺陷。

(13) 涂层干燥后,中涂层还需要进行打磨,可用 P400 砂纸打磨,如图 2-5-54 所示。清洁除尘后就可以进行面涂层的喷涂。

(14) 按调配比例，将 1 份底色漆用 1 份慢干稀释剂稀释后虚喷第一遍。待挥发后，面积相应扩大，喷涂第二层底色漆。按 100∶100 的比例用稀释剂稀释喷枪内剩余的底色漆，待第二层底色漆挥发后，喷涂第三层底色漆，如图 2-5-55 所示。

图 2-5-54　中涂层的打磨

面涂层喷涂的次数可根据涂层覆盖的情况决定，直到完全覆盖为止。面涂层的喷涂是涂装作业的最后一道工序，因此各修理厂都非常重视，常采用专人作业的方式。喷涂作业中产生的问题也较多，如果对喷涂工具、操作技术参数(空气压力、涂料黏度、颜色等)没掌握准确，应试喷小样，取得技术参数后，再进行大面积涂装作业。

喷涂车门时要控制好与原车车身的颜色，涂层干燥后不得产生色差。先喷试样板调整色差(图 2-5-56)，确定颜色后才能在车身上进行大面积喷涂操作。

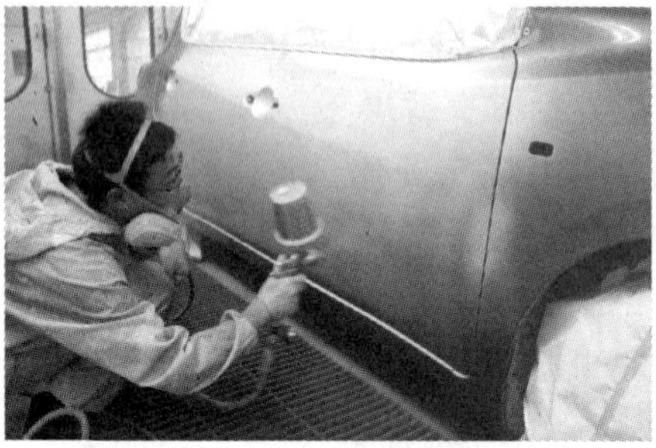

图 2-5-55　喷涂底色漆

图 2-5-56　样板比对

(15) 珍珠面漆的喷涂(图 2-5-57)。第一道薄薄地喷涂一遍，喷涂压力为 294～392kPa，涂料黏度为 12～14Pa·s，要能透过薄漆层看到中间涂层。第二道喷涂决定漆膜的颜色，待第一道完全干燥后进行，若连续喷涂两遍仍决定不了漆膜的颜色，可间隔 2～3min 再喷涂两遍。第三道喷涂过渡层，稍微添加一些溶剂，适当降低黏度，喷涂范围应宽一些，喷涂距离可稍大一点，以消除珍珠色斑，同时进行晕色处理。

(16) 珍珠漆层干燥后，喷涂清漆罩光(图 2-5-58)。

图 2-5-57　珍珠面漆的喷涂

图 2-5-58　罩光处理

(17) 对车身面涂层烘烤，等其冷却，然后进行检查，如果有需要可使用 P1500～P2000

砂纸进行湿打磨，如果干磨，可以采用 P1000～P1200 砂纸用干磨机进行，然后进入抛光工序。

巩固与评价

一、反思性问题

简述珍珠漆的调配比例及注意事项。

答：____

____

____

二、拓展性问题

从工序上分析，珍珠漆的喷涂与素色漆和金属漆的喷涂有何区别？

答：____

____

____

三、操作能力考核表

表 2-5-7　　活动评价表

班级：　　组别：　　姓名：

项目	评价内容	评价等级（学生自评）		
		A	B	C
关键能力考核项目	遵守纪律，遵守学习场所的管理规定，服从安排			
	具有安全意识、责任意识、5S 管理意识，注重节约与环保			
	学习态度积极主动，能参加实习安排的活动			
	具有团队合作意识，注重沟通，能自主学习及相互协作			
	仪容仪表符合活动要求			
专业能力考核项目	能按时按要求独立完成工作页			
	能正确选择打磨砂纸			
	能正确打磨漆面			
	能正确调配油漆比例			
	能正确进行珍珠漆的喷涂			

续表

项 目	评 价 内 容	评价等级(学生自评)		
		A	B	C
小组评语及建议		组长签名： 年 月 日		
教师评语及建议		教师签名： 年 月 日		

活动四 面漆喷涂后的修饰

活动描述

在掌握面漆喷涂后出现的缺陷处理方法的基础上，观察教师修饰喷涂后面漆的操作示范，按照面漆喷涂后出现的缺陷的处理步骤，进行车身面漆喷涂后的修饰作业。

学习目标

◇ 能熟练进行漆面缺陷的处理操作。

◇ 能正确进行抛光操作。

学习地点

喷涂前处理项目区。

学习准备

教具：多媒体设备、白板等。

设备：整车。

工量具：刻刀、刻板、SATAjet1000BHVLPic 喷枪（口径 1.3mm）、吹尘枪、调漆尺、调漆杯。

材料：铝板、玻璃板、纸胶带、纸漏斗、粘尘布、除油布、除油剂。

劳动保护用品：安全鞋、防护服、工作帽、护目镜、棉纱手套、橡胶手套等。

知识准备

对清漆涂料通常需要进行轻微的抛光，使漆膜表面有理想的光泽，并能消除漆膜不平整。如果在新完成的瓷漆表面有微小的缺陷，不要对其进行抛光，要给面涂层留有一个准备修饰的机会。

与打磨相似，抛光可分为手工抛光和机械抛光。

一、手工抛光

将一块无棉的柔软法兰绒布折叠成一个厚垫或球状团，并在上面涂抹少量的抛光剂，在要抛光区域往复摩擦，用中等强度的压力，直至达到期望的光滑度。

在融合或调色区域抛光时，须牢记以下几点：

(1) 按图 2-5-59 所示的方向摩擦，如方向相反就会有使调色组织显现的危险。

(2) 使用颗粒非常细的摩擦抛光剂。

(3) 要小心操作，因为假如调色组织显现出来，那就不可修复了，只能重新涂装调色涂层表面上的涂层。

手工抛光使用大量的油脂且费时间，为了减少清漆面涂层抛光工作量，可使用优良品质的清漆稀释剂，尽可能湿碰湿地喷涂面漆（无垂滴）。

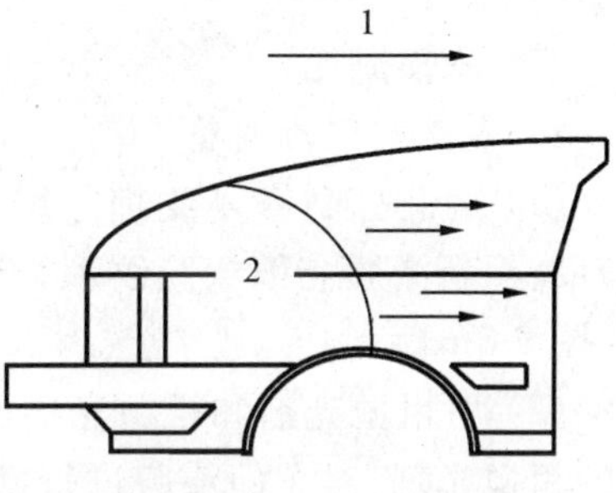

1. 摩擦方向　　2. 再喷涂区域

图 2-5-59　在调色区域的抛光方向

二、机械抛光

在小区域内使用中到粗毛的油添刷或是塑料挤瓶涂抹机械抛光剂，然后用机械上的抛光垫抛光。不要试图一次抛光一块太大的区域，因为摩擦抛光剂有变干的趋势。不要施加太大的压力，并保持机械移动，以防止切削透面涂层到下面的涂层。

提示： 在抛光过程中，摩擦抛光剂中的研磨材料逐渐碎裂，变为更小的颗粒。抛光效果在最初阶段会更好一些，随着产生的光泽效果逐渐变好，抛光效果会逐渐减弱。这就是在小区域内使用少量抛光剂而不用在每块区域补充抛光剂的原因。

机械抛光的主要优点是：节省时间，且能完成正确的切削动作，不淤塞抛光垫。在抛光完成之后，将抛光垫替换为精致的抛光垫或羔羊毛帽后再抛光，注意保持机器移动。

活动实施

一、漆膜的检修

1. 车门漆膜质量的检查

认真检查车门漆膜表面，发现车门漆膜表面有几点微粒，微粒陷入漆膜不深，可用油石打磨去除；从侧面利用反射光观察新、旧漆膜的纹理，发现有较大差别，需要进行大面积抛光。

2. 车门漆膜上微粒的修理

由于微粒在漆膜上陷入不深，采用油石打磨的方法修复。用油石打磨时必须平行移动，切忌打磨过程中摇晃磨石，打磨平整后需要进行抛光处理，如图 2-5-60 所示。

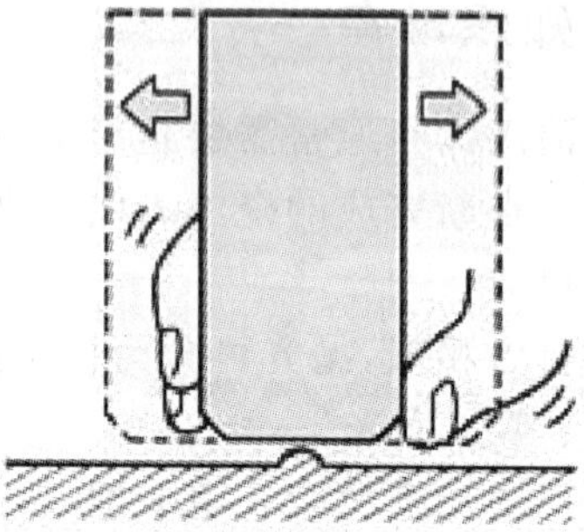

图 2-5-60　车门漆膜上微粒的修理

二、漆膜抛光

1. 漆膜纹理的调整

(1) 用湿打磨修复纹理。用 P2000 细砂纸垫在打磨垫块上，湿打磨纹理粗糙的漆膜。待打磨至新漆膜与旧漆膜纹理大致相当且较为粗糙时停止打磨，用干净抹布擦去表面的尘粒(图 2-5-61)。

(2) 用粗抛光剂和粗抛光垫调整纹理(图 2-5-62)。装上粗抛光垫，在粗抛光垫上涂抹适量的粗抛光剂，对车门漆膜进行抛光，当新、旧漆膜纹理基本一致时停止抛光，用水清洗车身表面，除去粗抛光剂。

图 2-5-61　用干净抹布擦去表面的尘粒

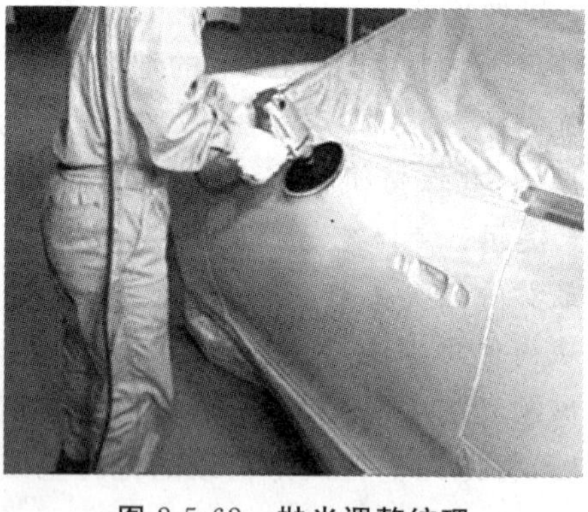

图 2-5-62　抛光调整纹理

(3) 用细抛光剂和细抛光垫完成抛光。装上细抛光垫，在抛光垫上涂抹细抛光剂，进行大面积抛光(图 2-5-63)。整个板件达到了预期的纹理效果，抛光完成。

2. 晕色区抛光

晕色区可以用手工抛光，也可以用机械抛光，值得注意的是抛光方向只能从重涂区域向非重涂区域进行，不能反向抛光(图 2-5-64)。

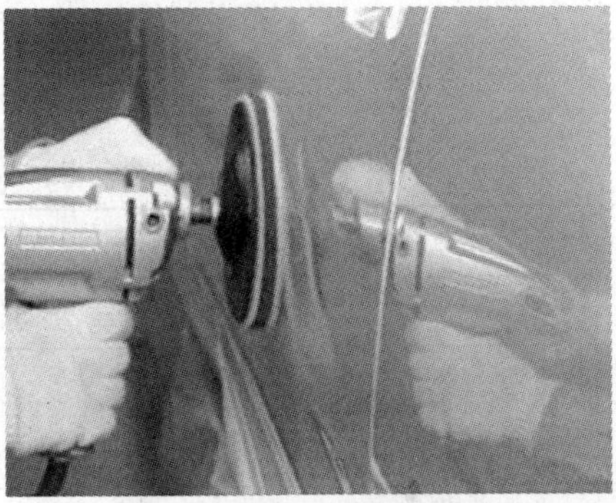

图 2-5-63 **大面积抛光**

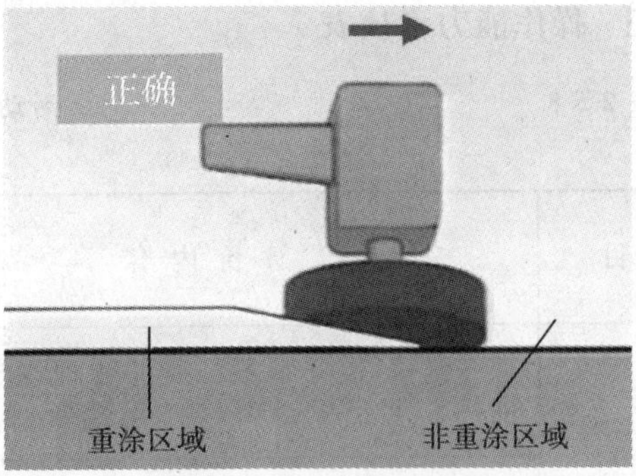

图 2-5-64 **晕色区抛光**

三、全车打蜡

将适量的车蜡涂在专用打蜡海绵上在车身上涂抹，防止漏涂，保证均匀涂抹。打完蜡后，等待几分钟，待车蜡凝固。最后用无纺布往复直线擦拭进行抛光，使打蜡后的车身光亮如新(图 2-5-65)。

图 2-5-65 **全车打蜡**

巩固与评价

一、反思性问题

漆面常见的喷涂缺陷有哪些？

答：____

二、拓展性问题

面漆喷涂结束后，对于表面较大凸起的颗粒应如何处理？

答：____

三、操作能力考核表

表 2-5-8　　活动评价表

班级：　　组别：　　姓名：

项目	评价内容	评价等级(学生自评)		
		A	B	C
关键能力考核项目	遵守纪律,遵守学习场所的管理规定,服从安排			
	具有安全意识、责任意识、5S管理意识,注重节约与环保			
	学习态度积极主动,能参加实习安排的活动			
	具有团队合作意识,注重沟通,能自主学习及相互协作			
	仪容仪表符合活动要求			
专业能力考核项目	能按时按要求独立完成工作页			
	能正确选择打磨砂纸			
	能正确打磨尘点表面			
	能正确选择抛光蜡及抛光垫			
	能正确进行尘点抛光处理			
小组评语及建议		组长签名： 年　月　日		
教师评语及建议		教师签名： 年　月　日		

活动五 塑料件的喷涂

活动描述

在掌握车身塑料件鉴别方法的基础上，观察教师喷涂塑料件的操作示范，按照塑料件喷涂的基本步骤，进行车身塑料件的喷涂作业。

学习目标

◇ 能掌握车身塑料件的喷涂方法。
◇ 能熟练进行塑料件的喷涂。

学习地点

喷涂烤漆项目区。

学习准备

教具：多媒体设备、白板等。
设备：车身前后保险杠等。
工量具：SATAjet1000BHVLPic 喷枪(口径 1.3mm)、吹尘枪、调漆尺、调漆杯。
材料：纸漏斗、粘尘布、除油布、除油剂、塑料底漆、塑料面漆、固化剂、稀释剂。
劳动保护用品：安全鞋、防护服、工作帽、护目镜、活性炭口罩、橡胶手套等。

知识准备

一、汽车上塑料件的使用部位

汽车上塑料件的使用部位如图 2-5-66 所示。

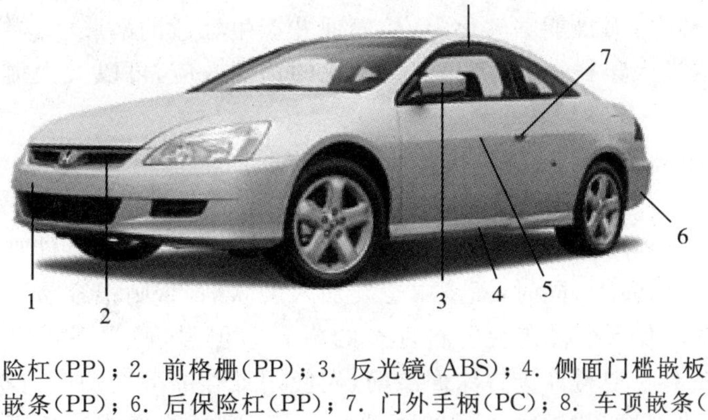

1. 前保险杠(PP)；2. 前格栅(PP)；3. 反光镜(ABS)；4. 侧面门槛嵌板(PP)；
5. 车门嵌条(PP)；6. 后保险杠(PP)；7. 门外手柄(PC)；8. 车顶嵌条(PVC)
PP：聚丙烯；PC：聚碳酸酯；PVC：聚氯乙烯；ABS：ABS 树脂

图 2-5-66 汽车上塑料件的使用部位

二、汽车用塑料件的涂装特点

(1) 汽车内用和外用塑料件涂装的区别。内用塑料件一般采用半光泽或完全无光泽涂装,其方法是在涂料中加入一定比例的平光剂;而外用塑料件有的采用无光泽涂装,有的采用有光泽涂装,视具体情况而定。

(2) 硬塑料件和软塑料件涂装的差异。由于软质塑料本身具有柔韧性,所用的涂料基本上都是烘烤型弹性磁漆。所谓弹性是指漆膜具有较大的柔韧性,类似弹性体,如橡胶,它可以弯曲、折叠、拉伸,还可以恢复到原来的尺寸和形状而不会被破坏,这样的效果得益于使用了加入了柔软剂的专用涂料。

(3) 一般汽车塑料件常用的材料。前保险杠、前格栅、车门嵌条、侧面门槛嵌板、后保险杠等用 PP 材料,反光镜用 ABS 材料,门外手柄用 PC 材料,车顶嵌条用 PVC 材料。不同厂家在选用时可能会视自己的生产情况略有差异。

(4) 平均一辆汽车约有 750 个塑料零部件,只有少数零部件需要喷涂。

三、塑料件涂装用材料

1. 塑料表面清洁剂

它的作用是清除塑料件表面的脱膜剂,增强塑料件对涂料的附着力。使用时,先用打磨布彻底清洁塑料件的表面,再用 1 份清洁剂与 2～4 份清水的混合液清洁整个工件,然后用清水清洗干净,待工件完全干燥后才可喷涂塑料底漆。塑料表面清洁剂的溶解性应适中,不损伤塑料表面,能抗静电,使塑料件不会因摩擦而产生静电,影响涂装效果。

2. 塑料平光剂

为消除汽车内部塑料件一定程度的光泽度,并使其呈现半光泽或完全无光泽状态,一般都采用不同光泽的涂料装饰。平光剂有聚氨酯用和非聚氨酯用两大类,选用时务必小心。在使用时,先将喷涂面漆后的塑料件的光泽度与原车的光泽度作比较,以决定是否需要用平光剂,如果需要,则先在面漆中加入平光剂,然后搅拌均匀,并做喷涂样板对比试验,在认为光泽度达到一致时,可正式喷涂施工。单层涂装消光时,可直接将平光剂加入涂料中;而双层涂装消光时,平光剂要加在清漆内,不要加在色漆中。

3. PVC 表面调整剂

它的作用是对 PVC(聚氯乙烯)表面进行处理,使其有利于重涂。它由强溶剂配制而成,具有很强的渗透性,而且能够软化 PVC 表面并产生轻微的溶胀。这样,涂装时修补涂料就能很容易地渗透进入塑料表面,产生人们所说的锚链效应,可以大大提高涂料对基材的附着力。

4. 汽车塑料件用底漆

(1) 软塑料件。大多数的软塑料件都要求在底漆中加入柔软剂(各生产厂均有与塑料面漆配套的产品),这样可使漆膜柔软,有韧性,不开裂。聚丙烯塑料件难粘、难涂,要使用专用底漆,以增强它的附着力;同时,面漆中也要加入柔软剂,否则很容易脱皮。

(2) 硬塑料件。由于涂料在硬塑料件上的附着力很强,通常不需要底漆。但有些涂料生产厂仍然建议在对硬塑料件进行涂面漆前,先使用推荐的溶剂彻底清洗塑料件,并对要涂装部位用 P400 砂纸打磨,再喷涂合适的丙烯酸磁漆、聚氨酯漆或底色漆加透明清漆。喷涂模压塑料板材时,需要使用底漆和中涂底漆。

5. 面漆

对于汽车外部的零部件(如保险杠、挡泥板以及车门的镶边等)所选用的面漆,最突出的要求是耐候性,另外,也要求有较好的耐介质性和耐磨性。这类涂料多为丙烯酸聚氨酯涂料、聚酯-聚氨酯涂料、热塑性丙烯酸涂料等。对于汽车内部用塑料(如仪表板、控制手柄、冷藏箱、各种把手、工具箱等),常用的面漆为热塑性丙烯酸、改性环氧树脂、聚氨酯以及有机硅涂料等。

四、车身塑料件的涂装

车身常用塑料制品按照质地软硬程度可以分为硬质塑料(车身用 ABS 塑料、玻璃钢等)和软质塑料(PP、PU 等)。

1. 车身塑料件的鉴别方法

(1) 通过识别码鉴别:查看压制在塑料部件上的 ISO 代号,一般在零件拆下后就能看到所标的符号。轮胎罩内装饰板塑料件识别码如图 2-5-67 所示。

图 2-5-67 塑料件识别码

(2) 通过燃烧鉴别:切下一小片塑料,用镊子夹住放入火中燃烧,查看其火焰颜色、燃烧情况并闻气味。

(3) 用焊接法鉴别:若塑料焊条能与之焊合,则该塑料件与此种焊条类型相同。市场上能提供的焊条大致有 6 种。

(4) 用敲击法鉴别:用手敲击塑料制品内侧,PU 塑料声音较小,PP 塑料声音较大。

(5) 用打磨法鉴别:PU 塑料用砂纸打磨后没有粉末,而 PP 塑料有粉末。PU 塑料易被划伤,PP 塑料不易被划伤。

2. 塑料零部件喷漆准备

(1) 软塑料零部件的处理。

步骤 1:用一块在水中浸湿的布蘸上去蜡、脱脂和除硅酮清洗剂清洁整个表面,并擦干。

步骤 2:用 P320 砂纸打磨划伤处和用填充剂修补过的表面,吹除灰尘,并用粘尘布擦拭。

步骤 3:调制并涂敷柔性原子灰。

步骤 4:表面干燥至少 1h,然后用 P400 砂纸和打磨垫块打磨修补表面,最后用 P400 砂纸打磨整个表面,清除所有光泽,为涂敷面漆做准备。

(2) 聚丙烯塑料零部件的处理。

对聚丙烯塑料件喷漆时,要先使用一种专用的内部树脂漆打底,然后再喷涂面漆。聚丙烯塑料件表面处理过程如下:

步骤 1:用去蜡和除硅酮清洗剂清洁表面。

步骤 2:按照包装说明,涂一层较薄的聚丙烯底漆湿涂层。

步骤 3:让底漆快速干燥 1~10min,为涂装内部树脂漆做准备。

(3) 刚性零部件的处理。

步骤 1:对于新的零部件,必须用干净的布蘸上酒精擦洗表面。

步骤 2:用去蜡、去油脂清洗剂彻底清洁表面。

步骤3：对于打磨已暴露出的玻璃纤维，手工打磨时使用P220或P280砂纸，用打磨机打磨时则选用P80～P120砂纸。

步骤4：用干净的抹布重新将表面擦干净。

步骤5：如果有需要填平的接缝、气孔，应在整个表面上涂一层车身填充剂。待其干燥之后，再打磨、清洁。最后再涂一层保护层或两层环氧铬酸盐涂料。

步骤6：按照包装上的说明，将原子灰涂在表面上。干燥之后用细砂纸磨光，用压缩空气吹除灰尘，用粘尘布擦拭干净。

3. 塑料件面漆的涂装

(1) 硬塑料件的涂装。

① 内部硬塑料件的涂装。硬塑料件(如ABS)一般不需要喷涂底漆和刮涂原子灰。其面漆的颜色由车身编码牌上的调整号决定，主要使用丙烯酸漆。

喷涂内部硬塑料件的方法如下：

步骤1：用溶剂清洗塑料件表面。

步骤2：按调整号喷涂一般的内部丙烯酸漆。

步骤3：按涂料厂规定的时间干燥涂层，然后再将塑料件装到车上。

② 外部硬塑料件的涂装。外部硬塑料件一般不喷底漆即可喷涂面漆。但也有个别厂家建议先喷一层底漆再喷涂面漆。其涂装方法如下：

步骤1：用清洗剂彻底清洗塑料件表面。

步骤2：喷涂适当颜色的面漆，选用丙烯酸漆、丙烯酸磁漆、尿烷漆或底层加清漆。

步骤3：待面漆完全干燥之后，再将塑料件装到车上。

(2) 弹性塑料件的涂装。

在大多数弹性塑料件的涂层中需要加入弹性剂，以使涂层在变形时不至于开裂。加入弹性剂的漆膜称为弹性涂层，弹性涂层的涂装方法如下：

步骤1：用P400砂纸彻底打磨整个表面，并用清洗剂清洁整个表面。

步骤2：按照制造厂的规定，将底漆、弹性剂和溶剂混合在一起。混合时，先将底漆与弹性剂混合，再根据车间的温度加入适量的溶剂。

步骤3：将空气喷枪压力调到规定值，喷涂双层湿涂层，以便完全遮蔽塑料件表面。

步骤4：待底层干燥30～60min后喷涂光亮层，干燥后将塑料件装到车上使用。

(3) 塑料件纹理效果的涂装。

喷涂纹理效果的操作方法如下：

步骤1：按照涂料和纹理添加剂的使用说明适当调配涂料，采用低气压，在喷涂区域采用干喷的方法薄薄地喷一层。

步骤2：第一层稍干后再薄薄地喷第二层，第二层的喷涂面积要比第一层略大一些。需要注意的是，两次喷涂之间一定要留有足够的干燥时间，而且每一层喷涂都不要过湿，否则会影响纹理的形成。若需要较厚的漆膜，可以用这种方法多喷涂几次。

步骤3：当喷涂达到所需的厚度后，开始混合修理区域的纹理，然后用强制干燥的方法加快干燥速度。

步骤4：漆膜干燥后，用P2000干磨砂纸轻轻打磨驳口和纹理部位，使新、旧纹理融合。

步骤 5：如果有需要，可在纹理上层再喷涂一层清漆。

活动实施

一、保险杠材质的识别和涂装工艺的确定

1. 保险杠材质的识别

拆开新保险杠的包装物，观察保险杠反面的 ISO 代号，发现保险杠的材质为软质塑料 PUR（热固性聚氨酯）。

2. 涂装工艺的确定

新保险杠的涂装工艺确定为：除油、除脱模剂→清除残留物→除水→除静电→除尘→喷涂塑料底漆→底色漆的过滤→喷涂底色漆→喷涂清漆→漆膜的干燥。

二、保险杠的涂装

1. 保险杠表面的除油、除脱模剂

用灰色菜瓜布（相当于 P360 砂纸）蘸上水基清洁剂打磨新保险杠，以除去保险杠表面的油渍和脱模剂，如图 2-5-68 所示。

图 2-5-68　保险杠表面的除油、除脱模剂

2. 保险杠表面残留物的清除

用干净的水彻底清除保险杠表面的残留物，如图 2-5-69 所示。

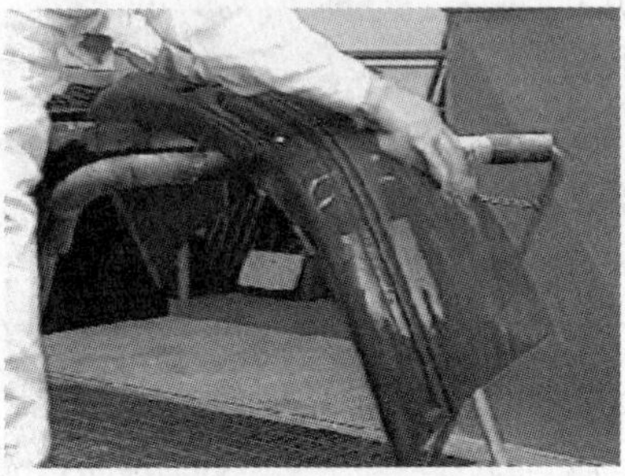

图 2-5-69　保险杠表面残留物的清除

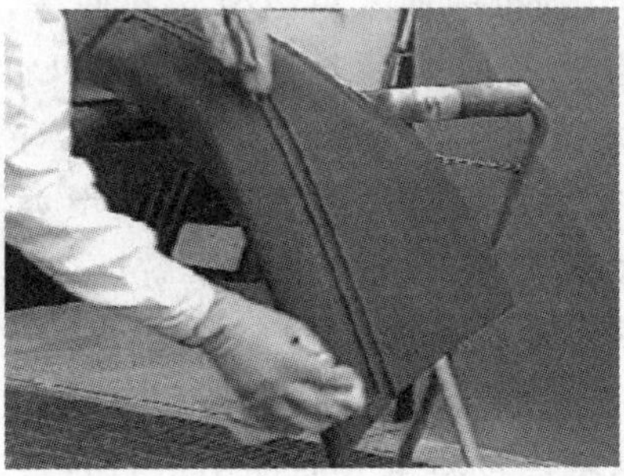

图 2-5-70　保险杠表面残留水分的吹除

3. 保险杠表面残留水分的吹除

用除尘枪将压缩空气吹向保险杠的表面，一边吹一边用毛巾擦拭，以去除保险杠表面和缝隙里残留的水分，如图 2-5-70 所示。

4. 保险杠表面静电的去除

将溶剂型抗静电清洁剂倒在一块干净的抹布上，然后用抹布擦拭保险杠表面，以去除塑料保险杠表面的静电，如图 2-5-71 所示。

图 2-5-71 保险杠表面静电的去除

5. 保险杠表面灰尘的去除

打开除尘枪，让压缩空气吹向保险杠表面，用粘尘布在保险杠表面轻轻擦拭，进行喷涂前最后一次除尘工作，如图 2-5-72 所示。

图 2-5-72 保险杠表面灰尘的去除

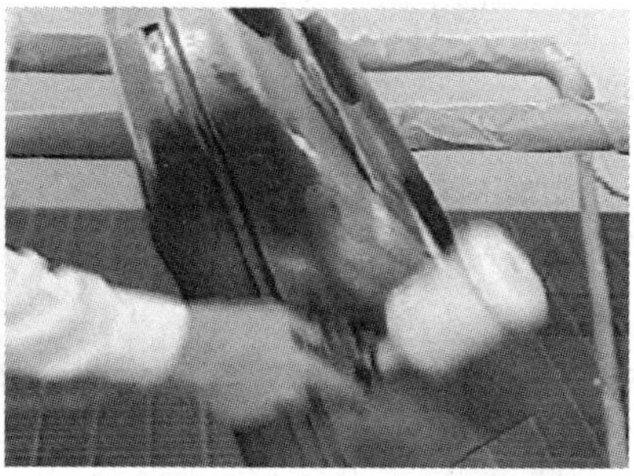

图 2-5-73 塑料底漆的喷涂

6. 塑料底漆的喷涂

在空气喷枪中加入单组分塑料底漆，以较小的气压在保险杠表面薄薄地喷涂一层塑料底漆，如图 2-5-73所示。

提示：塑料底漆的作用是增加底材的附着力，不能喷得太厚，谨防产生流挂。

7. 底色漆的过滤

选取合适的涂料滤网，将滤网放在空气喷枪的涂料罐上，然后将底色漆倒入滤网中进行过滤，如图 2-5-74 所示。

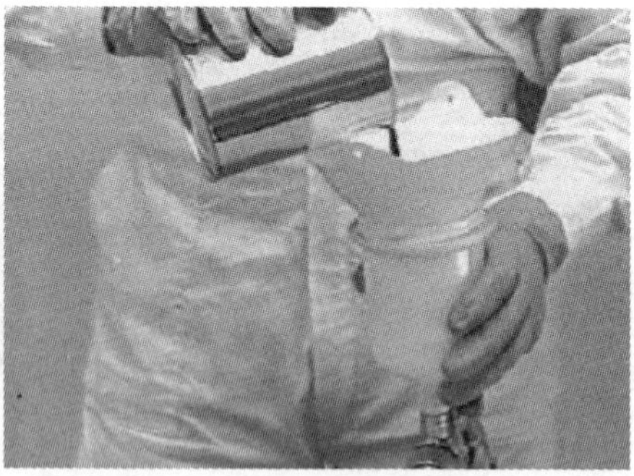

图 2-5-74 底色漆的过滤

8. 底色漆的喷涂

根据塑料底漆的特性确定底色漆的喷涂时机。一般情况下，必须在塑料底漆涂层还处于湿涂层状态时就喷涂底色漆，但有些塑料底漆除外，具体要按照说明书的规定执行。底色漆喷涂前需用空气喷枪里的压缩空气吹拂待喷涂表面，同时用粘尘布擦拭落到保险杠上的灰尘，然后喷涂底色漆，如图 2-5-75 所示。

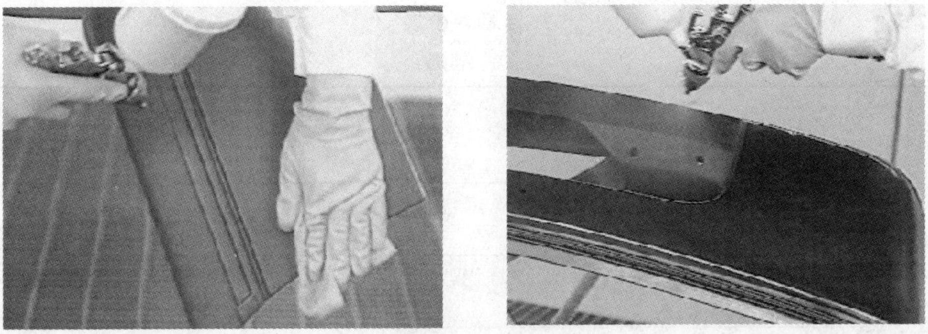

图 2-5-75　底色漆的喷涂

9. 清漆的喷涂

底色漆喷涂后，静置 10～15min 即可进行清漆的喷涂，如图 2-5-76 所示。

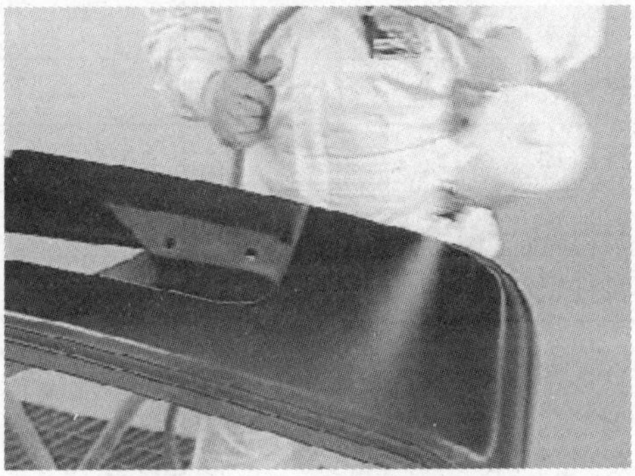

图 2-5-76　清漆的喷涂

10. 漆膜的干燥

清漆喷涂结束后，静置 10～15min，将烤漆房升温到 60℃，保险杠干燥 30min 即可。

巩固与评价

一、反思性问题

塑料件涂装用材料都有哪些？

答：____

____

____

二、拓展性问题

在车身涂装中，特殊涂装施工有哪些？

答：____

____

____

三、操作能力考核表

表 2-5-9 活动评价表

班级： 组别： 姓名：

项 目	评 价 内 容	评价等级（学生自评）		
		A	B	C
关键能力考核项目	遵守纪律，遵守学习场所的管理规定，服从安排			
	具有安全意识、责任意识、5S管理意识，注重节约与环保			
	学习态度积极主动，能参加实习安排的活动			
	具有团队合作意识，注重沟通，能自主学习及相互协作			
	仪容仪表符合活动要求			
专业能力考核项目	能按时按要求独立完成工作页			
	能正确清洁塑料件表面			
	能正确打磨塑料漆面			
	能正确调配塑料油漆比例			
	能正确进行塑料件喷涂			
小组评语及建议		组长签名： 年 月 日		
教师评语及建议		教师签名： 年 月 日		

活动六 水性漆的喷涂

活动描述

在理解水性漆涂装的设备和施工要求的基础上，观察教师喷涂水性漆的操作示范，按照水性漆的施工基本步骤，进行车身水性底色漆的施工作业。

学习目标

◇ 能熟知水性漆的特点和优势。
◇ 能正确进行水性底色漆的施工。

学习地点

水性涂料喷涂烤漆项目区。

学习准备

教具：多媒体设备、白板等。

设备：喷烤漆房。

工量具：SATA HVLP4000 水性漆喷枪、调漆尺、水性漆吹风枪、吹尘枪、调漆杯。

材料：水性涂料、高浓度清漆、清漆固化剂、稀释剂、纸漏斗、粘尘布、除油布、除油剂。

劳动保护用品：安全鞋、防护服、工作帽、护目镜、橡胶手套、活性炭口罩等。

知识准备

一、水性漆简介

水性漆因其涂料的稀释剂主要成分是纯水，在喷涂过程中，挥发的绝大部分都是水汽，从而避免了溶剂型漆在喷涂过程中大量有机溶剂的挥发，大大降低了排放气体的挥发性有机化合物(VOC)的浓度和总量。水性漆的溶剂含量只有溶剂型漆的 1/10～1/7，其环保优势明显。随着国内汽车企业对水性漆的了解越来越多，国内设备厂家的技术水平的提高，以及国内水性涂料企业的开发和工艺运用能力的增强，水性漆新工艺比较容易被接受并逐渐被推广和运用。据调查，国外应用水性漆的汽车生产厂家相对较多，尤其是欧洲国家，中涂水性漆的应用率已达到 38%以上，面漆水性漆的应用率达到 57%以上。目前国内应用水性漆的厂家并不多，仅有 5 家汽车生产厂家：北京奔驰、武汉本田、上海通用、广州本田二厂及江淮涂装二厂。

二、水性漆的分类

凡是用水作溶剂或者分散介质的涂料都可称为水性漆。水性漆包括水溶型、水稀释型、水分散型(乳胶漆)三种类型。

(1) 水溶型：指以水溶性树脂为成膜物配制的漆。水溶性树脂以聚乙烯醇及其各种改性物为代表，除此之外还有水溶醇酸树脂、水溶环氧树脂及无机高分子水性树脂等。

(2) 水稀释型：指以后乳化乳液为成膜物配制的漆。使溶剂型树脂溶在有机溶剂中，然后在乳化剂的帮助下靠强烈的机械搅拌使树脂分散在水中形成乳液，称为后乳化乳液，制成的漆在施工中可用水来稀释。

(3) 水分散型：指以合成树脂乳液为成膜物配制的漆。合成树脂乳液是指在乳化剂的存在下，在机械搅拌的过程中，不饱和乙烯基单体在一定温度条件下聚合而成的小粒子团分散在水中组成的分散乳液。在水溶性树脂中加入少许乳液配制的漆不能称为乳胶漆。严格来讲，水稀释漆也不能称为乳胶漆，但习惯上也将其归类为乳胶漆。

三、水性漆的性能

水性漆与传统溶剂型漆一样，基本成分包括溶剂、树脂、颜料和添加剂等。水性中涂漆主要有聚酯和聚氨酯漆，其施工固体分较高，一般为50%～60%。水性中涂漆的抗石击性能优于传统溶剂型中涂漆。水性面漆的底色漆主要有丙烯酸漆和聚氨酯漆。水性清漆由于价格较高，目前尚未被广泛应用，普遍采用的罩光清漆是高固体分双组分溶剂型漆。水性金属底漆与溶剂型金属底漆的溶剂含量相比，水性漆所含溶剂主要是水，树脂分散在水中形成聚合物分散体系，而传统溶剂型漆的溶剂主要是有机溶剂，树脂在溶剂中形成聚合物溶液。这就是水性漆与溶剂型漆的最大差别。

水性漆的性能特点如下：

1. 颜料分散性不好

水性漆属于聚合物分散体系，颜料分散性不是很好，因此须采取措施加以改善。

2. 分散粒子的稳定性差

溶解的分子对剪切力、热、pH等都很稳定，而分散的粒子不稳定，因此要对分散体系采取稳定措施。分散粒子受剪切力后会被破坏，因而须考虑在制造、输送水性漆过程中避免剪切力的作用。分散粒子对pH很敏感，漆中混入酸性物质会形成酸性粒子，从而产生胶化破坏水性漆。另外，水性漆在运输过程中受寒冻结后分散粒子也会被破坏。

3. 表面张力大

水的表面张力大，故水性漆的表面张力也较大，在施工过程中要加强管理，否则涂装时易产生下列缺陷和漆膜弊病：

(1) 易流挂。

(2) 展平性不好。

(3) 易产生缩孔、针孔。

(4) 不易伸入被涂物表面的小细缝中。

4. 蒸发热和比热容高，受温度、湿度的影响大

水的高蒸发热和比热容使水性漆中的水蒸发较慢。溶剂型漆中溶剂总量的50%在喷涂雾化过程中挥发掉，而水性漆仅为25%。水蒸发慢则在涂装时易产生流挂，且使涂装效率变低。因此，需设置中间加热区将水从水性底漆涂层中强制挥发出去。在喷涂清漆前必须把90%的水从水性底漆涂层中除掉(防止在最终烘烤时沸腾的水穿过清漆挥发出来)，以获得最佳的漆膜外观，从而避免水性底漆被清漆返溶。

水的蒸发速率与相对湿度密切相关，相对湿度高时，水的蒸发速率很低。因此，喷漆室的相对湿度和温度必须控制在一定范围内，以确保喷漆雾化过程中适量的水挥发掉，并且使水和有机溶剂在漆膜中保持适当平衡。这个适当的平衡是很重要的，其可使涂料有合适的表面张力以润湿喷涂表面。

5. 导电性好

水的介电常数大，因此水性漆的导电性好，一般水性漆的电阻小于0.1MΩ，而溶剂型漆的电阻为0.5～20MΩ。水性漆的导电性好，当采用静电喷涂时有特殊要求。

6. 腐蚀性大

水性漆含有大量水，因而对容器、输送管路、喷漆室体等易受潮部位有腐蚀性，故需用不锈钢或塑料制品。

7 流变行为

流体黏度随剪切速率的增加而减小的流体称为假塑性流体。假塑性流体的流变行为与其流变所走路径有关，也就是对时间有依赖，故称为触变性流体。杜邦公司的水性金属漆和水性色漆本质上属假塑性流体。BASF公司的水性漆具有触变性，其黏度取决于所用的剪切速率及其剪切历程。基于水性漆的特性，用流量杯测量黏度值不具有重现性，只有用旋转黏度计测出包括低剪切速率下和高剪切速率下的数据点完整流变曲线，才能给出水性漆流变行为的完整特性。

四、水性漆的喷涂系统

水性漆的喷涂系统主要涉及涂料的输调漆系统、自动喷涂系统、人工喷涂系统、预烘干系统、喷漆室系统以及空调送风系统。

1. 输调漆系统

水性涂料与溶剂型涂料相比，水性涂料为假塑性流体，黏度随剪切速率增加而减小，溶剂型涂料为牛顿流体，黏度不随剪切速率的变化而发生变化。因此，在输调漆系统设计、制作过程中，应重点注意其管道阻力较大，并且应避免剪切力。

在输调漆系统的选型过程中应重点关注和控制如下部分：

(1) 输调漆所有部件的选择必须符合水性漆使用要求，如稳压塔、四通阀、管接头等部件。

(2) 输调漆的供漆泵选用电动式的最好，液压式次之，气动泵相对管路压力波动会大些，需要增加稳压装置。供漆泵需满足水性漆使用要求(材质、输出压力、流量等)。因水性涂料黏度大，管道阻力大，供漆泵的功率和输出压力需增大。

(3) 输调漆系统搅拌器选用电动变频搅拌器，保证对涂料较低的剪切力，特别是在涂料桶液位不同时，搅拌速度会带来黏度变化。为防止液位变化较大，最好采用双罐方式，一个作为循环罐，一个作为补料罐，设自动液位监控、自动补漆和自动调速功能。

(4) 管路系统所有管道、阀门及相关部件均采用不锈钢制造，最好采用SUS316材质。

(5) 避免管线设计、施工以及其他细节设计部分存在管径偏小、管道焊接不平整、钝化处理不到位、循环盲端等问题，从而影响日后水性漆的循环稳定性以及涂装质量。

2. 自动喷涂系统

由于水性涂料采用纯水作为稀释剂，腐蚀性较强，因此喷涂机器人所有与涂料接触的金属部件都需选用不锈钢制造，最好采用SUS316材质，特殊部位和特殊功能件选用特殊不锈钢材质。又因为水性涂料的稀释剂为水，导电性较强，机器人采用静电喷涂时，目前的内接电方式会导致整个水性涂料输送系统全面导通，失去静电喷涂功能。如果输调漆系统接地不良，会使整个系统带上高压静电，存在放电打火等安全隐患。

3. 人工喷涂系统

由于水性漆的稀释剂为纯水，水性漆的电导率很高，所以采用传统的方法无法使工件和喷枪之间产生高压，人工水性静电喷涂很难实现。为了能够在工件和喷枪之间建立高压，可采用两种方式：① 在喷漆室周围建立一套绝缘的输调漆系统，通过绝缘的方式，在喷枪和输调漆系统间建立高压；② 在喷枪出口采用外部加电的方式，在喷枪和工件间建立静电场。

4. 预烘干系统

水性涂料因采用纯水作为稀释剂，水在喷涂后不容易挥发，没有挥发的水在100℃的情况下会沸腾，这样没有表干的漆膜会出现起泡、缩孔等缺陷。为保证水性涂料的漆膜质量，需增加预烘干系统，让漆膜中的水分在50℃～90℃的温度下充分挥发。一般而言，水性涂料在进行下一道喷涂或进入高温烘炉之前，其脱水率应达到80%～90%。为此需要在进入高温烘炉之前增加适当工位的水性漆预烘炉。预烘干一般采用分两段加热的方式：第1段加热温度为50℃～70℃，烘干时间为1～2min；第2段加热温度为70℃～90℃，烘干时间为2～3min。

5. 喷漆室系统

因水性漆喷涂造成空气中的湿度偏大，涂料含水量大，如涂料附着在室体壁板上会对壁板带来一定的腐蚀性。所以喷漆室均流喷涂段室体壁板一般采用不锈钢板制成，室体底部的水槽及骨架、风道风管最好采用不锈钢材料。为了节约投资，喷漆室的动压、静压室室体壁板可采用镀锌板。

6. 空调送风系统

综合多个水性漆涂料厂（PPG、BASF、立邦、关西）的水性涂料施工参数得出，水性漆的施工窗口较窄。其中，欧美企业的喷漆室温度要求在22℃～24℃，湿度在(65±5)%；而日系企业的施工窗口相对于欧美企业而言较宽，一般喷漆室温度要求在22℃～27℃，湿度在(70±5)%。经充分对比后确定出一个较为合适的温湿度范围，用于对空调送风系统的制冷量和加热量进行核算。水性漆喷漆室的最佳温度在22℃～26℃，夏天设定为(26±1)℃，冬天设定为(23±1)℃，湿度设定为(65±5)%；溶剂型漆喷漆室的最佳温度在20℃～30℃，喷漆室的湿度在(70±10)%。

活动实施

水性漆的修补作业流程如下（以巴斯夫鹦鹉90系列水性漆为例）：

一、底材处理

1. 车辆清洗

车辆在清洗后才能进入预处理区，这样可以防止污染物进入车间，如图2-5-77所示。

图2-5-77 车辆清洗

2. 维修区域检查

检查维修区域时，确定维修区域底材、工作步骤、流程以及需要使用的清洁剂，如图2-5-78所示。

图 2-5-78 维修区域检查

3. 底材清洁

由于材料属性不同，我们应根据底材的实际情况，在预处理中使用不同的清洁剂，以便彻底清除可能影响涂层效果的表面污染物，如图 2-5-79 所示。

(1) 去除水溶性和非水溶性污染物。清洗汽车时，肥皂、水和清洁剂是去除水溶性污染物的最佳物质，而非水溶性污染物只能通过专门的清洁剂才能去除。专业化学清洁剂可以去除硅脂、蜡、油脂和油渍。

(2) 塑料清洁。由于硅油可用于为大部分塑料器件脱模，因此须用专业塑料清洁剂多清洗几次。水溶性脱模剂的运用正日益广泛，这种脱模剂只能用水去除，因此可用温的肥皂水清洗塑料。若在清洗步骤之间适度短时间加热，清洗效果和效率更佳。

4. 清除旧漆膜

必须完全去除车身上的粗磨削棱角或其他处理痕迹，利用 P80 砂纸打磨受损区域，直至暴露出受损区域的裸金属，如图 2-5-80 所示。

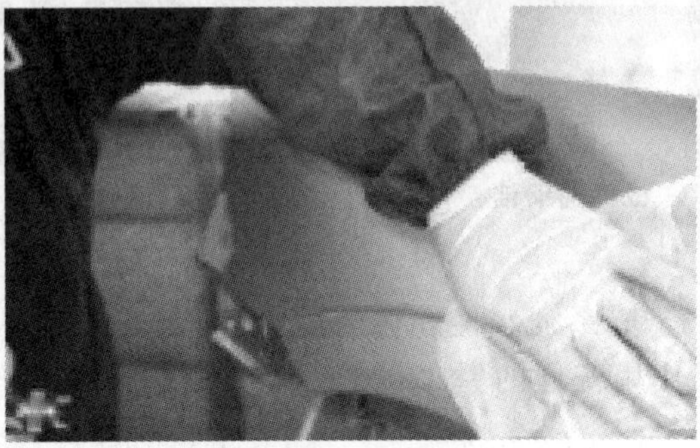

图 2-5-79 底材清洁

图 2-5-80 清除旧漆膜

二、原子灰的刮涂与打磨

(1) 在刮涂原子灰之前，要先清洁板件，然后使用多用途原子灰进行刮涂，如图 2-5-81 所示。

(2) 原子灰的打磨：对于所有打磨操作，应当按照正确的打磨材料型号顺序进行打磨。

对于重叠、接口或羽状边区域，采用从最初较粗的 P80 至最细的 P400 的顺序，确保较深的打磨痕在每次操作中均被打磨到，从而保证最后被除去。打磨指导碳粉有助于观察打磨的程度，可以使人们直观地看到磨痕是否被去除，如图 2-5-82 所示。

图 2-5-81 原子灰的刮涂

图 2-5-82 原子灰的打磨

三、底色漆的喷涂

1. 板件的清洁

用鹦鹉 700-10 脱脂清洁剂清洁表面残留的硅、油脂；之后清除塑料表面的鹦鹉 700-10 脱脂清洁剂，防止其降低涂料的附着力。利用喷雾器操作或直接手工操作，如图 2-5-83 所示。注意不要把清洁剂留在清洗表面上自然干燥，要用干净的布擦干。

700－1 水性清洁剂属水性漆工艺专用产品，在喷涂产品 90 系列底色漆或 76 水性中涂底漆前，需用其对待修补表面进行最后的清洁工作。该清洁剂具有静电控制效果，可以减少漆膜上吸附的灰尘量，在喷涂塑料件时，作用更加明显。

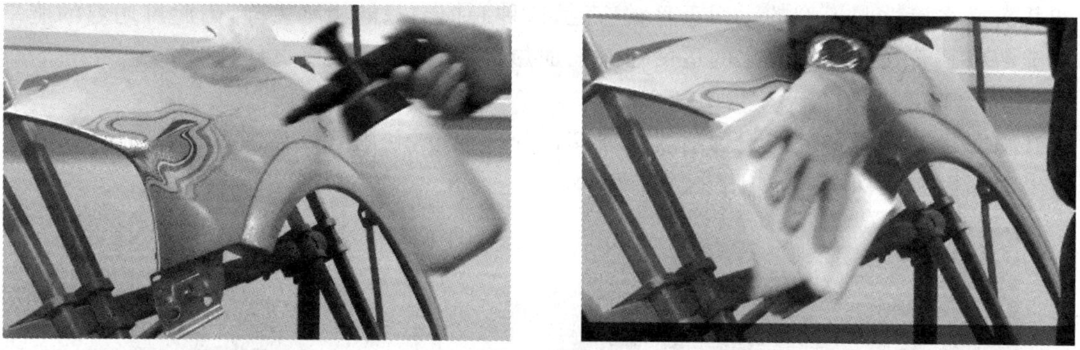

图 2-5-83 板件的清洁

2. 水性底色漆的调配

选用塑料罐或有内壁涂层的金属罐，用于 90 系列水性底色漆的调配工作。在加入了所有需要的成分后，立即彻底搅拌均匀。如果使用普通的铁罐，90 系列中含有的水分将对罐子造成腐蚀。

提示：为了确保调色的精确性，在新色母上架之前，把色母用调漆尺手工搅拌均匀。

3. 色母的混合

透明的调漆罐可以对各种色母的混合均匀程度提供直接控制，能够确定粘到罐壁上的色母是否已搅拌入色漆，防止其改变所调的颜色。

提示：称量完配方中最后一个组分后，必须立即充分搅拌混合物。通过搅拌，可以均匀混合水性漆调和树脂和溶剂性高浓缩色母等不同组分，生成稳定的混合物。

在这种情况下，称量后进行正确搅拌，底色漆在防腐容器中可以保存长达 6 个月。

提示：只用鹦鹉的调漆尺或认可的调漆罐，以2∶1的比例添加 93－E3 调整剂。按照调漆尺刻度混合的获得的最适宜的喷涂黏度，将保证完美的应用性能和颜色匹配性。

调漆尺在水性漆的调配中使用的注意事项：

(1) 调漆尺必须保持清洁，刻度清晰。

(2) 必须严格按照调漆尺上的刻度添加漆料。

(3) 在将调漆尺用于 90 系列时，应该先清洁和擦干表面，不要把沾有溶剂的调漆尺插入水性漆中。

(4) 不要将锥形的调漆罐配合调漆尺使用，罐子的形状会无意中严重造成黏度的改变。

4. 水性底色漆的过滤

由塑料筛网和防水胶构成的涂料过滤纸漏斗更适合过滤 90 系列产品。因为 90 系列产品中含有的水分会导致棉质过滤纸漏斗吸水膨胀，从而阻止产品流过筛网。若过滤纸漏斗采用的胶不是防水的，筛网会与纸脱离，无法正确过滤底色漆。水性底色漆的过滤操作如图 2-5-84 所示。

图 2-5-84 水性底色漆的过滤

提示：

(1) 喷枪上安装的内置过滤网不可用于 90 系列产品。

(2) 使用乙烯筛网的标准涂料过滤网，采用 200～230μm 筛网尺寸。

(3) 将 3MPPS 系统用于喷涂 90 系列产品，使用 200μm 筛网尺寸。

(4) 特别细密的筛网将阻止水性底色漆按照所要求的流动速度流动。

5. 水性底色漆的喷涂

在水性底色漆的喷涂过程中，必须使用 HVLP(高流量低气压)喷枪。使用 HVLP 喷枪喷涂水性底色漆的方式与溶剂型底色漆的喷涂方式有所不同。以下是使用 HVLP 喷枪时的四个要点：

(1) HVLP 喷枪正确的枪距为 10～15cm。

(2) 正确的喷涂气压：入口气压 2bar/30p. s. i，雾化气压 0. 7bar/10p. s. i。

(3) 每个移动行程间，重叠(重叠/压枪)面更大。喷枪行程必须重叠前一行程喷幅的 75%，如图 2-5-85 所示。

图 2-5-85 水性底色漆的喷幅重叠

(4) 保持正确的持枪角度(图 2-5-86)。采用 HVLP 喷枪喷涂,可以降低喷涂压力,因此必须在距离面板 10~15cm 处喷涂涂料,喷枪行程必须与喷涂表面平行。即使喷涂垂直的表面,喷枪喷涂轨迹也应与车身形状相吻合。特别当喷涂水平的表面时,如前机盖(引擎盖),只有采用正确的喷枪持握方式,才能喷涂出完美的效果。

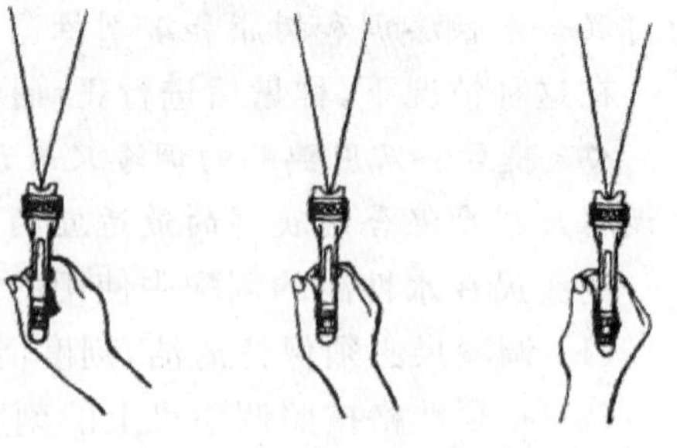

图 2-5-86 喷枪的持握方式

90 系列水性底色漆的喷涂过程如下:

使用 HVLP 喷枪喷涂 90 系列产品,可用 1.2~1.3mm 上壶重力喷枪,也可以用兼容的 1.2~1.4mm 喷嘴口径。

(1) 第一层喷涂。

第一层喷涂的枪距保持在 10~15cm。根据不同的颜色,90 系列产品的第一次喷涂层一般按 50%~70%的颜色遮盖进行喷涂。该涂层不能喷涂得太湿。这种方法能最大限度地降低挥发时间,减少产品消耗。使用文丘里吹风系统闪干表面至哑光。

(2) 第二层喷涂。

第二层喷涂的枪距保持在 10~15cm。第二层涂层是一个均匀的湿层(100%遮盖)。使用文丘里吹风系统闪干表面至哑光。

(3) ½涂层喷涂。

½涂层(效果层)喷涂的枪距保持在 25~30cm。这一步对正确匹配颜色和决定最终涂层的效果至关重要,如图 2-5-87 所示。

(4) 喷涂清漆。

喷涂清漆前闪干 2~3min,底色漆上的任何缺陷、尘粒均可以采用 P1000 砂纸或超精细软垫砂纸干磨除去。然后,使用底色漆修补打磨区域。

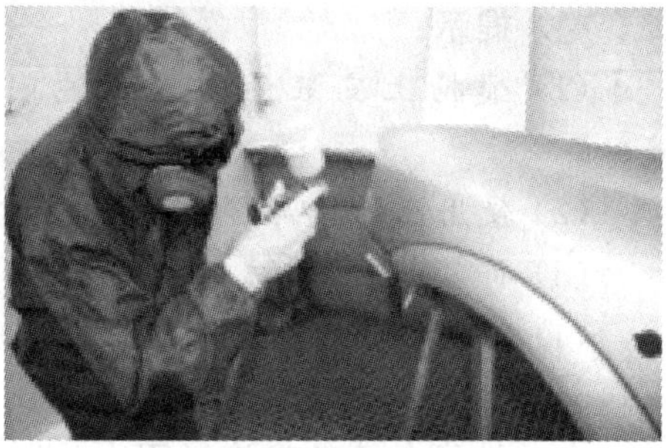

图 2-5-87 水性底色漆的喷涂

6. 90 系列水性漆的高效率闪干

使用气流加强系统(图 2-5-88),应使喷出的空气顺着喷漆房内的空气流动方向流动。气流加强系统与被喷涂面的入射角必须是 45°(图 2-5-89),以覆盖整个喷涂表面。进行全车重新喷漆工作时,将喷漆房内空气加热 10min,使室内温度达到 45℃左右,同时结合使用气流加强系统,可以非常高效地完成工作。

为缩短喷涂过程时间,必须加速底色漆的挥发,文丘里管系统有两种支持的挥发方式:

(1) 用红外线加热:以不超过 80℃的温度进行加热。

(2) 喷漆房内温度升高至 45℃。

闪干后,继续下一道喷涂前,应先冷却车体表面。气流加强系统是加快 90 系列色漆挥发速度的最有效的工具,其作用就像压缩空气驱动的空气放大器。周围的空气从气流加强系统喷嘴后部被吸入,在管内旋转前进,喷嘴出口处空气的流出速率是压缩空气消耗量的 10 倍。这些喷嘴使用非常简单,但应当遵循以下一些建议,以使其达到最大效率:

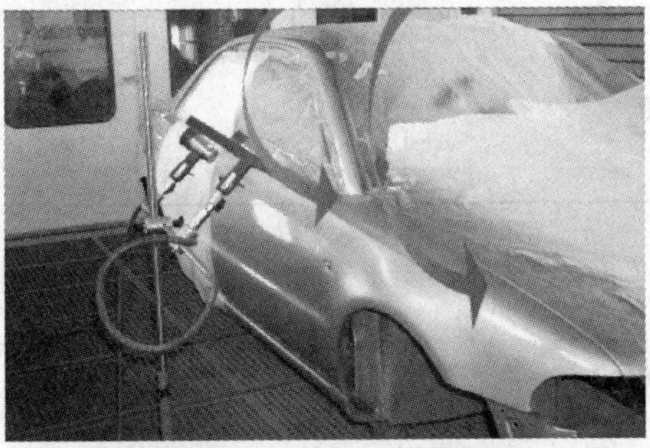
图 2-5-88　气流加强系统

图 2-5-89　使用文丘里管干燥板件

(1) 为正确运转,气流加强系统应该在制造商推荐的压力下操作。

(2) 正确使用气流加强系统,将提高其工作效率。

(3) 离待干燥表面太近,气流加强系统效率降低,产生气流不规则,会使尘粒投射到需干燥的表面。

巩固与评价

一、反思性问题

水性漆相对于溶剂型漆的优势在哪里?

答:

二、拓展性问题

水性漆喷涂时有哪些注意事项?

答:

三、操作能力考核表

表 2-5-10 活动评价表

班级： 组别： 姓名：

项目	评价内容	评价等级(学生自评)		
		A	B	C
关键能力考核项目	遵守纪律，遵守学习场所的管理规定，服从安排			
	具有安全意识、责任意识、5S管理意识，注重节约与环保			
	学习态度积极主动，能参加实习安排的活动			
	具有团队合作意识，注重沟通，能自主学习及相互协作			
	仪容仪表符合活动要求			
专业能力考核项目	能按时按要求独立完成水性漆的喷涂施工			
	能正确使用工具			
	能正确对板件进行清洁			
	喷涂方法正确			
	能将工具收拾整洁			
小组评语及建议		组长签名： 年 月 日		
教师评语及建议		教师签名： 年 月 日		

项目三　色漆的调配

项目学习目标

- 能正确使用调漆架。
- 能正确使用电子秤。
- 能正确使用对色灯箱。
- 能分析出三原色相加后的颜色，以及依次相加后的颜色。
- 能分析出颜色的纯度、明度、色相的偏差。

任务一　配漆基础知识的认知

活动一　调漆工具的使用

活动描述

首先学习调漆工具的作用、使用及保养方法，再进行实际操作，亲身体会，掌握调漆工具的使用方法。

学习目标

◇ 能正确使用调漆架并掌握相关注意事项。
◇ 能正确使用电子秤并掌握相关注意事项。
◇ 能正确使用对色灯箱并掌握相关注意事项。
◇ 能正确使用烘烤箱并掌握相关注意事项。

学习地点

溶剂涂料电脑调色项目区。

学习准备

教具：多媒体设备、白板等。

设备：调漆架、电子秤、对色灯箱、调漆杯、烘烤箱。

工量具：比例尺、不同车系的配方微缩胶片。

材料：除油布、稀释剂。

劳动保护用品：安全鞋、防护服、工作帽、护目镜、橡胶手套、活性炭口罩等。

知识准备

一、调漆架

因为相对密度不同，涂料中的树脂、溶剂及颜料经过一段时间就会分离，所以涂料在使用前需要充分混合，调漆架就是实现这一功能的专用涂料调色工具，又称为油漆搅拌机，如图 3-1-1 所示。

图 3-1-1　调漆架

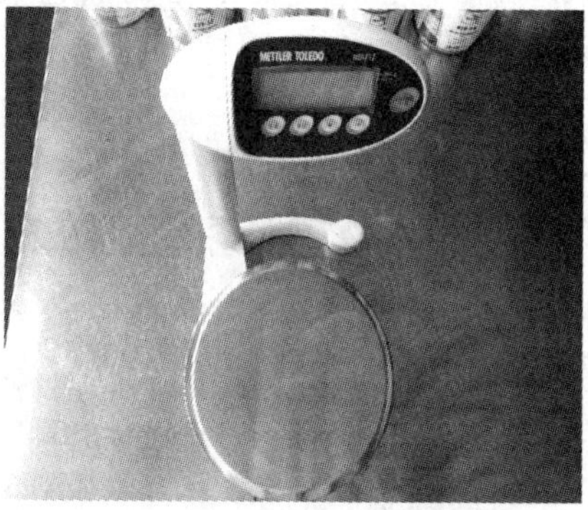

图 3-1-2　电子秤

二、电子秤

电子秤又称配色天平，是一种称量涂料用的专用天平，由托盘秤、电子显示器、集成电路板组成(图 3-1-2)，它可以帮助计算适当的混合比。常用的电子秤量程可达 7500g，精确度为 0.1g。电子秤由明亮的发光二极管作显示器，它安装在托盘上方。电子秤使用方便，属于专为汽车修补漆称量的配套产品。电子秤的灵敏度较高，使用时应避免大的气流(风)。

三、对色灯

对色灯是一种接近阳光所有波长的灯，可在夜间或下雨时代替阳光，有时可做成灯箱，如图 3-1-3 所示。

四、烘烤箱

烘烤箱简称烘箱，它在喷涂作业中多用于喷涂样板的烘干，一般为柜式结构，加热方式一般为电加热和红外线加热，它的特点是保温性好、占地面积小，其结构如图 3-1-4 所示。

图 3-1-3　对色灯箱

图 3-1-4　烘烤箱

活动实施

一、调漆架的使用

调漆架的使用方法如下：

	步骤 1：接通电源。 提示：涂装车间内须使用防爆插座。
	步骤 2：摆放好调漆架上的色母，以便搅拌。 提示：使用色母，每天需搅拌两次，早上、中午各一次。
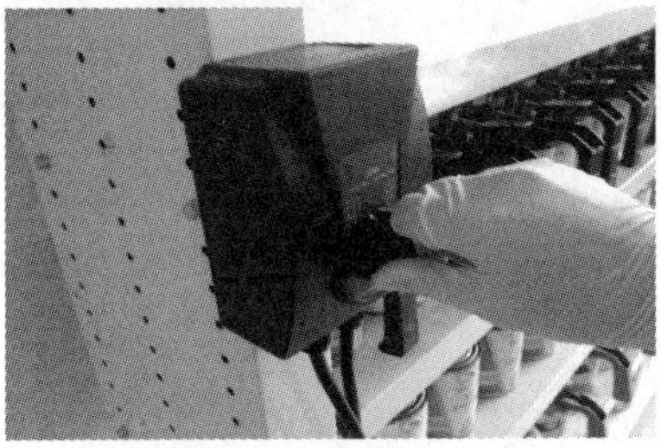	步骤 3：打开电源开关，并设定时间。

续表

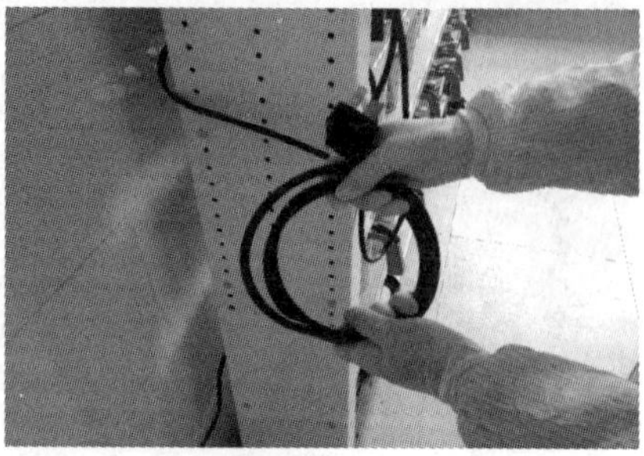	步骤 4：搅拌完毕，收拾整理。

二、电子秤的使用

电子秤的使用方法如下：

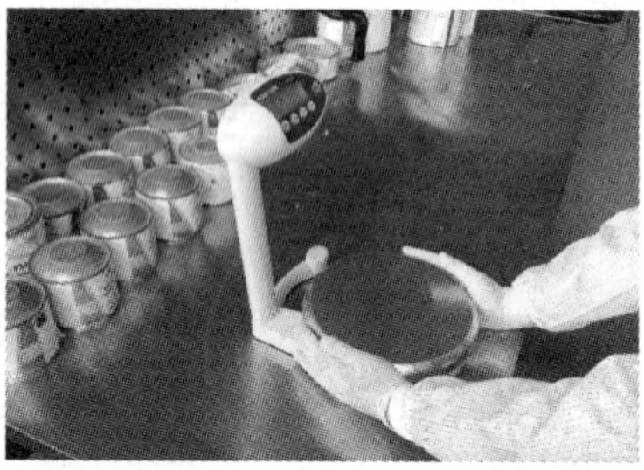	步骤 1：摆放好电子秤。 **提示：**工作台要平稳，操作场地不能有风，否则会影响测量。
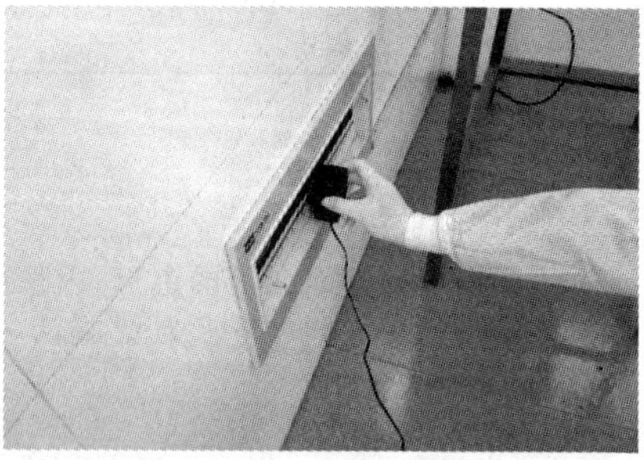	步骤 2：接通电源。
	步骤 3：长按开关，打开后，再轻轻按一下，数值清零。 **提示：**电源开关键与清零键为同一按键。

续表

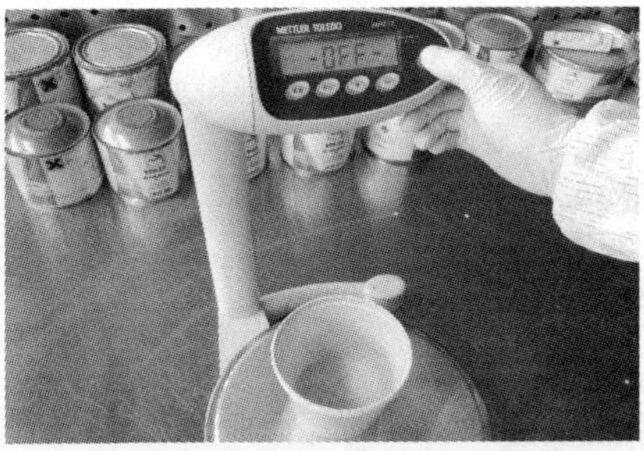	步骤 4：使用完毕，长按开关键关闭显示屏。 **提示**：称重过程中，如有涂料滴落到测量盘上，要及时擦干净。
	步骤 5：整理收拾。

三、对色灯箱的使用

对色灯箱的使用方法如下：

	步骤 1：接通电源。
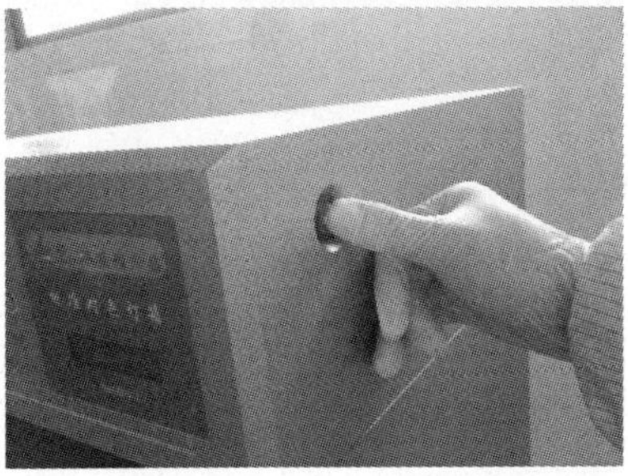	步骤 2：打开灯箱侧面的电源开关。

续表

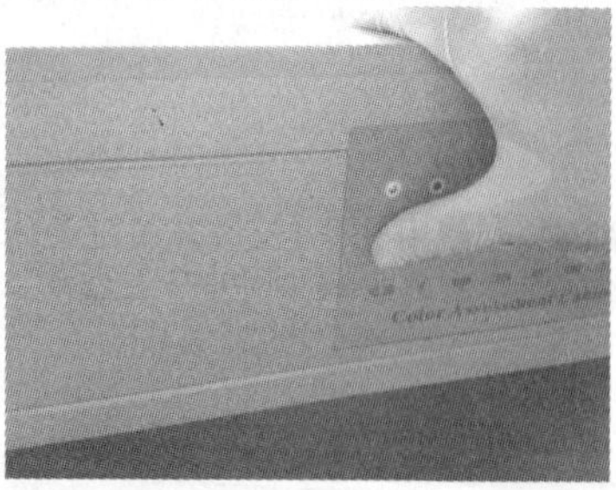	步骤 3:按下控制面板上的电源键,选择需要的对色灯。
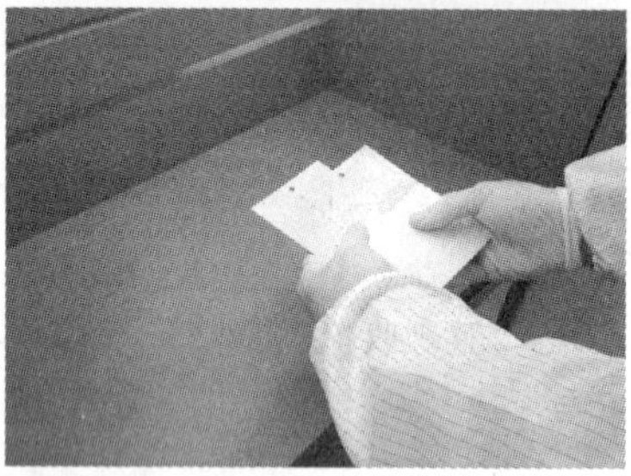	步骤 4:进行颜色比对。
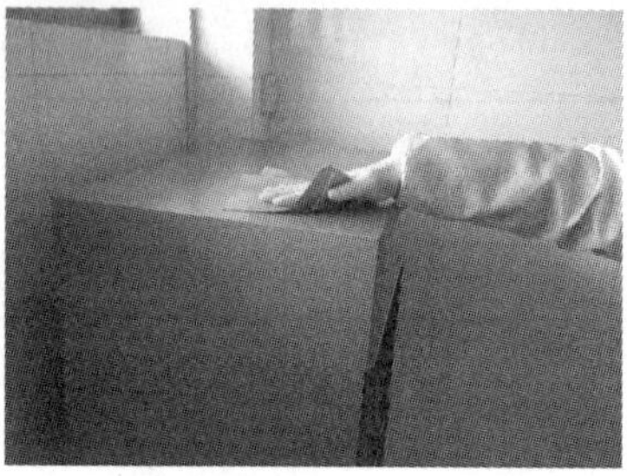	步骤 5:操作完毕,关闭电源,按接通的相反顺序进行,并收拾整理。

四、烘烤箱的使用

烘烤箱的使用方法如下:

<table>
<tr>
<td>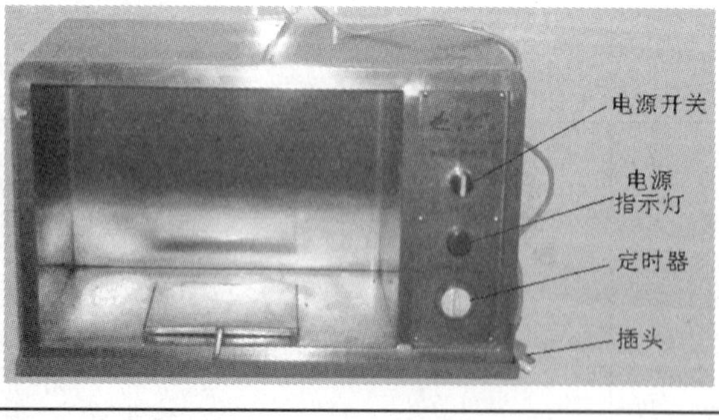
</td>
<td>步骤 1:连接电源插头。
步骤 2:打开电源开关。
步骤 3:打开定时器,设定烘烤时间,开始烘烤。
步骤 4:关闭电源。</td>
</tr>
</table>

巩固与评价

一、反思性问题

在调漆设备的实际使用中,有必要穿戴所有的劳动保护用品吗?为什么?

答：

二、拓展性问题

调漆工具的正确使用能够提高调漆的效果吗？为什么？

答：

三、操作能力考核表

表 3-1-1　　　　活动评价表

班级：　　　　组别：　　　　姓名：

项 目	评 价 内 容	评价等级(学生自评)		
		A	B	C
关键能力考核项目	遵守纪律，遵守学习场所的管理规定，服从安排			
	具有安全意识、责任意识、5S 管理意识，注重节约与环保			
	学习态度积极主动，能参加实习安排的活动			
	具有团队合作意识，注重沟通，能自主学习及相互协作			
	仪容仪表符合活动要求			
专业能力考核项目	能掌握调漆工具的种类和作用			
	能正确使用调漆架、电子秤			
	能正确使用对色灯箱、烘烤箱			
	学习准备充分、齐全			
	注重工作效率与工作质量			
小组评语及建议		组长签名： 年　月　日		
教师评语及建议		教师签名： 年　月　日		

活动二　颜色调配基础知识的认知

活动描述

首先学习颜色调配的基本知识，再通过用色卡、色环图及对色灯箱进行实际查看和比对，亲身体会，掌握颜色调配的基础知识。

学习目标

◇ 能够知道调色的概念。
◇ 能够详细掌握颜色的三原色。
◇ 能够详细掌握调色的基础知识。

学习地点

溶剂涂料电脑调色项目区。

学习准备

教具：多媒体设备、白板等。
设备：对色灯箱。
工量具：色卡、色环图。
材料：除油布、稀释剂。
劳动保护用品：安全鞋、防护服、工作帽、护目镜、橡胶手套、活性炭口罩等。

知识准备

颜色是光刺激人们的眼睛产生的一种感觉。颜色不能离开光单独存在，没有光线，就没有颜色。

一、感知颜色

人类眼睛的结构如图 3-1-5 所示。眼睛各部分的作用如下：

(1) 角膜：保护眼球。
(2) 瞳孔：调节进入眼球的光线数量。
(3) 水晶体：使光线聚焦在视网膜上。
(4) 视神经：向大脑发送视觉信号。

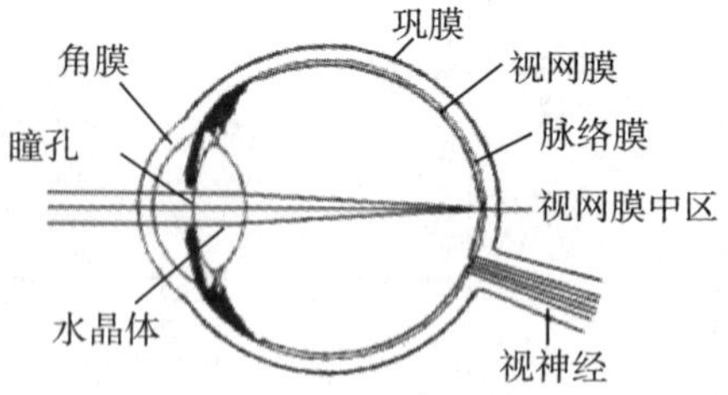

图 3-1-5　眼睛的结构

二、光线

如果光源发出的白光通过三棱镜，则会被分成不同颜色的各种光线，如图3-1-6所示。这是因为光线从不同的角度被折射出来。这些被折射出来的光线在380～780nm的波长范围，也就是我们常说的“七色光”，即红、橙、黄、绿、青、蓝、紫，如图3-1-7所示。

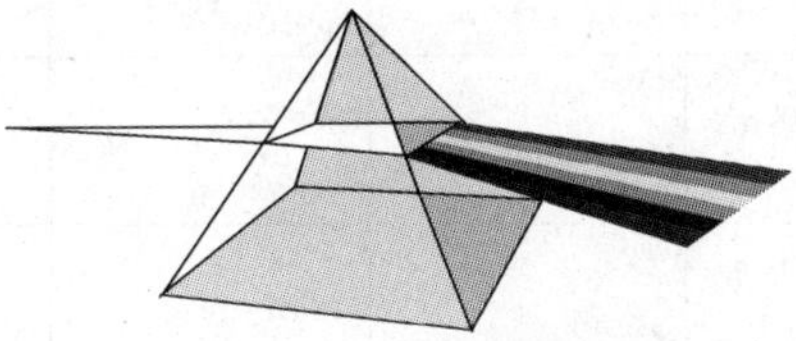

图3-1-6　棱镜分光颜色

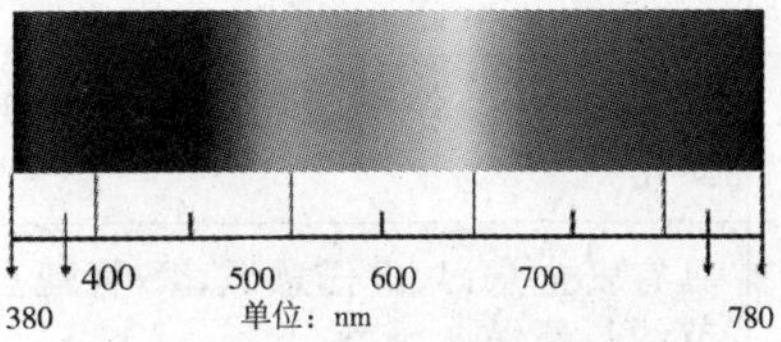

图3-1-7　可见光光谱波长

三、三原色和次级色

三原色是其他各种颜色的基础。三原色无法通过混合其他颜色而获得，而所有其他颜色可以通过混合三原色而获得。三原色、次级色和三级色见书后附图1。

活动实施

一、识别三原色和次级色

三原色：__________、__________、__________。

次级色：__________、__________、__________。

二、识别混合色

红＋黄＝__________，黄＋蓝＝__________，蓝＋红＝__________。

紫＋黄＝__________，红＋绿＝__________，蓝＋橙＝__________。

巩固与评价

一、反思性问题

在进行调色时，穿什么颜色的衣服比较合适？为什么？

答：____

____

____

二、拓展性问题

在进行调色时，在涂料中加入互补色，能使涂料的颜色变暗（深）吗？为什么？

答：____

____

____

三、操作能力考核表

表 3-1-2　　活动评价表

班级：　　组别：　　姓名：

<table>
<tr><td rowspan="2">项 目</td><td rowspan="2">评 价 内 容</td><td colspan="3">评价等级(学生自评)</td></tr>
<tr><td>A</td><td>B</td><td>C</td></tr>
<tr><td rowspan="5">关键能力考核项目</td><td>遵守纪律,遵守学习场所的管理规定,服从安排</td><td></td><td></td><td></td></tr>
<tr><td>具有安全意识、责任意识、5S 管理意识,注重节约与环保</td><td></td><td></td><td></td></tr>
<tr><td>学习态度积极主动,能参加实习安排的活动</td><td></td><td></td><td></td></tr>
<tr><td>具有团队合作意识,注重沟通,能自主学习及相互协作</td><td></td><td></td><td></td></tr>
<tr><td>仪容仪表符合活动要求</td><td></td><td></td><td></td></tr>
<tr><td rowspan="5">专业能力考核项目</td><td>能正确识别混合色</td><td></td><td></td><td></td></tr>
<tr><td>颜色色板、设备选择得当,使用符合要求</td><td></td><td></td><td></td></tr>
<tr><td>三原色、次级色操作符合要求</td><td></td><td></td><td></td></tr>
<tr><td>学习准备充分、齐全</td><td></td><td></td><td></td></tr>
<tr><td>注重工作效率与工作质量</td><td></td><td></td><td></td></tr>
<tr><td>小组评语及建议</td><td></td><td colspan="3">组长签名：

年　月　日</td></tr>
<tr><td>教师评语及建议</td><td></td><td colspan="3">教师签名：

年　月　日</td></tr>
</table>

活动三 颜色属性的分析

活动描述

首先学习颜色属性的概念及分析方法，再通过用色卡、色环图及配色灯箱进行实际查看和比对，亲身体会，掌握颜色属性，并能对相近颜色进行属性分析。

学习目标

◇ 能分析出颜色的明度。
◇ 能分析出颜色的色相。
◇ 能分析出颜色的纯度。

学习地点

溶剂涂料电脑调色项目区。

学习准备

教具：多媒体设备、白板等。
设备：对色灯箱。
工量具：色卡、色环图。
材料：色母、除油布、稀释剂。
劳动保护用品：安全鞋、防护服、工作帽、护目镜、橡胶手套、活性炭口罩等。

知识准备

1905 年美国画家孟塞尔研究颜色定量表示方法，创立了孟塞尔颜色系统，用三维空间的类似球体模型把物体表面颜色用明度、色相、纯度三种基本属性表示出来。

一、明度

明度是物体反射光的数量方面的一种特性。物体对色彩光反射率越高，人们眼睛感觉到这种色彩越明亮，其明度值就越高，所以明度是颜色在数量方面的属性。

明度从黑到白的等级划分如图 3-1-8 所示。

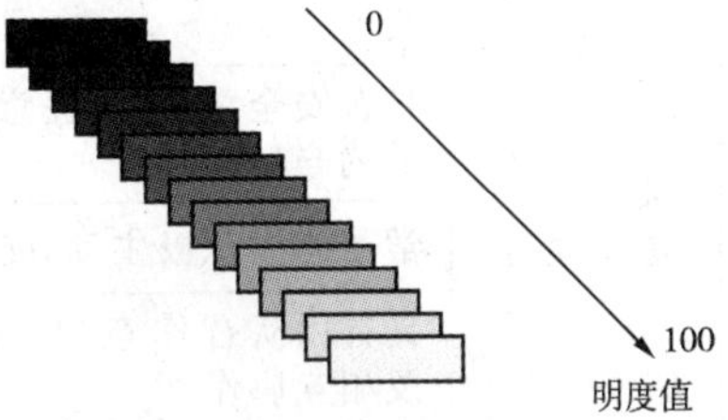

图 3-1-8 明度属性

二、色相

色相是表示物体反射不同波长的可见光，按波长顺序排列在圆周上，不同波长有不同的颜色，这是物体颜色在本质方面的属性。色相属性见书后附图 2。

三、纯度

纯度又称彩度，是物体对可见光选择性反射的程度。

如果物体对可见光谱中某一很窄的波段有很高的反射率，而对其他波段有很高的吸收率，这种物体颜色的饱和程度就高。饱和度是衡量物体对光谱选择性反射的程度，是衡量物体颜色纯度的一种属性。纯度属性见书后附图 3。

活动实施

在颜色三属性图中用圆心与圆周的距离来描述，越靠近圆周饱和度越高，越靠近圆心纯度越低。

根据书后附图 4“颜色属性模型”填空：

（1）图中所包括的颜色属性为：__________、__________、__________。

（2）图中同一水平面上的颜色是按____________________来排列的。

巩固与评价

一、反思性问题

在进行比色时，从哪几个方面来判断？为什么？

答：______________________________

二、拓展性问题

在进行调色时，在涂料中多加黑色能改变颜色的色相吗？为什么？

答：______________________________

三、操作能力考核表

表 3-1-3 **活动评价表**

班级： 组别： 姓名：

项 目	评 价 内 容	评价等级（学生自评）		
		A	B	C
关键能力考核项目	遵守纪律，遵守学习场所的管理规定，服从安排			
	具有安全意识、责任意识、5S 管理意识，注重节约与环保			
	学习态度积极主动，能参加实习安排的活动			
	具有团队合作意识，注重沟通，能自主学习及相互协作			
	仪容仪表符合活动要求			

续表

项 目	评 价 内 容	评价等级(学生自评)		
		A	B	C
专业能力考核项目	掌握颜色三种属性的概念			
	能对比分析颜色的三种属性			
	操作规范,符合要求			
	学习准备充分、齐全			
	注重工作效率与工作质量			
小组评语及建议		组长签名: 年　月　日		
教师评语及建议		教师签名: 年　月　日		

任务二　配漆与调色

活动一　涂料的调配

活动描述

首先学习涂料调配的流程,再通过用色卡、色环图及对色灯箱进行实际查看和比对,亲身体会,掌握涂料调配的基础知识。

学习目标

◇ 能正确使用涂料调配工具。

◇ 能掌握涂料调配方法。

学习地点

溶剂涂料电脑调色项目区。

学习准备

教具：多媒体设备、白板。

设备：容器、调漆架、对色灯箱、烘烤箱、黏度计、电子秤。

工量具：调漆杯、调漆尺、色卡、废料罐、过滤漏斗。

材料：色母、稀释剂、固化剂、擦拭纸。

劳动保护用品：安全鞋、防护服、工作帽、护目镜、橡胶手套、活性炭口罩等。

知识准备

涂料调配过程中需要使用的设备和工具有容器、黏度计、调漆架、电子秤、对色灯箱和烘烤箱等，其中，调漆架、电子秤、对色灯箱和烘烤箱在任务一的活动一中已有介绍，现重点介绍容器和黏度计。

一、容器

涂装所用容器多为聚丙烯型一次性容器。在调配涂料时最好使用上下口径一样的直筒型容器。

二、黏度计

所谓黏度是液体分子间相互作用，并由此产生的阻碍分子间相对运动的量度，也可以称为液体流动的阻力(内摩擦力)。通常所说的漆料的稀与稠，实际上就是指其黏度的大小。不同的涂层对涂料的黏度要求也有所不同，一定要严格按涂装工艺中所规定的标准调整。否则，黏度过高将会使表面粗糙不匀，产生针孔和气孔等缺陷；黏度过低则会造成挂流、失光，使漆膜形成得不丰满。所以，车身涂装作业中应根据技术要求调整黏度，并养成使用黏度计进行测量的习惯。

使用台式黏度计测量黏度时，可先将黏度计台面下的四个螺栓在工作台上调放平稳，并用左手的中指堵严黏度杯底部的流孔，然后将加入稀释剂并充分搅拌均匀的漆料倒满黏度杯，用玻璃棒将液面刮平之后，松开堵孔的中指，并同时开动秒表，待杯中的漆料流完(断流)时，立即关闭秒表，其秒表上的秒数就是该漆的黏度。一般需测试三次，取其平均值，并做好记录。测试条件一般在室温(25±1)℃条件下进行。

使用手提式黏度计测量黏度时，可在施工现场将黏度计直接浸入漆料中灌满漆液，提起黏度计，待仪器脱离漆液面的同时开动秒表，观察黏度计底部的流孔，待漆料快流完且出现断流时，快速关闭秒表，其秒表上的秒数即为测量的黏度。

活动实施

涂料调配操作如下：

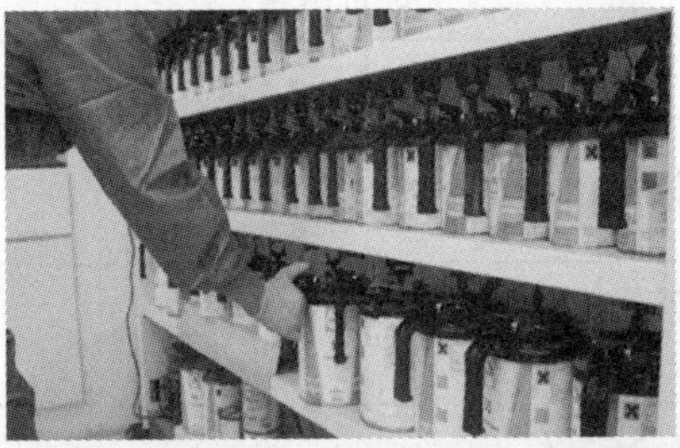	(1) 涂料选取：根据色母代号选取涂料。 **提示：** 涂料调配过程中的个人防护要到位。
	(2) 涂料添加：涂料添加计量有累积计量和净重计量两种。 **提示：** 某一涂料添加初始，呈股流下，接近标准质量数值时，用大拇指控制开关，色母一滴一滴滴入杯中，避免多加。
	(3) 涂料搅拌：添加完毕，搅拌均匀。注意杯壁上的色母要搅拌到杯中，尤其要注意数量少的色母。

巩固与评价

一、反思性问题

在涂料调配过程中有哪些注意事项？

答：

二、拓展性问题

当实际使用量与配方量不相符时，如何控制涂料调配的量？

答：

三、操作能力考核表

表 3-2-1　　活动评价表

班级：　　组别：　　姓名：

<table>
<tr><td rowspan="2">项 目</td><td rowspan="2">评 价 内 容</td><td colspan="3">评价等级(学生自评)</td></tr>
<tr><td>A</td><td>B</td><td>C</td></tr>
<tr><td rowspan="5">关键能力考核项目</td><td>遵守纪律,遵守学习场所的管理规定,服从安排</td><td></td><td></td><td></td></tr>
<tr><td>具有安全意识、责任意识、5S 管理意识,注重节约与环保</td><td></td><td></td><td></td></tr>
<tr><td>学习态度积极主动,能参加实习安排的活动</td><td></td><td></td><td></td></tr>
<tr><td>具有团队合作意识,注重沟通,能自主学习及相互协作</td><td></td><td></td><td></td></tr>
<tr><td>仪容仪表符合活动要求</td><td></td><td></td><td></td></tr>
<tr><td rowspan="5">专业能力考核项目</td><td>能按要求将色母搅拌均匀</td><td></td><td></td><td></td></tr>
<tr><td>能规范使用电子秤等工具</td><td></td><td></td><td></td></tr>
<tr><td>色母添加方法符合要求</td><td></td><td></td><td></td></tr>
<tr><td>学习准备充分、齐全</td><td></td><td></td><td></td></tr>
<tr><td>注重工作效率与工作质量</td><td></td><td></td><td></td></tr>
<tr><td>小组评语及建议</td><td></td><td colspan="3">组长签名：

年　月　日</td></tr>
<tr><td>教师评语及建议</td><td></td><td colspan="3">教师签名：

年　月　日</td></tr>
</table>

活动二 颜色配方的获取

活动描述

首先掌握颜色配方获取的流程，再通过汽车标牌、颜色代码、色卡箱等颜色配方系统进行实际查询，亲身体会，从而掌握颜色配方获取的方法。

学习目标

◇ 能在车身上找到汽车标牌。
◇ 能根据颜色代码查找配方。

学习地点

溶剂涂料电脑调色项目区。

学习准备

教具：多媒体设备、白板等。
设备：实习用车一辆。
工量具：色卡箱、配方查询电脑。
材料：纸、笔(记录用)。
劳动保护用品：安全鞋、防护服、工作帽、护目镜、橡胶手套、活性炭口罩等。

知识准备

一、色母指南

色母指南是由汽车修补涂料供应商提供的表现其色母特性的色卡。各家供应商所提供的色母指南有所不同，但目的是相同的，是使调色人员能够明了、直观地理解该品牌色母的特性，方便调色。

色母指南一般先列出纯色母的颜色，再列出该色母和白色母按一定比例混合后的颜色，供调配素色涂料参考；最后还列出该色母和银粉、珍珠色母按一定比例混合后的颜色，供调配金属漆和珍珠漆参考。这样，每种色母在素色漆和金属漆中的特性基本都能表现出来。另外，由厂家提供的这些色母指南还会提供其他信息，如色母的遮盖率、色母在银粉漆或珍珠漆里的侧色调、银粉或珍珠的颗粒大小等。

二、色卡箱

所有知名品牌的涂料供应商除了定期为其客户提供国际市场上最新推出的汽车颜色配方外，还会给客户提供这些汽车颜色的色卡。实力强的涂料生产商能够提供国际上几乎所有重要汽车厂家的色卡资料。色卡是很重要的调色工具，一套完整、齐全的色卡会起到事半功倍的效果。色卡箱是存放色卡的专用工具。

即使在现代最严格、科学的控制下，从生产线下来的汽车在颜色上还是会存在误差，这就是差异色。差异色的存在给调漆工作造成了一定的难度，所以涂料公司定期收集市场上出现的差异色，研制配方并制作成色卡，希望以此能帮助调色人员。

三、颜色配方系统

所谓颜色配方，就是列出某个颜色所使用的色母以及每个色母的用量。

由于汽车颜色的数量增长很快，在某知名品牌的颜色配方数据库里，仅用于轿车不同颜色的配方就在 40000 个以上，如果再包括商用车的颜色、国际标准色等，那么可以想象其数量是多么巨大。

以前，把如此巨大的数据保存到缩微胶片内是最经济有效的办法，用放大约 50 倍的阅读机阅读，用户能方便地查找到颜色的配方。现在，由于计算机的普及，存储的介质也逐渐转移到光盘或计算机硬盘，利用计算机程序阅读。相比之下，后者无疑更迅速、更方便，数据的存储量更大且更容易更新。由于计算机还有更强大的功能，某些涂料厂家还能利用配送给客户的计算机软件完成一些功能以达到“服务增值”的效果，如帮助客户管理涂料方面的销售及库存、顾客资料或计算配送成本等。

在当今网络时代，多家国际性大涂料公司纷纷推出“网上配方系统”，目的是把准确、详细的配方在最短的时间内让客户知道；或利用网络的优越性，第一时间内了解客户的困难，并给予指导和帮助。

活动实施

颜色配方的获取步骤如下：

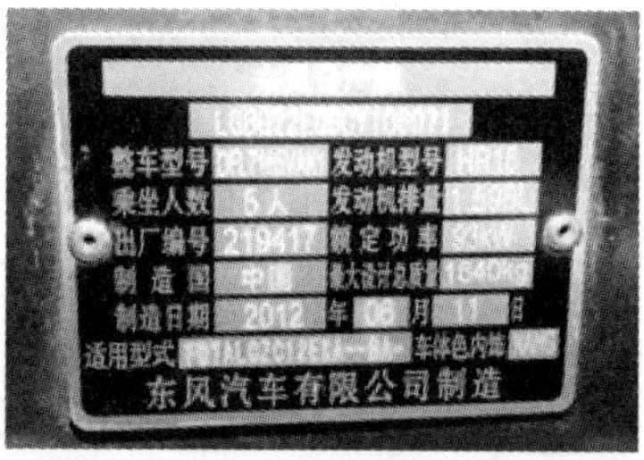	(1) 汽车标牌查找：在车身上查找汽车标牌，并记录标牌的相关信息。 (2) 颜色代码记录：从标牌上记下车体色代码 NAH。
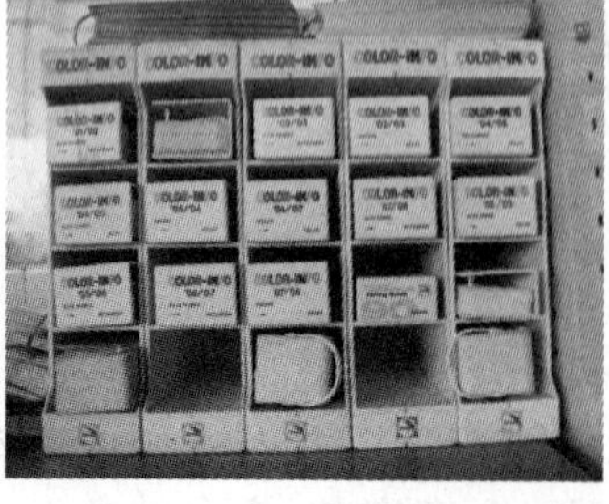	(3) 配方获取：其方法有三种。 ① 根据车体色代码，从色卡箱中查找。

续表

	② 根据车体色代码，通过计算机软件查询颜色配方。
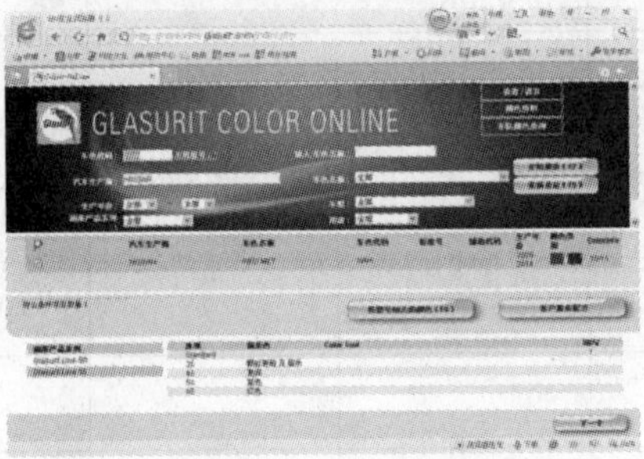	③ 根据车体色代码，通过网络查询配方。
	(4) 比对确定：通过选出的色卡或调出涂料小样与车辆进行比对，确定颜色配方。 提示：颜色比对要注意场地的光线。

巩固与评价

一、反思性问题

在颜色配方获取过程中需要注意哪些事项？

答：________________________________

二、拓展性问题

当汽车标牌损毁，无法找到汽车面漆颜色代码时该怎么办？

答：________________________________

三、操作能力考核表

表 3-2-2 **活动评价表**

班级： 组别： 姓名：

项 目	评 价 内 容	评价等级（学生自评）		
		A	B	C
关键能力考核项目	遵守纪律，遵守学习场所的管理规定，服从安排			
	具有安全意识、责任意识、5S管理意识，注重节约与环保			
	学习态度积极主动，能参加实习安排的活动			
	具有团队合作意识，注重沟通，能自主学习及相互协作			
	仪容仪表符合活动要求			
专业能力考核项目	能在车身上找到标牌			
	颜色代码记录正确			
	能正确操作电脑，通过网络或使用配方软件获取配方			
	学习准备充分、齐全			
	注重工作效率与工作质量			
小组评语及建议		组长签名： 年 月 日		
教师评语及建议		教师签名： 年 月 日		

活动三　色漆的调配

活动描述

首先学习色漆调配的流程和调配注意事项，再通过使用颜色配方进行色漆调配，亲身体会，真正掌握色漆调配的方法。

学习目标

◇ 能根据配方调配色漆。

◇ 能制作出对色试样。

学习地点

溶剂涂料电脑调色项目区。

学习准备

教具：多媒体设备、白板等。

设备：气压喷漆装置、调漆架、对色灯箱、烘烤箱。

工量具：气压喷漆枪、调漆杯、调漆尺、色卡、废料罐、黏度计、电子秤。

材料：色母、稀释剂、固化剂、擦拭纸。

劳动保护用品：安全鞋、防护服、工作帽、护目镜、橡胶手套、活性炭口罩等。

知识准备

色漆调配操作如下：

	(1) 材料选取：根据配方选取相应的色母和辅助材料。 提示：选取前，色母需要搅拌均匀。

续表

	(2) 色母称重添加：色母称重时可采用累积计量或净重计量，要注意色母添加的顺序，通常先添加量少的色母，再添加量较多的色母。
	(3) 色母搅拌：色母搅拌的目的是让各种涂料充分混合均匀。 **提示：** 搅拌时要留意杯壁上是否粘有量较少的色母，如有，继续搅拌均匀。
	(4) 辅料添加：调配过程中还要添加一些溶剂等辅料，如稀释剂、固化剂等。添加时要注意添加的比例，需要用到比例尺。

巩固与评价

一、反思性问题

在色漆调配过程中应注意哪些事项？

答：____

二、拓展性问题

进行颜色比较时发现差异较大，该如何处理？

答：____

三、操作能力考核表

表 3-2-3 **活动评价表**

班级： 组别： 姓名：

项目	评价内容	评价等级（学生自评）		
		A	B	C
关键能力考核项目	遵守纪律，遵守学习场所的管理规定，服从安排			
	具有安全意识、责任意识、5S 管理意识，注重节约与环保			
	学习态度积极主动，能参加实习安排的活动			
	具有团队合作意识，注重沟通，能自主学习及相互协作			
	仪容仪表符合活动要求			
专业能力考核项目	掌握色漆的选取方法			
	掌握色漆的称重添加方法			
	掌握色漆调配的注意事项			
	学习准备充分、齐全			
	注重工作效率与工作质量			
小组评语及建议		组长签名： 年 月 日		
教师评语及建议		教师签名： 年 月 日		

活动四　颜色的微调

活动描述

首先学习颜色微调的理论及检查校正方法，再通过差异配方调配出差异色与标准色板比对、分析，进行颜色微调，亲身体会，掌握颜色微调的方法。

学习目标

◇ 能根据对色板进行颜色比对。

◇ 能分析颜色差异的原因。

◇ 能进行颜色微调。

学习地点

溶剂涂料电脑调色项目区。

学习准备

教具：多媒体设备、白板等。

设备：气压喷漆装置、调漆架、对色灯箱、烘烤箱。

工量具：气压喷漆枪、调漆杯、调漆尺、色卡、废料罐、黏度计、电子秤。

材料：施涂纸、色母、稀释剂、固化剂、擦拭纸。

劳动保护用品：安全鞋、防护服、工作帽、护目镜、橡胶手套、活性炭口罩等。

知识准备

一、颜色属性的调整

可以从三个方面进行颜色分析：第一，从正面或某一角度观察色漆，看颜色是否太深或太浅；第二，检查色相，看色漆是否比原面漆更红、更蓝、更绿或更黄；第三，检查刚喷的色漆的色度是否比原面漆高或低。

1. 明度的调整

影响明度的主要因素有：车间环境、喷涂方法、溶剂的使用、油漆的用量、喷枪压力和混合料中的颜料用量等。在调整明度时必须综合考虑各种因素才能得到合适的油漆明度。

2. 色相的调整

在明度调整好后才能进行色相调整。每种颜色的色相只可能沿两个方向变化：第一，色相会发绿或发红的颜色有蓝色、紫色、黄色、米黄色和棕色；第二，色相会发黄或发蓝的颜色有绿色、黑色、红褐色、灰色或银色、白色；第三，色相会发黄或发红的颜色有青铜色、红色和橘红色；第四，色相会发蓝或发绿的颜色有海蓝色和青绿色。可以根据油漆厂提供的资料选定能调出正确色相的调色剂后，按最低限量计算调色剂用量，经充分搅拌均匀后，喷涂一小块试板，待干燥后与原面漆作颜色对比。

3. 纯度的调整

调整好明度和色相后开始调整颜色的纯度。如果要想把颜色调得鲜艳些，那必须重新调整明度和色相；如果要使面漆灰些，就要喷一层湿涂层，再以较远的距离和较低的气压喷一层用少量白色涂料与微量黑色涂料混合起来的涂层。

二、颜色的检查和校正

1. 检查角度

可以分别从三个角度检查维修喷涂后的面漆颜色是否与其他部位一致：第一，以垂直于汽车表面的角度检查；第二，以刚好超过光源反射线的角度检查；第三，以小于45°角的角度检查。如颜色不一致则校正，直到满意为止。

2. 条件等色现象

在进行汽车维修时，有时可能出现一种情况，即修补过的部分和其他未修补的部分在烤房灯光下看起来颜色一致，但把车开到太阳光下后就会发现存在明显的颜色差异了，这种现象就叫作同色异谱或条件等色现象，其发生原因往往是原厂漆和修补漆采用的颜料不一致。

活动实施

颜色微调的操作如下：

	(1) 差异色调配：调整标准配方中个别色母的量，形成差异色配方，然后根据差异色配方调配出差异色。 **提示：**差异色配方通常是减少标准配方中个别色母的量，以便微调时添加。
	(2) 差异色与目标色比对：将差异色喷涂到试板上，形成差异色板，然后与目标色或汽车本身颜色进行比对，从颜色属性上分析判断它们的差异。

续表

	(3) 微调添加：根据判断的结果添加认为缺少的色母。
	(4) 比对确定：微调中要多次进行颜色比对，直到颜色一致为止。 **提示：**微调比对时要注意到涂料是湿的，涂料中有溶剂存在，颜色要比干燥后的涂料颜色浅。

巩固与评价

一、反思性问题

在颜色微调过程中有哪些注意事项？

答：________________________________

二、拓展性问题

在颜色微调过程中，明度、色相、纯度应如何调整？

答：________________________________

三、操作能力考核表

表 3-2-4　　活动评价表

班级：　　组别：　　姓名：

项目	评价内容	评价等级（学生自评）		
		A	B	C
关键能力考核项目	遵守纪律，遵守学习场所的管理规定，服从安排			
	具有安全意识、责任意识、5S管理意识，注重节约与环保			
	学习态度积极主动，能参加实习安排的活动			
	具有团队合作意识，注重沟通，能自主学习及相互协作			
	仪容仪表符合活动要求			
专业能力考核项目	能按配方调配出差异色母			
	能制作试板，对比目标色			
	能根据判断进行微调，符合技术要求			
	学习准备充分、齐全			
	注重工作效率与工作质量			
小组评语及建议		组长签名： 年　月　日		
教师评语及建议		教师签名： 年　月　日		

项目四 常见涂装缺陷施工与处理

项目学习目标

- 能掌握漆面抛光处理方法和抛光机的保养方法。
- 能掌握出现常见涂装缺陷的原因及预防措施。
- 能掌握常见涂装缺陷的处理方法。
- 能安全操作，遵守5S规范。

任务一 常见涂装缺陷施工

活动 常见涂装缺陷施工

活动描述

在了解抛光材料和抛光工具使用方法的基础上，观察教师使用抛光工具的操作示范，按照抛光的工艺流程，进行抛光处理作业。

学习目标

◇ 能正确使用抛光工具。
◇ 能正确进行抛光处理作业。

学习地点

喷涂前处理项目区。

学习准备

教具：多媒体设备、白板等。
设备：整车。
工量具：吹尘枪、抛光机。

材料：抛光蜡、上光蜡、砂纸、遮蔽纸、磨石、麂皮、洗车泥、洗车用毛巾、水桶。

劳动保护用品：安全鞋、防护服、工作帽、护目镜等。

知识准备

对清漆涂料通常需要进行轻微的抛光，使漆膜表面有理想的光泽，并能消除漆膜不平整。如果在新完成的瓷漆表面产生有微小的缺陷，不要对其进行抛光，要给面涂层留有一个准备修饰的机会。

一、摩擦抛光剂及其工作方式

摩擦抛光剂很像汽车打蜡前使用的研磨剂或液体清洁剂。不论这些抛光剂是液状的还是膏状的，它们都含有如浮砂等可以平整面漆表层的研磨剂。摩擦抛光剂能为手工和机械抛光提供多种切削强度（手工抛光剂是以油为基料提供润滑；机械抛光剂以水为基料，在使用抛光轮时将研磨剂分散）。

通常含有粗糙颗粒的抛光剂称为摩擦抛光剂，而含有细微浮砂颗粒的抛光剂称为精细抛光剂。

摩擦抛光剂用于：

（1）消除在修补区域四周的细微砂摩擦痕迹。

（2）修复“油漆皱皮”或含砂表面。

（3）使喷涂的面涂层光滑并显现出光泽。

小区域或融合区域最好用手工抛光，大区域使用机械抛光。用条状胶带贴住边缘，以免切削超过造型的边缘。在抛光完成之后，要去除胶带并用手工抛光。注意：通常造型边缘较平坦的表面保持有更少的涂料，只能进行最低限度的抛光。

二、面漆处理的基本步骤

面漆处理过程所包含的四个基本步骤如下：

1. 湿打磨

第一步使用水砂纸（P1000～P2000）打磨。湿打磨基本上是用于去除喷涂表面的缺陷。

2. 抛光

第二步抛光对于消除湿打磨中所留下的砂痕印记和擦痕是必需的。

3. 上光

第三步上光可消除第二步所产生的抛光涡轮纹。机器上光是面漆喷涂处理过程整体成功的决定性步骤。投入足够时间正确完成汽车上光作业很重要。如果不能很好地完成这一步工作，几个星期或几个月后有缺陷的工作会暴露在车主眼前，车主再来要求返工会产生昂贵的返工成本，影响修车商家的声誉。

对机器上光产品和精细抛光垫的选择都具有决定性作用。受汽车面漆喷涂类型的限制，选择采用哪种涂料所推荐的机器上光产品是很重要的。使用高品质的精细抛光垫（专为机器上光设计）也很重要。使用普通抛光垫或粗纤维的抛光垫会在涂层表面留下上光步骤所不能去除的痕迹。在新鲜空气干燥的磁漆和氨基甲酸乙酯漆等特别柔软和容易擦伤的涂料上，这一点更为明显。

三、漆膜修整所需要的材料和工具

1. 漆膜修整所需要的材料

（1）抛光蜡(图 4-1-1)。

抛光蜡的主要成分由水溶性蜡(也有油性蜡)内加研磨颗粒组成，按研磨颗粒的粗细程度不同一般分为几个等级。

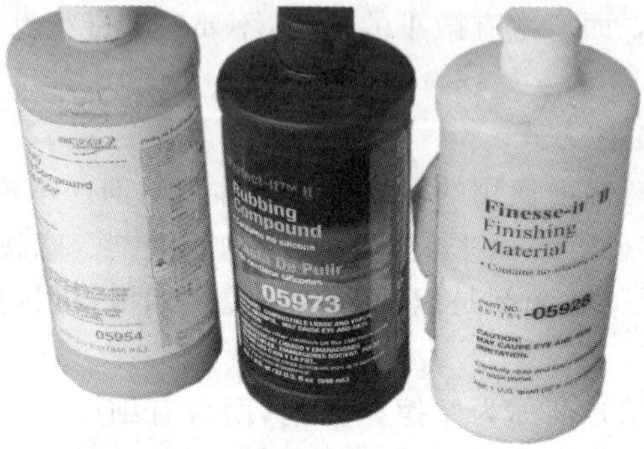

图 4-1-1　抛光蜡

各种抛光蜡的用途、适用范围和抛光效果的比较如表 4-1-1 所示。

表 4-1-1　各种抛光蜡的用途、适用范围和抛光效果的比较

分　类	用　途	适用范围	漆膜抛光效果
粗蜡	消除砂纸痕迹，使漆膜光亮；或对良好的失光旧漆膜进行抛光美容时使用	适用于经细砂纸（P1000～P1500 干磨砂纸或 P2000 水砂纸）打磨过的部位更加细致的研磨	消除了砂纸痕迹，但漆膜的光亮程度和鲜映性不能达到要求
中粗蜡	消除粗蜡研磨的痕迹，使漆膜光亮	适用于经粗蜡研磨过的部位的抛光	漆膜光亮，鲜映性良好，基本无须再作其他上光处理
细蜡	使漆膜最终达到反光效果，进一步提高鲜映性	用于高档轿车的最终抛光处理和一般微小擦痕和划痕的抛光美容工作	漆膜光亮，鲜映性最好

（2）上光蜡(图 4-1-2)。

上光蜡中不含研磨颗粒，只起保护漆膜和上光作用。现在市场上有油性上光蜡和水性上光蜡两类。

图 4-1-2　上光蜡

油性上光蜡和水性上光蜡的优缺点如表 4-1-2 所示。

表 4-1-2　　油性上光蜡和水性上光蜡的优缺点

分　类	优　点	缺　点
油性上光蜡	不易干燥，耐水性比较好，保光时间长，可达一个星期左右	不溶于水，不易用水清理干净，脱蜡时须采用专门的除硅酮清洁剂；干燥慢，容易在车身上黏附很多的细小沙尘，影响光亮，不推荐使用
水性上光蜡	可溶于水，干燥时间较短，车身沾上细小沙尘后很容易用水洗的方法清理干净	耐水性差，保光时间比较短，通常为两天到一个星期

(3) 漆膜修整用其他辅材。

在漆膜修整时经常用到砂纸、磨石、法兰绒擦布、毛巾和麂皮等辅助材料，如图 4-1-3 所示。

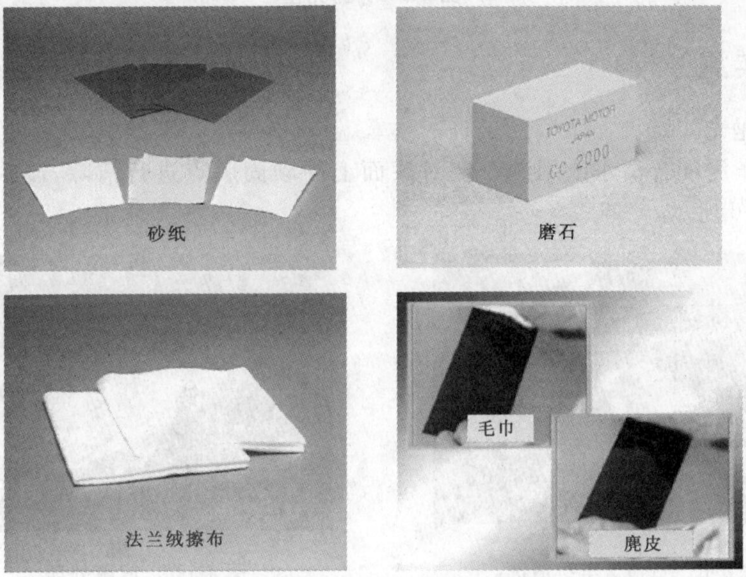

图 4-1-3　**漆膜修整用其他辅材**

2. 漆膜修整所需要的工具和设备

(1) 抛光机。

抛光机主要由壳体、电动机、控制机构及配置装置构成。抛光机按提供的动力可分为电动机驱动抛光机和压缩空气驱动抛光机，如图 4-1-4 所示。

电动机驱动抛光机　　压缩空气驱动抛光机

图 4-1-4　**抛光机**

(2) 抛光垫。

抛光机的主要附件就是抛光垫。按其与主机的连接方式不同可分为螺母盘、螺栓盘及吸盘三种。根据材料不同，抛光垫可分为毛巾式、毛绒式和海绵式三类，如图 4-1-5 所示。

毛巾式抛光垫　　毛绒式抛光垫　　海绵式抛光垫

图 4-1-5　**抛光垫**

活动实施

一、汽车抛光

(1) 用洗车泥配合清水或用洗车宝对漆面上的顽固脏点进行清除，以获得手感光滑的漆面，如图 4-1-6 所示。

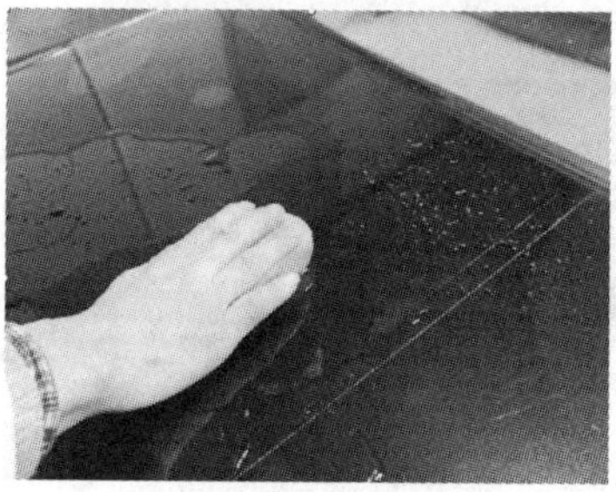

图 4-1-6　**车身清洗**

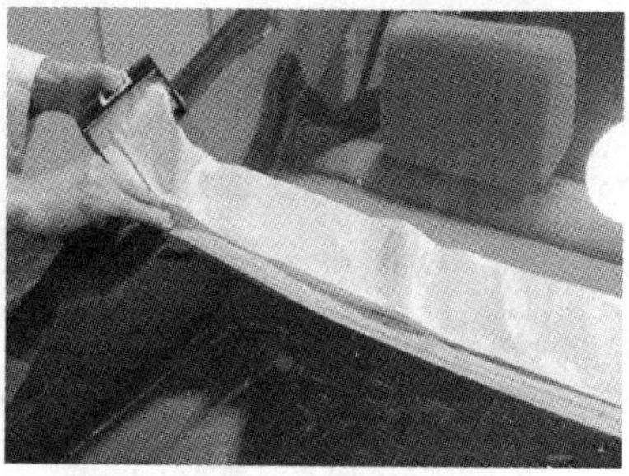

图 4-1-7　**遮蔽处理**

(2) 对需要进行漆面处理的区域周围作遮蔽处理，如图 4-1-7 所示。

(3) 使用抛光机配黑色海绵轮，将抛光蜡均匀涂覆在汽车漆面上，抛光至返亮效果，如图 4-1-8 所示。

(4) 最后使用干净的抹布迅速擦去抛光后留下的车体抛光蜡、手指印等残留物，如图 4-1-9 所示。

图 4-1-8　**抛光处理**

图 4-1-9　**去除残蜡**

二、打蜡和抛光的注意事项

在汽车打蜡和抛光作业时必须注意以下几点：

(1) 打蜡前一定要擦干车身，否则会影响打蜡效果。

(2) 打蜡作业环境要清洁，要有良好的通风过滤装置。

(3) 应在阴凉处给汽车打蜡，车表温度高会使车蜡附着力下降，影响打蜡效果。

(4) 打蜡时，用手持式海绵及打蜡机海绵进行直线往复运动，不宜环形涂抹。

(5) 打蜡时应遵循先上后下的原则，即先涂抹车顶，后涂抹前、后盖板，最后涂抹车身侧面等。

(6) 打蜡时，若海绵上出现与车漆相同的颜色，可能是车身漆面已经破损，应立即停止打蜡，并进行相应的修补处理。

(7) 打蜡完成后，要遵循先上蜡的地方先抛光的原则，在规定时间内进行直线往复抛光。

(8) 抛光结束后，要仔细检查，清除车牌、车灯、门边等处残存的车蜡，以防止产生腐蚀性和影响整车美观。另外，要对设备及用品进行清洁，并妥善保存。

巩固与评价

一、反思性问题

车身涂装晕色区抛光的注意事项有哪些？

答：________________________________

____

____

二、拓展性问题

哪些漆面缺陷通过抛光处理可以解决？

答：________________________________

____

____

三、操作能力考核表

表 4-1-3 **活动评价表**

班级： 组别： 姓名：

项目	评价内容	评价等级(学生自评)		
		A	B	C
关键能力考核项目	遵守纪律，遵守学习场所的管理规定，服从安排			
	具有安全意识、责任意识、5S管理意识，注重节约与环保			
	学习态度积极主动，能参加实习安排的活动			
	具有团队合作意识，注重沟通，能自主学习及相互协作			
	仪容仪表符合活动要求			

续表

项 目	评 价 内 容	评价等级（学生自评）		
		A	B	C
专业能力考核项目	能按时按要求独立完成工作页			
	能正确清洗车身表面			
	能正确选择抛光垫			
	能正确选择抛光蜡			
	能正确操作抛光机			
小组评语及建议		组长签名： 年 月 日		
教师评语及建议		教师签名： 年 月 日		

任务二 常见涂装缺陷处理

活动一 橘皮处理

活动描述

在理解漆面橘皮缺陷产生原因的基础上，观察教师处理漆面橘皮缺陷的操作示范，按照抛光处理的工艺流程，进行漆面橘皮处理作业。

学习目标

◇ 能熟知漆面橘皮缺陷产生的原因及预防措施。

◇ 能正确进行漆面橘皮缺陷的处理。

学习地点

喷涂烤漆项目区。

学习准备

教具：多媒体设备、白板等。

设备：干磨机、空气压缩机、红外线烤灯、烤房、整车。

工量具：吹尘枪、抛光机、SATAjet1000BHVLPic 喷枪（口径 1.3mm）。

材料：抛光蜡、上光蜡、砂纸、遮蔽纸、磨石、麂皮、洗车泥、洗车用毛巾、水桶、干磨砂纸、底色漆、清漆、稀释剂、固化剂。

劳动保护用品：安全鞋、防护服、工作帽、护目镜、棉纱口罩、防毒口罩、乳胶手套等。

知识准备

一、定义

橘皮是指油漆表面较差的纹理，像是橘子皮表面的纹理，见附图 5。

二、成因

(1) 喷枪距离太远。

(2) 喷涂气压太低（雾化不良）。

(3) 漆膜太薄。

(4) 油漆黏度太高（油漆太稠）。

(5) 固化剂和稀释剂干燥太快。

(6) 喷枪嘴太小。

(7) 层间闪干时间太长。

三、防范方法

(1) 保持所推荐的喷枪与被喷物的适当间距。

(2) 确保遵照所推荐的气压。

(3) 始终喷涂湿涂层。

(4) 按建议调整黏度。

(5) 选择正确的固化剂和稀释剂。

(6) 按照产品说明书，选择正确的喷嘴。

(7) 选择正确的闪干时间。

四、修补方法

对于小的缺陷，用 P1200 水砂纸打磨表面，用细抛光蜡抛光，再用高光泽蜡恢复光泽；对于面积较大的缺陷，则需打磨平整并重喷。

活动实施

橘皮缺陷的抛光处理：

(1) 精细研磨处理(图 4-2-1)：使用 P1500～P2000 水砂纸或 P4000 干磨砂纸，首先将漆面的各种缺陷磨平。

提示： 湿磨处理时，勿过度施力，沿着同一方向略施压力即可，同时经常用水刮片刮去水迹，及时检查研磨程度，以免过度研磨，损伤漆面。

(2) 粗磨抛光(图 4-2-2)：先擦干车身表面，使用抛光机配以白色粗抛海绵轮，使用抛光机施加中等压力，保持抛光速度为 1800r/min 左右，以去除漆面的各种缺陷。

图 4-2-1 精细研磨处理

图 4-2-2 粗磨抛光

(3) 精细抛光(图 4-2-3)：使用镜面抛光蜡配以黑色波浪海绵轮，对抛光机略施压力，保持抛光速度为 2000r/min 左右，匀速对漆面缺陷进行处理，以取得光亮耀眼的镜面效果。

(4) 去除残蜡(图 4-2-4)：最后使用干净的抹布迅速擦去抛光后留下的车体抛光蜡、手指印等残留物。

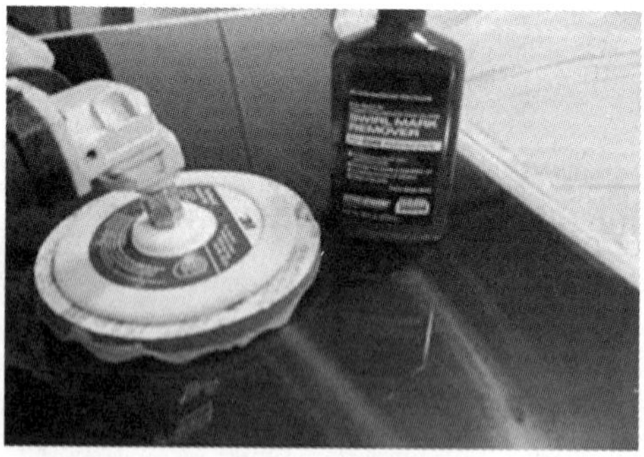

图 4-2-3 精细抛光

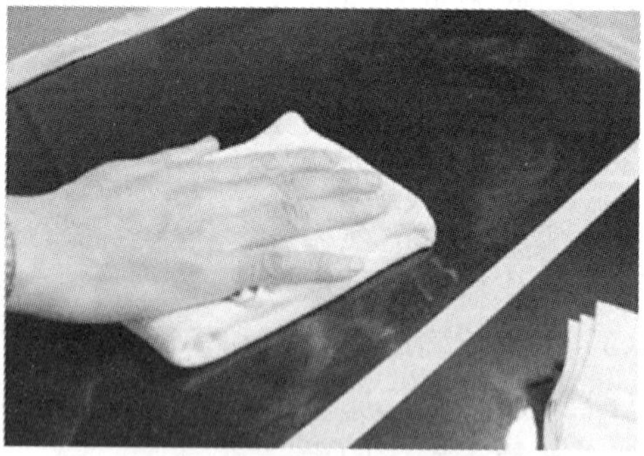

图 4-2-4 去除残蜡

巩固与评价

一、反思性问题

请列举目前市场上抛光蜡的种类。

答：______________________________

二、拓展性问题

如果金属漆面或珍珠漆面出现了橘皮缺陷，在处理过程中应注意哪些问题？

答：

三、操作能力考核表

表 4-2-1　　**活动评价表**

班级：　　组别：　　姓名：

项　目	评 价 内 容	评价等级（学生自评）		
		A	B	C
关键能力考核项目	遵守纪律，遵守学习场所的管理规定，服从安排			
	具有安全意识、责任意识、5S 管理意识，注重节约与环保			
	学习态度积极主动，能参加实习安排的活动			
	具有团队合作意识，注重沟通，能自主学习及相互协作			
	仪容仪表符合活动要求			
专业能力考核项目	能按时按要求独立完成工作页			
	能正确选择打磨砂纸			
	能正确打磨橘皮表面			
	能正确选择抛光蜡及抛光垫			
	能正确进行橘皮抛光处理			
小组评语及建议		组长签名： 年　月　日		
教师评语及建议		教师签名： 年　月　日		

活动二　咬底处理

活动描述

在理解漆面咬底缺陷产生原因的基础上，观察教师处理漆面咬底缺陷的操作示范，按照漆膜修补步骤，进行漆面咬底处理作业。

学习目标

◇ 能熟知漆面咬底缺陷产生的原因及预防措施。

◇ 能正确进行漆面咬底缺陷的处理。

学习地点

喷涂烤漆项目区。

学习准备

教具：多媒体设备、白板等。

设备：干磨机、空气压缩机、短波红外线烤灯、短波红外线烤漆房、整车。

工量具：吹尘枪、抛光机、SATAjet1000BHVLPic 喷枪(口径 1.3mm)。

材料：抛光蜡、上光蜡、砂纸、遮蔽纸、磨石、麂皮、洗车泥、洗车用毛巾、水桶、干磨砂纸、底色漆、清漆、稀释剂、固化剂。

劳动保护用品：安全鞋、防护服、工作帽、护目镜、棉纱口罩、防毒口罩、乳胶手套等。

知识准备

一、定义

咬底是指当新的漆膜施工后，基底涂层膨胀和凸起，见附图 6。咬底可能在施工时或干燥时出现。

二、成因

(1) 当使用双组分产品进行湿碰湿施工时，闪干时间过长(涂层处于胶状时对其进行了重涂)。

(2) 重涂溶剂敏感型涂层(NC 硝基漆、TPA 热塑性丙烯酸漆)时，使用了错误的修补材料或喷得太厚。

(3) 作为封闭层的涂层不够厚(喷得太薄或之后被磨得太多)。

(4) 基底涂层未彻底干燥固化。

三、防范方法

(1) 始终遵循推荐的闪干时间。

（2）进行溶剂测试，使用正确的施工工艺、正确的漆膜厚度。

（3）使用产品说明书中建议的漆膜厚度。

（4）确保基底涂层干燥固化（重新烘烤）。

四、修补方法

打磨缺陷漆膜至正常的漆膜，用合适的底漆和面漆返工。如有必要，可剥离缺陷漆膜至无问题的涂层。

活动实施

咬底缺陷的重新喷涂处理作业如图 4-2-5 所示。

（1）清洗整车

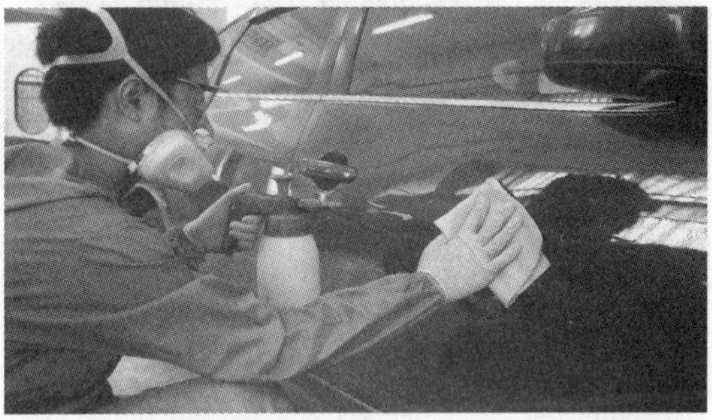

（2）用除油剂清洁所有需要打磨和喷漆的部位

（3）遮蔽不需要打磨的部位，防止打磨擦伤漆膜

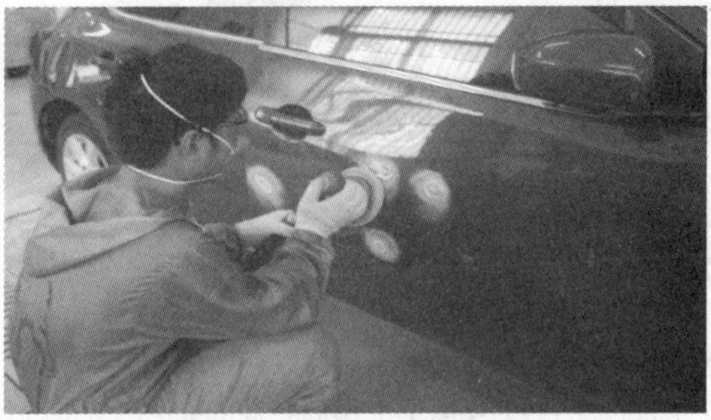

（4）打磨需要修补的部位

（5）完成必要的填补

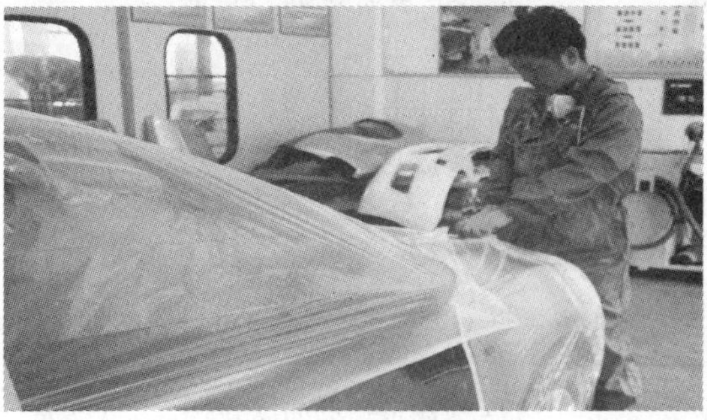

（6）遮蔽和修理打磨部位

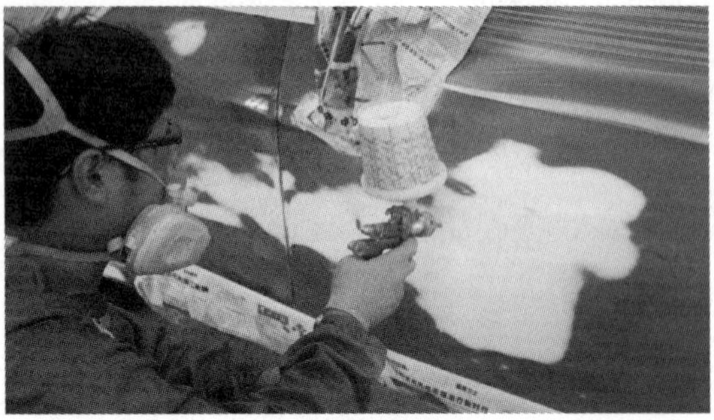

(7) 喷涂第一层底漆

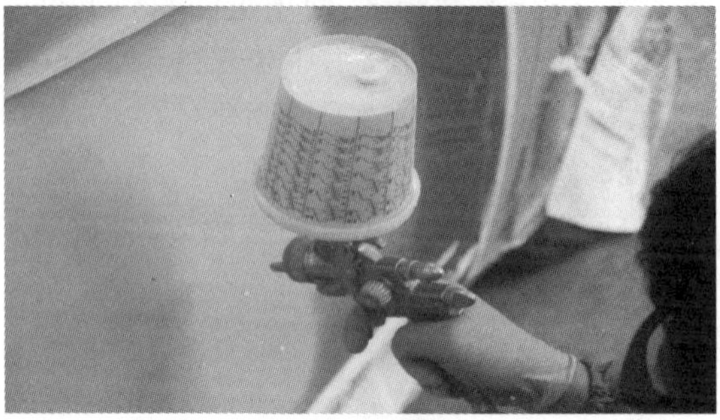

(8) 喷涂第二层底漆

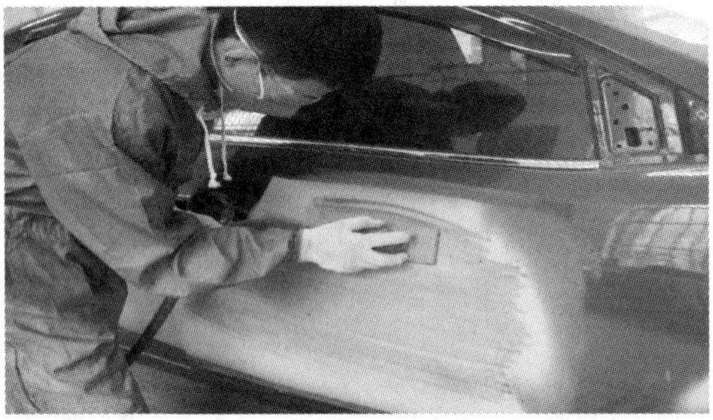

(9) 用吸尘打磨机打磨底漆

(10) 用除油剂清洁修补表面

(11) 喷涂第一层底色漆,闪干

(12) 喷涂第二层底色漆

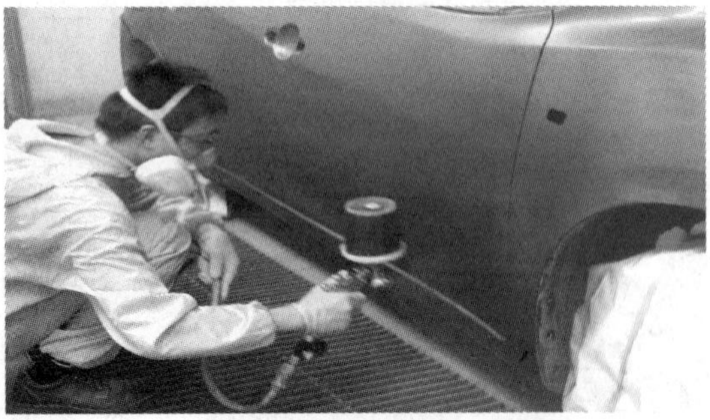

(13) 喷涂第一层面漆,闪干

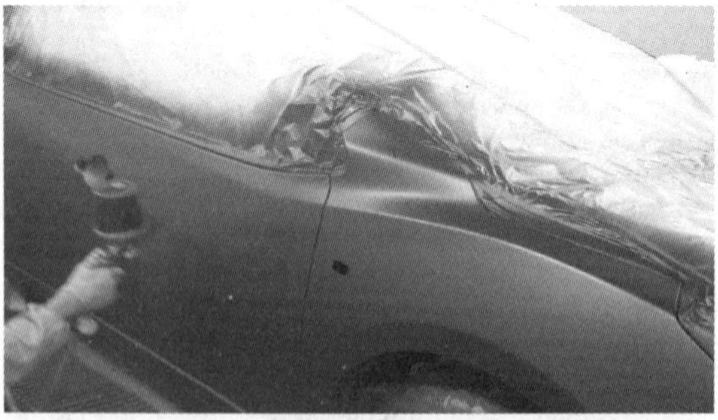

(14) 喷涂第二层面漆

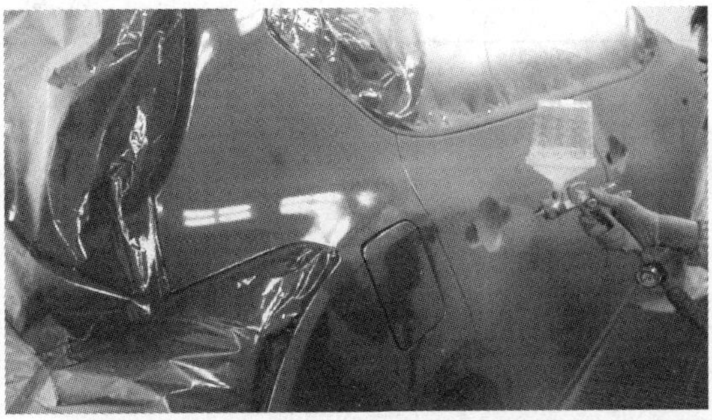

（15）喷涂第一层清漆，闪干

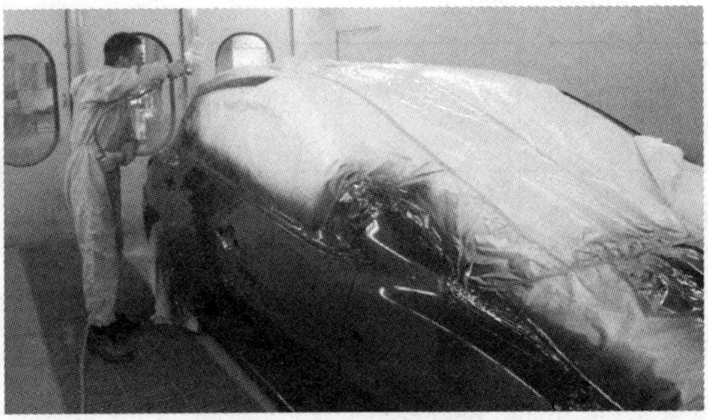

（16）喷涂第二层清漆

图 4-2-5　重新喷涂处理流程

巩固与评价

一、反思性问题

正常的漆膜厚度是多少？

答：____

____

____

二、拓展性问题

涂装环境对漆面咬底缺陷的出现有何影响？

答：____

____

____

三、操作能力考核表

表 4-2-2　　　　**活动评价表**

班级：　　　　组别：　　　　姓名：

项 目	评 价 内 容	评价等级（学生自评）		
		A	B	C
关键能力考核项目	遵守纪律，遵守学习场所的管理规定，服从安排			
	具有安全意识、责任意识、5S 管理意识，注重节约与环保			
	学习态度积极主动，能参加实习安排的活动			
	具有团队合作意识，注重沟通，能自主学习及相互协作			
	仪容仪表符合活动要求			

续表

项 目	评 价 内 容	评价等级(学生自评)		
		A	B	C
专业能力考核项目	能按时按要求独立完成工作页			
	能正确选择打磨砂纸			
	能正确打磨咬底表面			
	能正确喷涂面漆与清漆			
	能注重工作效率与工作质量			
小组评语及建议		组长签名： 年 月 日		
教师评语及建议		教师签名： 年 月 日		

活动三　溶剂泡处理

活动描述

在理解漆面溶剂泡缺陷产生原因的基础上，观察教师处理漆面溶剂泡缺陷的操作示范，按照漆膜修补步骤，进行漆面溶剂泡处理作业。

学习目标

◇ 能熟知漆面溶剂泡缺陷产生的原因及预防措施。

◇ 能正确进行漆面溶剂泡缺陷的处理。

学习地点

喷涂烤漆项目区。

学习准备

教具：多媒体设备、白板等。

设备：干磨机、空气压缩机、短波红外线烤灯、短波红外线烤漆房、整车。

工量具：吹尘枪、抛光机、SATAjet1000BHVLPic 喷枪（口径 1.3mm）。

材料：抛光蜡、上光蜡、砂纸、遮蔽纸、磨石、麂皮、洗车泥、洗车用毛巾、水桶、干磨砂纸、底色漆、清漆、稀释剂、固化剂。

劳动保护用品：安全鞋、防护服、工作帽、护目镜、棉纱口罩、防毒口罩、乳胶手套等。

知识准备

一、定义

溶剂泡是指滞留在漆膜里面的溶剂汽化形成的表面水泡状缺陷，见附图 7。

二、成因

(1) 漆膜喷涂太厚。

(2) 固化剂和稀释剂干燥太快。

(3) 每个涂层间的闪干时间太短。

(4) 在烘烤前或红外线加热前，闪干时间太长。

(5) 红外线烤灯和车体的间距不够，造成表面温度过高。

(6) 湿碰湿施工时，两个涂层间闪干时间不够。

三、防范方法

(1) 遵循所推荐的漆膜厚度。

(2) 根据不同的温度条件，选择正确的固化剂和稀释剂组合。

(3) 遵循所推荐的闪干时间。

(4) 使用红外线加热时，参照推荐的间距和功率级别(光照强度)。

(5) 采用湿碰湿工艺时，遵循推荐的涂层间的闪干时间。

四、修补方法

出现溶剂泡的表面，必须打磨至完好的漆层，选择正确的底漆和面漆重喷。如果气泡未能完全清除，那么新的涂层施工后将会出现针孔。

活动实施

溶剂泡缺陷的处理作业参照活动二中“活动实施”的相关内容。

巩固与评价

一、反思性问题

从涂料方面分析，哪些因素会导致漆面溶剂泡的出现？

答：____

____

____

二、拓展性问题

涂装环境对漆面溶剂泡缺陷的出现有何影响？

答：____

____

____

三、操作能力考核表

表 4-2-3 **活动评价表**

班级： 组别： 姓名：

项目	评价内容	评价等级（学生自评）		
		A	B	C
关键能力考核项目	遵守纪律，遵守学习场所的管理规定，服从安排			
	具有安全意识、责任意识、5S管理意识，注重节约与环保			
	学习态度积极主动，能参加实习安排的活动			
	具有团队合作意识，注重沟通，能自主学习及相互协作			
	仪容仪表符合活动要求			
专业能力考核项目	能按时按要求独立完成工作页			
	能正确选择打磨砂纸			
	能正确打磨溶剂泡表面			
	能正确喷涂面漆与清漆			
	注重工作效率与工作质量			
小组评语及建议		组长签名： 年 月 日		

续表

项 目	评 价 内 容	评价等级(学生自评)		
		A	B	C
教师评语及建议		教师签名： 年　月　日		

活动四　流挂处理

活动描述

在理解漆面流挂缺陷产生原因的基础上，观察教师处理漆面流挂缺陷的操作示范，按照抛光处理的工艺流程，进行漆面流挂处理作业。

学习目标

◇ 能熟知漆面流挂缺陷产生的原因及预防措施。

◇ 能正确进行漆面流挂缺陷的处理。

学习地点

喷涂烤漆项目区。

学习准备

教具：多媒体设备、白板等。

设备：干磨机、空气压缩机、短波红外线烤灯、短波红外线烤漆房、整车。

工量具：吹尘枪、抛光机、SATAjet1000BHVLPic 喷枪(口径 1.3mm)。

材料：抛光蜡、上光蜡、砂纸、遮蔽纸、磨石、麂皮、洗车泥、洗车用毛巾、水桶、干磨砂纸、底色漆、清漆、稀释剂、固化剂。

劳动保护用品：安全鞋、防护服、工作帽、护目镜、棉纱口罩、防毒口罩、乳胶手套等。

一、定义

流挂是指汽车侧面的漆面上出现的类似水珠状、水滴状、大面积水珠状、水幕状的流痕，见附图 8。

二、成因

(1) 所喷涂的油漆材料(加了固化剂和稀释剂)干燥太慢。

(2) 油漆黏度太低(太稀薄)。

(3) 要喷涂的物体表面温度太低。

(4) 喷涂太厚。

(5) 喷涂层数太多。

(6) 闪干时间太短。

(7) 喷枪与被喷涂物太近。

(8) 喷枪喷嘴太大。

(9) 采用了不规则的喷涂操作。

三、防范方法

(1) 确保正确选择和调配固化剂及稀释剂,以适合不同的环境温度和喷涂面积。

(2) 确保喷枪是干净的,喷嘴和风帽的口径正确。

(3) 喷涂要连贯均匀,不走曲线,不要犹豫停顿。

四、修补方法

当油漆完全固化后,用 P1200 水砂纸打磨表面,用细抛光蜡抛光,再用高光泽蜡恢复光泽。

活动实施

流挂缺陷的处理作业参照活动一中"活动实施"的相关内容。

巩固与评价

一、反思性问题

从涂料方面分析,哪些因素会导致漆面流挂缺陷的出现?

答:______________________________

二、拓展性问题

涂装环境对漆面流挂缺陷的出现有何影响?

答:______________________________

三、操作能力考核表

表 4-2-4 **活动评价表**

班级： 组别： 姓名：

项 目	评 价 内 容	评价等级(学生自评)		
		A	B	C
关键能力考核项目	遵守纪律,遵守学习场所的管理规定,服从安排			
	具有安全意识、责任意识、5S管理意识,注重节约与环保			
	学习态度积极主动,能参加实习安排的活动			
	具有团队合作意识,注重沟通,能自主学习及相互协作			
	仪容仪表符合活动要求			
专业能力考核项目	能按时按要求独立完成工作页			
	能正确选择打磨砂纸			
	能正确打磨流挂表面			
	能正确选择抛光蜡及抛光垫			
	能正确进行流挂抛光处理			
小组评语及建议		组长签名： 年 月 日		
教师评语及建议		教师签名： 年 月 日		

活动五　尘点处理

活动描述

在理解漆面尘点缺陷产生原因的基础上，观察教师处理漆面尘点缺陷的操作示范，按照抛光处理流程，进行漆面尘点处理作业。

学习目标

◇ 能熟知漆面尘点缺陷产生的原因及预防措施。

◇ 能正确进行漆面尘点缺陷的处理。

学习地点

喷涂烤漆项目区。

学习准备

教具：多媒体设备、白板等。

设备：干磨机、空气压缩机、短波红外线烤灯、短波红外线烤漆房、整车。

工量具：吹尘枪、抛光机、SATAjet1000BHVLPic 喷枪(口径 1.3mm)。

材料：抛光蜡、上光蜡、砂纸、遮蔽纸、磨石、麂皮、洗车泥、洗车用毛巾、水桶、干磨砂纸、底色漆、清漆、稀释剂、固化剂。

劳动保护用品：安全鞋、防护服、工作帽、护目镜、棉纱口罩、防毒口罩、乳胶手套等。

知识准备

一、定义

尘点通常是指由外界杂质造成的漆膜表面不规则的小颗粒，呈现各种不同的大小、形状、类型和状态，见附图 9。

二、成因

(1) 喷涂前对底层的清洁不够充分。

(2) 连体工作服或衣物上的细纤维掉落。

(3) 压缩空气供给系统中的过滤棉被灰尘污染。

(4) 喷漆房外的进气口被污染(如抛光残留物、细灰等)。

三、防范方法

(1) 喷涂前彻底清洁表面。

(2) 使用不掉纤维的工作服或衣物。

(3) 确保定期更换喷漆房过滤棉。

(4) 确保抛光整理区域远离喷涂区，将二者用通风、过滤的方式隔开。

四、修补方法

用细抛光蜡抛光，再用高光泽蜡恢复光泽。更严重的尘点缺陷需要打磨并重喷。

活动实施

尘点缺陷的处理作业参照活动一中“活动实施”的相关内容。

巩固与评价

一、反思性问题

从涂料的调配方面分析，哪些因素会导致漆面尘点缺陷的出现？

答：________________________________

____

____

二、拓展性问题

涂装环境对漆面尘点缺陷的出现有何影响？

答：________________________________

____

____

三、操作能力考核表

表 4-2-5 **活动评价表**

班级： 组别： 姓名：

项目	评价内容	评价等级(学生自评)		
		A	B	C
关键能力考核项目	遵守纪律，遵守学习场所的管理规定，服从安排			
	具有安全意识、责任意识、5S 管理意识，注重节约与环保			
	学习态度积极主动，能参加实习安排的活动			
	具有团队合作意识，注重沟通，能自主学习及相互协作			
	仪容仪表符合活动要求			
专业能力考核项目	能按时按要求独立完成工作页			
	能正确选择打磨砂纸			
	能正确打磨尘点表面			
	能正确选择抛光蜡及抛光垫			
	能正确进行尘点抛光处理			

续表

项 目	评 价 内 容	评价等级(学生自评)		
		A	B	C
小组评语及建议		组长签名： 年 月 日		
教师评语及建议		教师签名： 年 月 日		

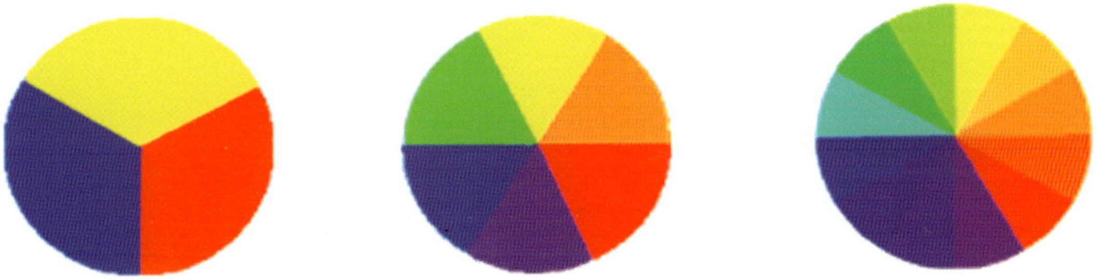

附图 1　三原色、次级色和三级色

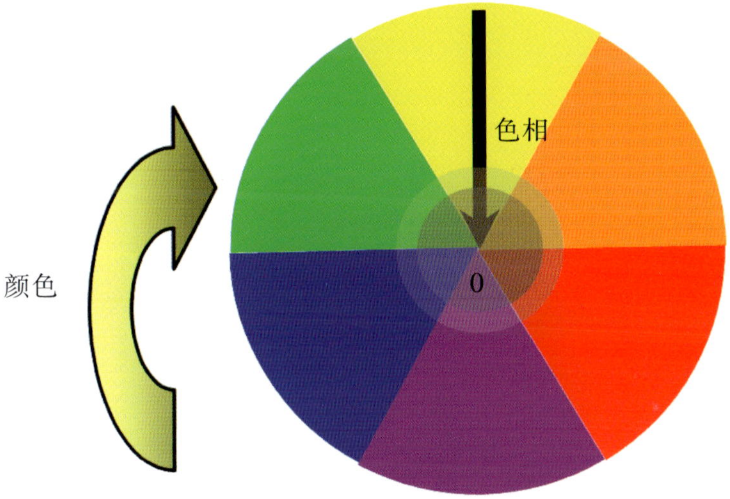

附图 2　色相属性

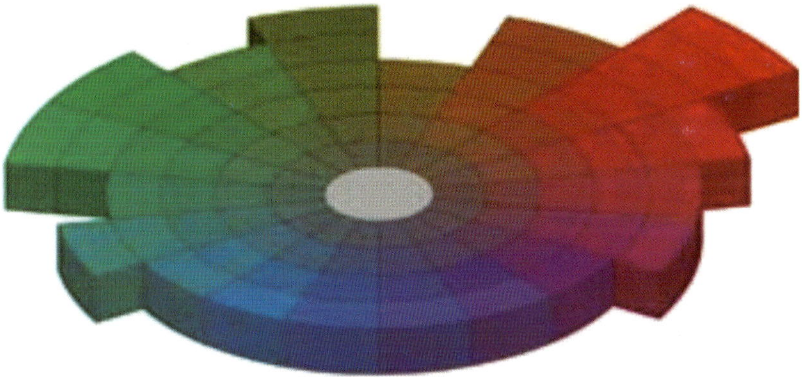

附图 3　纯度属性

附图 4　颜色属性模型

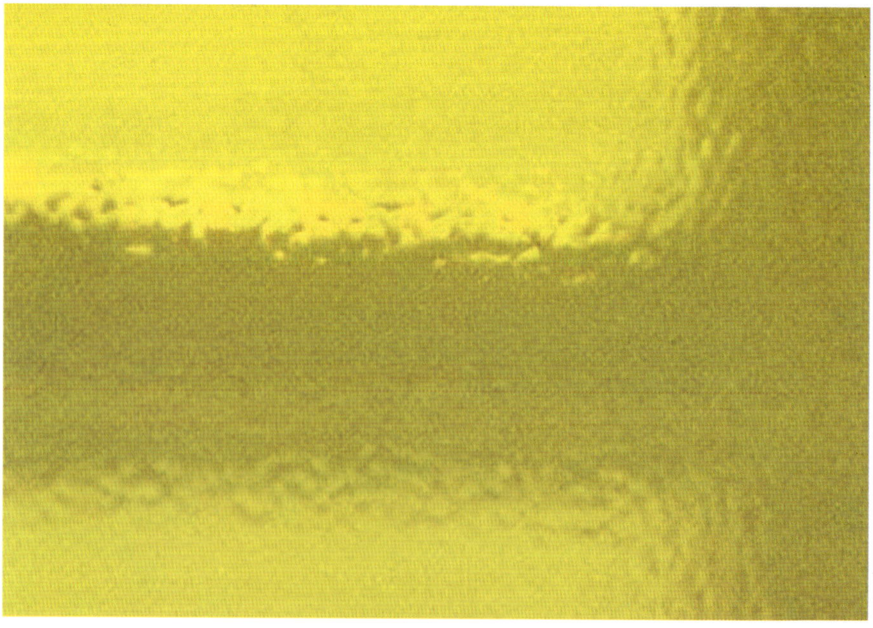

附图 5　橘皮

附图 6　咬底

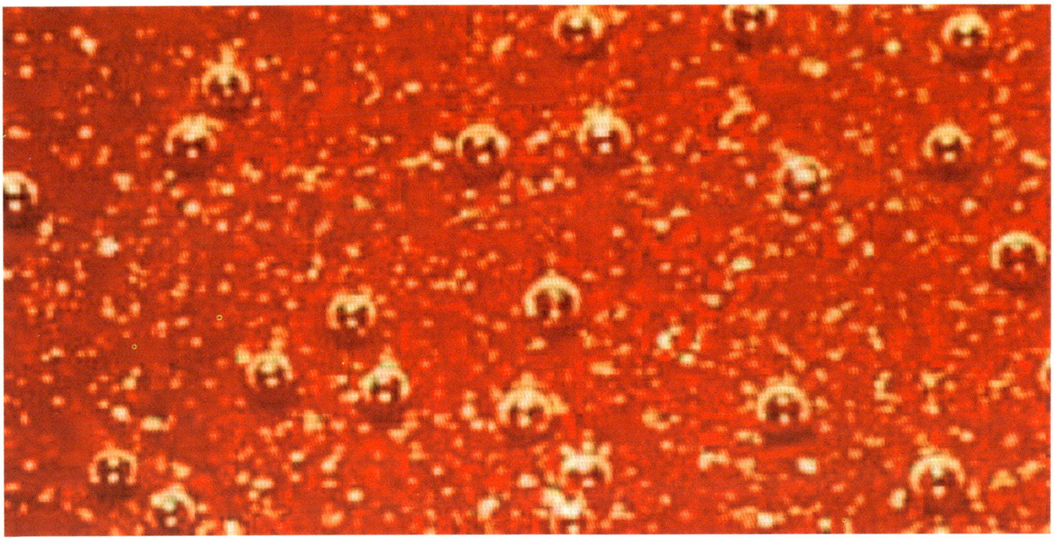

附图 7　溶剂泡

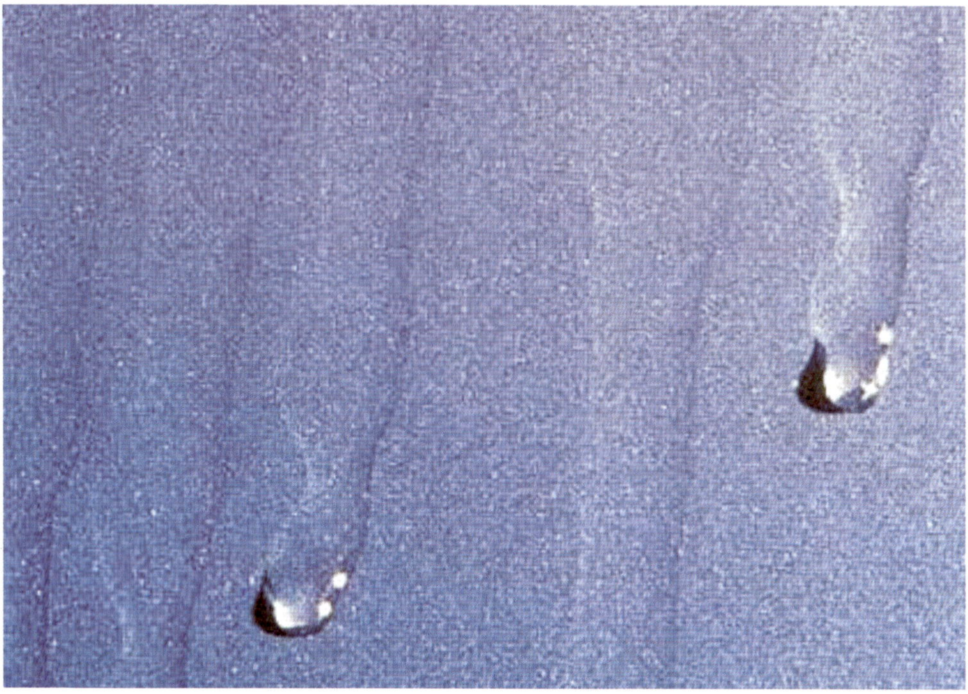

附图 8　流挂

附图 9　尘点